한국의 언어 민속지 1

서편

한국의 언어 민속지 1

서편

왕한석 지음

(주)교 문 사

지금까지 현지조사의 과정에서
귀중한 언어적·문화적 지식을 가르쳐 주신
모든 제보자 분들께 이 책을 올립니다.

머리말

'한국의 언어 민속지' 연구는, '서장'에서 이미 썼듯이, 학술적 중요성뿐만 아니라 시급한 연구를 필요로 하는 중요 영역이다. 이 1권 '서편'이 작은 출발점이자 단단한 디딤돌이 되어 여러 후속 연구가 이루어지기를 빈다. 필자는 개인적으로 '전라남・북도 편'에 대한 연구를 일단 마치고, 현재는 '경상남・북도 편'을 위한 현지조사를 들어가기 직전의 시점에 있다.

이 책에 실린 강화도 지역의 연구는 고 장철수(張哲秀) 교수가 연구 책임자를 맡았던 연구 사업의 한 부분으로 진행된 것이다. 그러나 안타깝게도 장철수 선배는 이미 8년 전에 유명(幽明)을 달리하셨다. 삼가 고인의 명복을 다시 한 번 빌며, 생전의 좋았던 인연을 다시금 떠올리는 바이다.

중국 연변 지역과 요령 지역의 연구는 한국문화인류학회의 연구 사업에 필자가 참여하면서 이루어진 것이다. 당시 회장으로 중국에서의 현지연구에 대해 많은 걱정을 하셨던 임돈희(任敦姬) 교수와 또 연구 책임자로 현지에서 힘든 고생을 하셨던 김광억(金光億) 교수께 이 자리를 빌려 감사를 드린다.

또 낯선 연변 지역 조사의 준비 과정에서 곽충구(郭忠求) 교수의 친절한 도움을 받았으며, 한어 자료의 정리와 관련하여 허성도(許成道) 교수의 고마운 도움을 받았다. 뿐만 아니라 강화도 현지조사에서 힘든 연구 작업을 함께 해 준, 이제는 전문학자가 된 유수종 군과 김재석 군의 노고도 잘 기억하고 있다. 네 분 모두에게 다시 한 번 감사를 드리는 바이다.

이 책의 원고를 다듬으며 언제나처럼 최명옥(崔明玉) 교수의 연구실을 수시로 방문하였다. 이번에는 자료의 형태 분석과 관련한 자문을 주로 받았는데, 이 자리를 빌려 최 교수께 다시 한 번 깊은 감사를 드린다.

인류학도로서 필자의 독립적인 현지조사는 1982년 1월 초순 경남 함양의 개평리(介坪里)에서부터 시작되었다. 이후 지금까지 10곳이 조금 넘는 지역에서 짧고 긴 현지조사를 해 왔다. 사실이지 새로운 문화적 지식을 찾아가는 현지조사는 연구자와 제보자 간의 신뢰와 존경과 상호 협력에 의해 이루어지고, 그 과정은 그야말로 합동적인 연구 수행 과정이다.

흔히 인류학자에게는 두 부류의 스승이 있다고 말한다. 한 스승은 말할 것도 없이 학교에서 가르침을 주시고 학문의 길로 이끈 선생님들이시다. 필자에게도 여러 분의 귀한 선생님들이 계신다. 또 한 스승은 현지에서 만나 연구자에게 귀중한 문화적 지식을 전해 주는 소위 제보자 분들이다. 필자는 지금까지 수많은 제보자들을 만나 그분들의 살아있는 언어적·문화적 지식을 배워 왔다. 그러나 거개는 조사지를 떠나온 뒤 그 분들을 다시 뵙지 못하였으며, 아마도 이제는 많은 분들이 돌아가셨을 것으로 짐작된다.

언젠가 가까운 친지들과의 저녁 자리에서 한 분에게 조그만 보충 질문을 드린 적이 있다. 채 10분이 되지 않는 짧은 질문 응답이었지만, 동석하였던 다른 사람으로부터 무슨 '조사'를 그렇게 '취조'하듯이 하느냐는 농담조의 힐난을 받은 적이 있다. 그렇다. 필자가 지금까지 한 현지조사는 거개가 미묘한 의미 구분의 문제를 파고들든지, 언어사용의 미세한 맥락을 따져 들어가든지, 아니면 의식선상에는 잘 떠오르지 않는 언어행동의 유형이나 개념적 세계를 따져 묻는 것 등이었다. 아무리 모르는 것을 찾아 배워간다고는 하지만, 필자의 현지조사 과정이 많은 경우 단순한 질문 응답 과정이기보다는, '취조'를 하듯이 끊임없이 명료한 개념화와 대조 틀을 이용한 설명의 예를 요구하는 까다롭고 힘든 발견의 과정이었을 것이다.

이 자리를 빌려 이 어렵고 힘든 현지조사의 과정을 넘어 필자를 한 사람의 독립된 인류학자로 성장시켜 주신 지금까지의 모든 제보자 분들께 다시 한 번 마음속 깊이 감사를 올리고자 한다. 그리고 작지만 이 책 『한국의 언어 민속지 1: 서편』을 그 귀한 가르침에 보답하는 뜻에서, 그 분들께 바치고자 한다.

끝으로 또 좋은 책을 내 주신 교문사의 류제동 사장님, 양계성 상무님, 그리고 편집부 여러분들께도 깊은 감사를 드린다. 그리고 이 책의 타자 작업과 편집 및 교정 작업을 열심히 도와준 여러 학생, 박종현, 부경환 군과 강나영, 강지연, 변혜원 양에게도 고마움을 표하는 바이다

2009년 1월 25일(음력 무자년(戊子年) 섣달 그믐날) 저녁

왕한석 삼가 씀

차례

서 장

I

언어에 관한 연구는 형식 언어학(formal linguistics)의 영역으로만 끝나는 것이 아니다. 소위 문법(grammar)의 영역을 넘어서서도, 언어는 인간 삶의 다양한 층위들과 복합적으로 그리고 체계적으로 상호 연관된다. 아마도 그 중의 한 대표적 영역은 언어가 사회구조(social structure)를 포함하는 문화(culture)와 체계적으로 상호 관련되는 영역이 될 것이다. 우리가 흔히 '언어와 문화'(language and culture 또는 language in culture)라고 부르는 영역이 바로 이 분야가 되는데, 이 책은 한국 사회의(또는 한국어의) '언어와 문화'에 대한 경험적 연구의 한 부분이다.

일반적으로 한국 사회의 언어와 문화에 대한 연구는 두 가지 방식으로 접근 가능할 것이다.

한 가지는 지금까지의 연구 대부분이 그러하듯이 특정 주제 중심의 연구이다. 즉 한국의 언어와 문화 현상 중 중요하거나 흥미로운 주제를 선택하고, 이를 연구 대상 언어공동체(speech community)에서 발견되는 경험적 자료들에 바탕하여 심층적으로 기술·분석하는 것이다. 물론 가능하다면, 한국 사회 내의 다른 지역이나 또는 다른 사회에서의 연구 결과들과 체계적인 비교를 함으로써, 보다 일반화된 논의로 나아갈 수도 있을 것이다.

또 한 가지 접근법은 특정한 주제에 초점을 맞추기보다는, 가능한 한 넓은 범위의 언어와 문화 현상을 관찰하고 이를 기술하는 방식이 될 것이다. 물론 특정의 언어공동체 내의 모든 언어와 문화 현상을 관찰·기술하는 것은 불가능하겠지만, 연구의 범위를 가능한 한 넓힘으로써 여러 중요한 현상들을 포괄하는 방식이 될 것이다. 이 접근법은, 앞의 접근법이 특정 주제에 대한 심층적인 기술·분석인 데 비해, 대체로 보다 넓은 범위의 언어와 문화 현상에 대한 자료 중심적 기술지(記述誌)의 성격을 가질 것이다.

이 책에서 시도하는 한국 사회의 언어와 문화에 대한 경험적 연구는 바로 위의 두 번째 접근법이다. 대체로 촌락 단위의 작은 언어공동체를 연구의 모집단으로 선정하고, 그 공동체 내에서 또는 보다 넓게 해당 지역에서 발견되는 언어와 문화의 여러 중요 양상들을 전면적으로 그리고 경험적으로 기술하려는 것이다.

이 책에서는 이러한 연구를 총칭하여 '언어 민속지' 또는 '언어문화(의 연구)'로 부르기로 하였다. 두 표현 모두 서양 학계에서는 그리 발달한 용어가 아니므로 약간의 부연 설명이 필요할 것으로 보인다.

먼저 '언어 민속지'는 '언어에 관한 민족지적 기술(ethnographic description)'이라는 일반적 의미로 채택하였다. 단 여기서의 연구 대상이 다른 언어, 다른 문화이기보다는 우리 언어, 우리 문화이므로 통상적으로 쓰이는 '민족지' 대신에 '민속지'라는 표현을 선택하였다(번역어 '민속지'의 유용성에 대한 논의로는 전경수 1990, 1994: 200-202를 참조할 것). 물론 '언어 민속(족)지'에 대응하는 영어 표현인 'linguistic ethnography'가 그리 널리 쓰이는 학술 용어는 아니지만, '한국 사회의 (전통적인 또는 특징적인) 언어와 문화에 대한 민족지적 기술' 또는 '한국 사회의 (전통적인 또는 특징적인) 언어 유형에 대한 문화적 기술'이라는 의미로서의 '한국의 언어 민속지'는 우리말 표현으로는 대체로 합당하고 자연스러운 조어법인 것으로 생각된다.

이에 비해 '언어문화'라는 표현은 약간 복잡한 상황에 놓여 있는 것으로 보인다. 주된 이유는 오늘날 '문화'라는 표현의 남용으로 인해, '언어문화'라는 말도 거의 일상적으로 들을 수 있는 표현이 되었기 때문이다. 그러나 거개의 경우 이 말은 수사적 표현으로 사용되고, 전문학자의 경우에도 조작적인 이론적 개념으로까지 발달하지는 않은 것으로 보인다(한국어 교육 영역에서의 이 표현의 쓰임과 개념에 대해서는 왕한석 2005를 참조할 것).

그러나 여기서는 이 표현을 구분되는 층위의 현상 및 연구 영역으로서의 '언어와 문화'(language and culture 또는 language in culture)의 줄임말로 사용하고자 한다. 따라서 '한국의 언어문화'는 '한국 사회에서의 (전통적인 또는 특징적인) 언어와 문화 현상' 또는 '한국 사회에서의 (전통적인 또는 특징적인) 언어와 문화에 관한 기술 또는 연구'를 가리킬 것이다. 마찬가지로 공간적 범위를 좁혀, 본문에서의 예처럼, '경기 강화도의 언어문화' 또는 '부산 동래 지역의 언어문화'와 같이도 자유롭게 쓸 수 있을 것이다.

그런데 이 '언어문화'란 표현은 한국어로는 자연스런 조어의 예일지 몰라도, 사실은 서양 학계에서는 오랫동안 사용되지 않던 말이다. 아마도 짐작컨대 언어는 문화의 한 부분이라는 일반적이고 확고한 명제 때문에, 의미상 동어 반복이 되는 이 표현을 피해온 것으로 보인다. 그러나 근래 들어 이 말의 영어 표현인 'linguaculture'(Friedrich 1989) 또는 'languaculture'(Agar 1994: 60, 265)가 새로이 사용·보급되고 있는데, 그 핵심적인 의미는 바로 전통적인 '언어와 문화'의 줄임말이 된다. 따라서 이 책에서도 부분적인 혼란의 가능성은 있겠지만, '언어와 문화'라는 구(句) 형태의 표현 대신 '언어문화'라는 비교적 익숙한 단어 형태의 표현을 수용하여 사용하기로 하였다.

위의 논의와 관련하여 한 가지만 더 덧붙인다면, 본문에서는 언어문화에 상응하는 표현으로 '언어사용 유형'(patterns of language use) 또는 '언어행동의 유형'(patterns of language behavior)과 같은 표현도 사용하였다. 꼭 일치하는 개념은 아니겠지만, 대체로 언어문화에 근접하거나 아니면 언어문화의 중심 부분을 가리키는 표현이 될 것이다. 그런데 '언어생활'이라는 표현도 여러 번 사용하였는데, 이는 물론 엄밀하게 정의된 이론적 개념은 아니다. 대체로 여기서의 언어문화에 상응하는 말로 썼다. 그런데 이웃한 일본의 경우 사회언어학의 연구 주제 또는 대상으로 이 용어를 오랫동안 써온 것으로 보고되는데(Shibamoto 1987; 홍민표 2004 등), 그 의미는 대체로 오늘날 서양 학계의 '언어사용'(language use)의 개념에 분석적으로는 가까운 것으로 보인다. 그러나 이 '언어생활'의 영어 표현으로는 일본인 학자들이 'language life-style'을 또한 써왔다고 하는데(홍민표 2004), 그렇다면 이 말은 곧 여기서의 '언어문화'와 같은 표현으로 이해될 수도 있을 것이다. 어쨌든 우리말의 의미 표현으로는 '언어생활'이 '언어문화'에 근접하는 대체적인 표현으로 보이고, 따라서 이론적 개념인 '언어문화'의 좀 느슨하지만 수사적인, 또 다른 상응 표현으로 '언어생활'을 사용하는 것도 가능할 것으로 여겨진다.

II

이 책의 본문은 뒤의 '부록'까지 합치면 사실상 다섯 장이 되는데, 그 중 세 장은 기발표된 것이다. 간략히 정리하면 다음과 같다.

1. '경기 강화도의 언어문화'

이 장은 『한국의 향촌 민속지(III): 인천광역시 강화군 편』(1996, 경기 성남: 한국정신문화연구원)에 '언어문화'(pp. 409-506)라는 제명으로 실렸던 것인데, 여기서는 주로 편집상의 수정만을 하였다.

2. '부산 동래 지역의 언어문화'

이 장은 여기서 처음 발표되는 것이다. 단 '아기말'(baby talk) 부분은 필자의 논문 '한국의 아기말'(2005, 『사회언어학』 13(1): 151-189)에서 주 자료로서 제시되고 그것의 구조적 특성이 분석된 바 있다.

3. '중국 연변 조선족의 언어문화'

이 장은 『중국 길림성 한인 동포의 생활 문화』(1996, 서울: 국립민속박물관)에 '언어생활'(pp. 149-189)이라는 제명으로 실렸던 것인데, 여기서는 편집상의 수정 및 내용상의 보완을 부분적으로 하였다.

4. '중국 요령성 조선족의 언어문화'

이 장은 『중국 요녕성 한인 동포의 생활 문화』(1997, 서울: 국립민속박물관)에 '언어생활'(pp. 185-211)이라는 제명으로 실렸던 것인데, 여기서는 편집상의 수정 및 내용상의 보완을 부분적으로 하였다.

〈부록〉 '한국 친척용어 조사표'

이 장도 여기서 처음 발표되는 것이다. 그런데 이 <부록>은 한국의 친척용어(kinship terms)에 대한 광범한 조사표로서 뿐 아니라, 필자의 오랜 기간 주 조사지였던 경남 함양군 지곡면 개평리(慶南 咸陽郡 池谷面 介坪里)에서 사용되어온 친척용어에 대한 정밀한 자료집으로서의 가치도 아울러 지닐 것으로 믿어진다.

이 책의 중심 부분이 되는 네 장의 주 내용은 해당 언어공동체에서 발견되는 비교적 전통적인 언어문화의 여러 양상들에 대한 분석적 기술이다. 물론 변화하고 있는 언어사용의 모습에도 부분적으로 관심을 기울이지만, 대체로는 노인 세대들이 사용해온 전통적인 언어생활의 주요 측면들을 사회문화적 맥락(social and cultural contexts) 속에서 발견・기술하려는 것이다. 그리고 이 과정에서 상대적으로 내부자적 시각(emic point of view)을 중시하는 연구 방법상의 특성을 또한 지닐 것이다.

각 장의 기술 내용은 물론 균일하지 않다. 아마도 현지조사(field work)의 기간이 서로 달랐던 것이 주 이유가 될 것이다. 그런데 사실은 현지조사의 기간 외에도 여러 중요 요인들이 영향을 미쳤는데, 대표적인 몇 가지만 든다면, 연구 대상 언어공동체에서 나름대로 발달한 언어문화의 주요 특성상의 차이, 연구 대상 언어공동체가 일반적으로 처해 있는 언어 상황(language situation) 면에서의 차이, 연구자의 해당 언어공동체에 대한 배경 지식의 정도, 그리고 우수한 언어적・문화적 지식을 가진 제보자(consultant)와의 만남 여부 등이 될 것이다. 말할 것도 없이 실제로는 이 모든 요인들이 복합적으로 작용하여 형식 및 내용 면에서 다소간 상이한 각 장의 연구 결과들이 산출되었을 것이다.

그러나 전체적으로 이 '언어 민속지' 연구는 이론적 면에서 크게 세 가지 연구 질문으로 구성된다. 하나는 언어와 문화적 인지(cultural cognition)의 관련성에 대한 것으로, 흔히 민족언어학(ethnolinguistics) 또는 보다 좁게 민족과학(ethnoscience)으로 부르는 영역의 연구 관심이다. 또 하나는 언어와 사회조직(social organization) 또는 사회구조의 관련성에 대한 것으로, 곧 사회언어학(sociolinguistics)의 영역 특히 의사소통의 민족지학(ethnography of communication)으로 부르는 영역에서의 연구 관심이다. 마지막 하나는 언어와 예술 및 놀이의 관련성에 대한 것으로, 언어예술(verbal art) 즉 민속학(folklore) 영역에서의 연구 관심이 된다.

물론 이 세 가지 연구 질문은 분리된 개별적인 것이기보다는 전체적으로 통합된 하나의 연구 질문 즉 언어문화에 대한 연구 관심이 될 것이다. 그러나 편의상 나누어서 예를 든다면, 가령 가장 최근에 연구가 이루어진 제2장 '부산 동래 지역의 언어문화'의 경우, '1. 지명', '2. 생태 환경의 어휘적 구분', '3. 친척용어체계 I' 은 대체로 첫 번째 연구 질문에 대한 경험적 답이 될 것이고, '4. 친척용어체계 II', '5. 호칭체계', '6. 존댓말의 체계', '7. 말의 주요 범주와 특수한 상황변이어'는 대체로 두 번째 연구 질문에 대한 답이 될 것이다. 그리고 '8. 언어예술'은 소략(疏略)하지만 대체로 세 번째 연구 질문에 대한 답이 될 것이다.

이 책에 실린 연구 결과들은 해당 언어공동체 또는 보다 넓게 해당 지역의 언어문화에 대한 일차적인 경험적 연구로서의 가치를 일정 정도 지닐 것으로 생각된다. 물론 단기간의 현지조사의 결과이므로 부분적인 오류나 정치(精緻)하지 못한 기술 항목들도 더러 있을 것이다. 그러나 연구 대상 언어공동체의 언어문화의 개요 또는 중심적 유형을 경험적 자료를 바탕으로 그리고 내부자적 시각에서 분석적으로 기술하는, 일차적인 '민속지'로서의 가치를 지닐 것으로 여겨진다.

동시에 이 연구 결과들은 한국의 언어문화에 대한 앞으로의 다른 지역에서의 보다 본격적인 연구를 위한 일종의 안내 또는 발견 모형(heuristic model)으로서의 가치도 지닐 것으로 믿어진다. 다시 말하여 여기서 시도된 개별 질문 항목들은 앞으로 다른 연구자에 의해 변형·확장됨으로써, 연구 대상 언어공동체에 보다 합당한 그리고 한국의 언어문화를 보다 포괄적으로 기술하는 데에 합당한 연구 모형으로 확대·발전될 수 있을 것이다. 이런 시각에서 보면 이 책은 보다 체계적인 한국의 언어민속지 연구를 위한 일종의 시론(試論) 또는 탐색편이 될 것이고, 바로 그러한 이유 때문에 이 책의 부제는 '서편'(序篇)으로 이름지어졌다.

이 책과 같은 언어 민속지 연구는 사실은 그 필요성이 증대되어오고 있는데, 그 이유는 크게 다음의 두 가지이다.

하나는 말할 것도 없이, 한국의 언어문화에 대한 보다 다양하고 전체적인 이해에 도달하기 위해서이다. 한국 사회는 결코 소규모의 동질적인 언어공동체가 아니다. 그러나 지금까지의 연구는 소수의 한정된 지역에서만 주로 이루어졌고, 그 결과 우리는 한국 언어문화의 지역적, 사회적 변이상(regional, social variation)에 대해서는 거의 무지한 수준에 있다. 뿐만 아니라 지금까지의 연구는 중요하지만 제한된 주제들로만 주로 초점을 맞춤으로써, 한국 언어문화의 전반적 특성을 파악하는 데서 대체로 초보적인 수준을 벗어나지 못하고 있다. 이러한 상황에서 이 '서편'에서 시도하는 바와 같은, 보다 넓은 시각에서의 그리고 보다 다양한 지역에서의 연구는, 한국의 전통적인 언어문화를 이해하기 위한 첩경(捷徑) 또는 그것의 필요조건이 될 것이다.

또 하나의 이유는 최근의 급격한 문화변동의 상황과 직접적으로 연관된다. 아마도 짐작컨대 한국 사회의 여러 개별 지역은 구분되는 방언뿐만 아니라 해당 지역 나름의 언어문화를 오랜 기간 동안 발달시켜온 것으로 보인다. 그러나 근래 들어 매우 빠른 속도의 방언 수렴(convergence) 또는 평준화(leveling) 현상이 일어나고 있듯이, 고유의 언어문화도 급격한 변화의 와중에 있는 것으로 관찰된다. 심지어는 현재의 노인 세대가 사라지고 나면 그들의 전통적인 언어문화는 다음 세대에 의해 거의 계승되지 않을 것 같은 부정적인 인상마저 강하게 주는 것이 오늘의 현실이다. 이러한 상황에서 이 책이 시도하는 것과 같은 전통적인 언어문화에 대한 경험적이고 미시적인 연구는 시급한 연구 영역이 될 수밖에 없고, 따라서 그것은 또 다른 긴급을 요하는 '구제 민속지'(salvage ethnography) 연구로서의 필요성과 특성을 함께 지닐 것이다.

〈붙임〉

본문의 기술 및 편집과 관련한 몇 가지 사항을 다음과 같이 밝혀둔다.

1. 전문 용어인 'kinship terms'의 우리말 번역어로는 '친척명칭'(가령 이광규 1971)이 가장 적합한 표현으로 생각된다. 그러나 'kinship terms of address'를 '친척호칭'으로 그리고 'kinship terms of reference'를 '친척지칭'으로 사용하면서 이 둘을 포함하는 말로 '친척명칭'을 사용하면, 다소간의 혼란과 어려움이 따를 것으로 예상된다. 따라서 '친척명칭' 대신에 차선의 표현인 '친척용어'라는 말을 선택·사용하기로 하였다.

2. 핵심 친척관계를 가리키는 약어 부호인 '친척형 표시법'(kin type notation)은 사실은 책의 앞부분에서 한번만 제시하면 될 것이다. 그러나 여기서는 읽는 이의 편의를 위해, 각 장마다 친척용어의 목록 앞에 '친척형 표시법'을 반복하여 소개하였다.

3. 뒤의 '참고문헌'은 모든 논저를 일괄 소개하지 않고, 각 장별로 나누어서 소개하는 방식을 취하였다. 아마도 읽는 이가 관련 문헌을 보다 쉽게 확인할 수 있는 방법이 될 것이다.

제 1 장

경기 강화도의 언어문화

연구의 과정

이 연구는 한국정신문화연구원 사회·민속실이 주관한 '한국의 향촌 민속지' 연구 사업에 필자가 연구팀의 일원으로 참여하면서 이루어진 것이다. 1993년에 행해진 '한국의 향촌 민속지 Ⅲ'의 연구 작업은 경기도의 강화도(江華島)를 연구 대상 지역으로 정하였는데, 구체적으로 강화군 내가면 황청리(江華郡 內可面 黃淸里)에서 이 연구 조사가 이루어졌다. 황청리는 강화도 내에서 흔히 '민속마을'로 불리던 곳으로, 1970년대 말부터 이 마을 주민들이 여러 차례 전국민속경연대회에 참가하여 대상까지 수상한 경력을 가지고 있었다. 뿐만 아니라 마을 내에 여러 명의 만신이 살고 있는 등, 전통적인 생활문화가 비교적 많이 잔존한 곳이었다.

이 황청리의 자연 환경 및 역사에 대해서는 같은 연구팀의 일원이었던 정구복 교수의 조사 보고(정구복 1996:5-8, 21-44)가 있고, 또 마을의 사회생활 전반에 대해서는 역시 같은 연구팀이었던 조옥라 교수의 조사 보고(조옥라 1996)가 있다. 물론 연구팀 전체의 조사 결과 보고인 『한국의 향촌 민속지(Ⅲ): 인천광역시 강화군 편』(한국정신문화연구원 사회·민속실 1996)은 이 마을에 대한 보다 다양한 배경 지식을 전해줄 것이다. (참고로 조사 당시의 시점에서 강화도에 대한 방언학적 연구 보고에는 강윤호 1963; 최세화 1977; 이동림 1977; 김계곤 1980; 김윤학 1980 등이 있었다.)

이 연구 조사의 일차적인 목표는 조사지 즉 황청리라는 작은 언어공동체(speech community) 내에서의 말(speech)과 언어(language)의 다양한 측면들을 주로 사회문화적 맥락(social and cultural contexts)과 관련지어 발견·

기술하려는 것이었다. 특히 초점을 맞추었던 것은, 대체로 60대 이상의 노인 화자 또는 제보자들의 비교적 '전통적인' 언어생활의 여러 측면들을 그들 자신의 내부자적 시각(emic point of view)에서 이해하려고 한 것이었다. 그러나 본 연구 보고는 그것 자체로써 완결된, 어떤 심층적이고 분석적인 연구 결과와는 거리가 멀 것이다. 이는 어디까지나 자료 중심적이고 기술적인 연구 또는 조사 보고의 수준과 형식에 대체로 머물 것이다.

연구자의 현지조사는 이 황청리 마을에서 1993년 7월 5일부터 7월 19일까지 14박 15일 동안 꼬박 현지에 체재하면서 이루어졌다. 주 연구 방법은 면접, 관찰, 그리고 중요한 일상 담화의 녹음 등이었다. 그런데 황청리에 속하는 4개의 작은 마을 중에서 연구자가 주로 체재하고 빈번한 방문을 하였던 곳은 '수촌'(水村), '중촌'(中村), 그리고 '포촌'(浦村 또는 鮑村)이었으며, 나머지 한 마을인 '국촌'(國村)은 거의 방문을 하지 못하였다.

현지조사 기간 중 연구자가 긴밀한 접촉을 유지하였던 주요 제보자의 명단은 다음과 같다.

김용범(80대 초반), 배작(77), 조덕승(71),
배온(68), 한보연(60대 후반), 배경섭(66), 유병수(65), 최성원(62),
박상국(56), 최인묵(54), 권태선(53), 김두입(50대 초반), 배재국(50),
한상건(49), 배상운(46), 정재호(40대 후반)
(이상 남성 제보자)

송분원(71), 정돈자(68), 문복실(64), 한순옥(63),
김영옥(58), 자리집 아주머니(50대 초반), 안복희(39)
(이상 여성 제보자)

1. 마을과 논의 이름

조사지에 관한 지명 조사에서 먼저 드러나는 사실은 이곳에서의 지명 즉 장소명(toponyms 또는 place names)이 주로 발달한 영역은 특이한 자연 지형물 그 자체보다는 거주지인 '마을'과 주 경작지인 '논'(과 '들')이란 점이다. 물론 마을 단위의 작은 지역 공동체를 대상으로 한 전면적인 지명에 대한 조사 보고도 드물었지만, 조사지에서처럼 특히 논과 들의 고유 이름이 정교히 발달한 지역에 대한 비교 가능한 구체적인 보고는 지금까지 거의 없었던 것으로 생각된다.[1)]

아래에 조사지에서 특정 장소를 가리키기 위해 사용하는 지명의 목록을 일단 영역별로 나누어, 제보자들이 이해하는 유래 또는 연원과 함께 정리하기로 하겠다. 물론 현재의 주민들이 제보하는 특정 지명에 대한 유래는 단순히 민간 수준에서의 어원설(folk etymology)에 불과할 수도 있을 것이다.

---

1) 강화도의 지명에 대한 조사 보고로는 이동림(1977), 김윤학(1980), 이홍구(1983), 정미경(1983) 등이 있다. 이 중 구체적인 지명을 다루는 보고로는 뒤의 3편을 들 수 있는데, 문제는 이들 보고가 모두 1개면(面) 전체를 조사 대상으로 삼고 있다는 점이다. 따라서 이들 보고는 신뢰할 만한 수준의 자세하고 정확한 보고와는 일정 정도 거리가 있을 것으로 생각된다. (가령 본 조사지가 속하는 내가면의 지명을 다루고 있는 정미경(1983)의 경우, 1개면에서 23개의 논 이름과 34개의 마을 이름만을 들고 있다.)
강화도가 속하는 (강화도를 제외한) 경기도 일원에 대한 지명 조사 보고는 비교적 그 숫자가 많은 편이다. 이강로(1973, 1974a, 1974b, 1975, 1976, 1977), 김윤학(1982, 1983, 1985), 김재학(1984), 이동일(1986), 장훈덕(1986) 등의 보고가 그것이다. 이 보고들에도 모두 논과 마을 그리고 밭이나 들의 이름들이 부분적으로 제시되고 있다. 그러나 이들 보고도 모두 1개면이나 또는 수개의 마을들을 집합적으로 조사 대상으로 삼았다는 데서, 본 연구 보고와는 기술의 단위에서 차이를 가지며 따라서 본 보고의 내용과 어떤 체계적인 비교를 시도하기가 어려울 것이다. 참고삼아 이 중 가장 많은 논 이름을 확인한 보고는 평택군 현덕면의 4개리를 조사 대상으로 한 김윤학(1983)의 보고로 보이는데, 여기에는 109개의 논 이름, 10개의 밭 이름, 70개의 마을 이름이 제시되고 있다.

1) 마을 이름

조사지인 황청리는 행정구역상으로 황청 1리와 황청 2리로 나뉘고, 다시 황청 1리는 '수촌'과 '중촌'으로 그리고 황청 2리는 '국촌'과 '포촌'으로 나뉜다. (그러나 이 수촌, 중촌, 국촌, 포촌의 이름은 일제 강점기 시절의 행정구역 개편 때에 새로 지어진 이름이라고 한다.) 또 흔히 사람들은 수촌, 중촌, 국촌을 묶어 '웃마을'로 그리고 포촌을 '아랫마을'로 부르기도 하고, 또 웃마을과 아랫마을을 각기 '육동'(陸洞)과 '포구'(浦口)로 부르기도 한다.

그러나 이들 비교적 큰 수준에서의 마을 이름 외에, 작은 수준에서의 '마을' 또는 '거주지'의 이름이 또한 일상적으로 사용되고 있다. 조사 과정에서 모두 18개의 '작은 마을' 또는 '뜸'의 이름이 확인되었는데, 이들을 포함하여 황청리의 마을 또는 거주지의 구분을 위계적인 분류법(taxonomy)의 양식으로 정리하면 다음과 같다. (아래에서 예를 들어, 1.1, 1.2, 1.3은 1에 포함되는 관계에 있고, 또 1.1.1, 1.1.2, 1.1.3, 1.1.4는 1.1에 포함되는 관계에 있음을 가리킨다.)

1. 웃마을 또는 육동(陸洞)
    - 1.1 수촌
        - 1.1.1 강다지
        - 1.1.2 두문동(때로는1.1.1, 1.1.3, 1.1.4를 모두 포함하는 이름으로도 사용됨)
        - 1.1.3 뒷다랭이
        - 1.1.4 새말
    - 1.2 중촌
        - 1.2.1 수태골

1.2.2 양짓마을

1.2.3 윤돌이

1.2.4 재너머

1.2.5 큰말

1.3 국촌

1.3.1 골말

1.3.2 동녘개

1.3.3 샘말

1.3.4 시녘개

1.3.5 솔밑개

1.3.6 응짓마을(때로는 1.3.2, 1.3.4, 1.3.5를 포함하는 이름으로도 사용됨)

2. 이렛마을 또는 포구(浦口)

2.1 포촌

2.2 수문께

2.3 허튼개

여기서 발견되는 한 가지 중요한 사실은 조사지 내에서 주민들이 거주하는 지역, 즉 '마을' 및 '뜸'은 거의 모두가 고유의 이름으로 불리어진다는 사실이다. 다시 말하면, 어떤 장소를 다른 장소와 구분 짓고 그 장소에 특정한 이름을 붙임으로써 '문화적 범주'를 형성하게 되는 또는 일반적으로 말하여 '문화적 중요성'을 부여하게 되는 중요한 대상 중의 하나가, 조사지에서는 바로 사람들이 거주하는 거주지라는 점이다.

다음의 <지도 1-1>은 황청리의 지도상에 이들 마을 및 뜸의 대체적인 위치를 표시한 것이다.

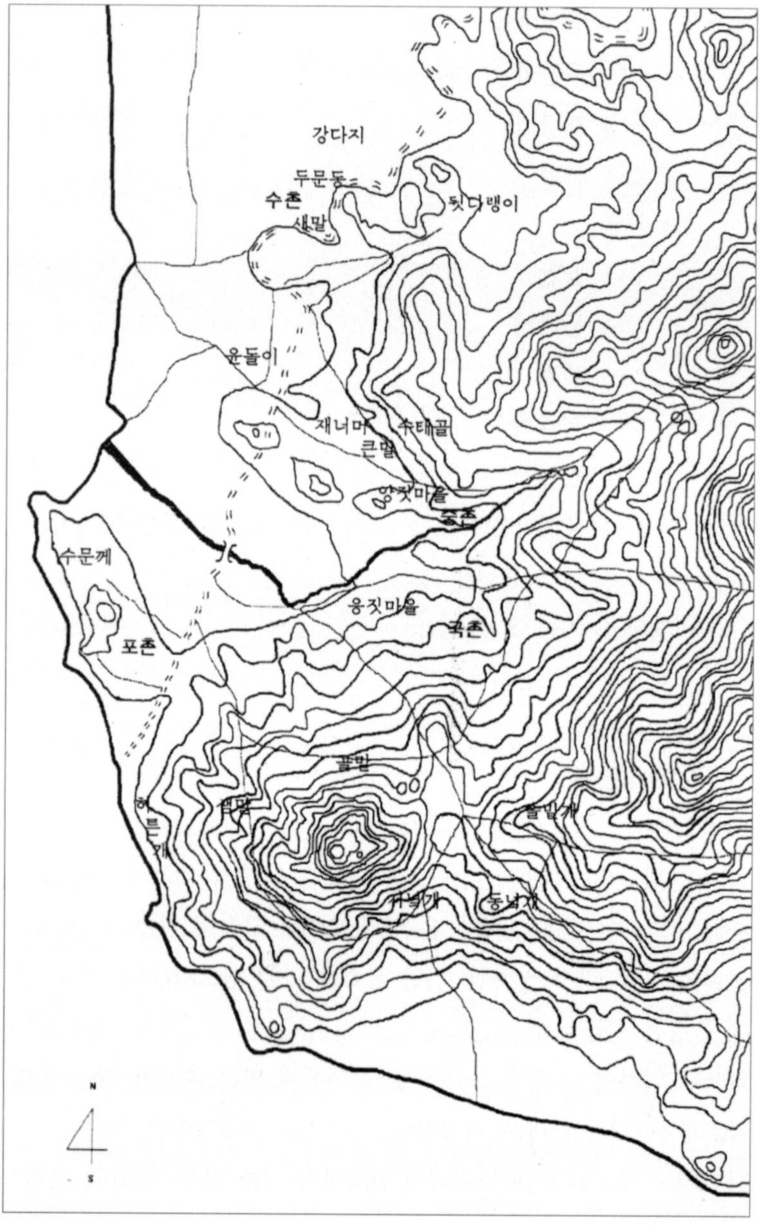

지도 1-1 _ 마을 및 뜸의 분포

이제 '작은 마을' 또는 '뜸' 이름의 유래에 대해 현재의 제보자들이 알고 있는 어원적 지식을 정리하면 다음과 같다.

1.1.1 강다지: '강다지'는 헤엄을 쳐서 바다를 건너다 도중에 쉬어 가는 바위를 일컫는데, 이렇게 바위에 쉬었다 건너가는 것을 '강다지 건너간다'라고 표현한다. 이 작은 마을에는 커다란 바위가 있고 이 바위 뒤에 굴 껍질이 붙어 있다. 즉, 이곳이 예전에는 '강다지'였다고 전해진다.

1.1.2 두문동: 개성의 두문동(杜門洞)과 그 지형이 닮은 데서 연유한다.

1.1.3 뒷다랭이: 마을 뒤쪽의 산 밑 언덕받이에 붙어있다.

1.1.4 새말: 새로 생긴 마을이라고 하여 붙여진 이름이다.

1.2.1 수태골, 수토골, 또는 수토정: 이곳은 물이 많이 나고 이 물을 먹고 사는 사람들이 오래 산다고 하여 붙여진 이름이라고 한다. 이곳은 강화의 유명한 명지(名地) 중의 하나(세번째 명지)인데, 강화에서는 흔히 "1. '홍이'(송해면 상도리), 2. '미꾸지'(하전면 망월리), 3. '수태골', 4. '고상골'(내가면 오상리)" 이라고 그 순번을 매겨 주요 명지들을 불러왔다.

1.2.2 양짓마을: '한내울'(개울 이름) 앞에 있는 마을로 남향이라 볕이 잘 든다고 하여 붙여진 이름이다.

1.2.3 윤돌이 또는 윤덜이: 제보자들에 의하면 '용다리'에서 그 음이 전화(轉化)된 말이다. '국수산'의 줄기를 타고 용(龍)의 머리('요머리'), 용의 등('용등마루터기')을 거쳐 용의 다리('윤돌이')의 모습을 하고 있다고 하여 붙여진 이름이라고 한다.

1.2.4 재너머: 1.2.2의 '양짓마을'과 이 작은 마을 사이에 예전에 적의 침입을 막기 위한 성벽이 있었다고 전해지고, 그리하여 이 마을을 '재너머'라고 부른다고 한다. 또는 '방앗구렁'(지명) 너머에 있다고 하여 이 이름이 붙여졌다고도 한다.

1.2.5 큰말: 사람들이 많이 사는 마을이라는 데서 붙여진 이름이다.

1.3.1 골말: '국수산' 골짜기에 붙었다고 해서 붙여진 이름이다.

1.3.2 동녘개: 방향 및 과거의 개펄 이름과 관련되는 것으로 추측된다.

1.3.3 샘말: 이 작은 마을에 과거에 샘이 있었다.

1.3.4 서녘개: 방향 및 과거의 개펄 이름과 관련되는 것으로 추측된다.

1.3.5 솔밑개: 과거의 개펄 이름과 관련되는 것으로 추측된다.

1.3.6 응짓마을: '한내울'을 사이에 두고 1.2.2의 '양짓마을'과 마주 보고 있는 마을로 산 밑의 북향이므로 지어진 이름이다.

2.1 포촌: 한자의 명칭(浦村 또는 鮑村) 그대로이다.

2.2 수문께 또는 수무께: 수문(水門)이 있어서 지어진 이름이라고 한다. 또 『증보강화사』에 의하면 병자호란 때 이곳이 피난지였으며 숨어 지내기 좋아서 '수무골'이라고 불렀으나 지금은 '수무께'로 그 음이 바뀌었다고도 한다.

2.3 허튼개: 과거의 개펄 이름과 관련되는 것으로 추측된다.

위의 마을 또는 뜸의 이름 외에도, 조사지에서는 산, 고개, 내, 구렁 등과 같은 중요 자연 지형물들을 가리키는 장소명들이 또한 널리 쓰이는데, 이들을 간략히 정리하면 다음과 같다.

1. 구성뫼: 『증보강화사』에는 '구사뫼'로 나와 있으나 주민들은 모두 '구성뫼'라고 부른다. 위 책에 따르면, 이곳에 원래 구사사(求死寺)라는 절이 있어 이 절에 불공을 드리면 죽은 이도 살렸다고 하여 붙여진 이름이라고 한다.

2. 낭모랭이: 토질이 모래라서 붙여진 이름이다.

3. 닭방맹이: 산의 맥이 뭉쳐지는 곳을 일컫는다.

4. 동산뫼: 마을 안에 있는 작은 산으로 '동산'에 다시 산(山)을 가리키는 '뫼'가 합쳐진 말일 것이다.

5. 방앗구렁: (어원불명)

6. 수뢰고개: 고려 희종(熙宗)의 왕비 산소인 수릉이 있어 '수릉고개'였으나 그 음이 '수뢰'로 변하였다고 한다.

7. 역적산 또는 국수산(國壽山): 모든 산들이 한양의 삼각산(三角山)을 향하고 있는 데 반해 이 산만은 그 반대편으로 향하고 있다고 하여 붙여진 이름이 '역적산'이다(뒤의 6절 '설화' 참조).

8. 요머리: 산등성이와 연결되어 용머리의 형상을 이루고 있다고 생각되는 곳을 일컫는다(앞의 1.2.3 '윤돌이' 또는 '윤덜이' 참조).

9. 용등구렁, 용등마루터기, 또는 용등허리: 위 8 '요머리'와 연결되어 용의 허리 부분을 이루고 있는 곳을 일컫는다.

10. 윗계구렁: (어원불명)

11. 작은목너미: (어원불명)

12. 조대구덩이: (어원불명)

13. 지렁구석: 습하고 지렁이가 많다고 하여 붙여진 이름이다. 『증보강화사』에 의하면, 이곳에 지렁이가 많아서 지렁이의 울음소리로 밤잠을 못잔 사람들이 그것을 개구리의 울음소리로 오인하여 개구리를 잡으러 가보니 개구리는 없고 대신 지렁이가 많아, 비로소 지렁이 소리 때문에 밤잠을 못잔 것을 안 이후에 부르기 시작한 이름이라고 한다.

14. 초피산 또는 공금산: 아주 뾰족한 산봉우리를 가지고 있어서 붙여진 이름이 '초피산'이다.

15. 큰목내미: (어원불명)

16. 한내울: 황청1리와 2리 사이를 흐르는 개울 이름으로 커다란 내라고 하여 붙여진 이름이다.

이들 16개의 장소명들을 포함하는 황청리 내의 중요 지명을 지도상에 표시하면, 다음의 <지도 1-2>와 같이 된다.

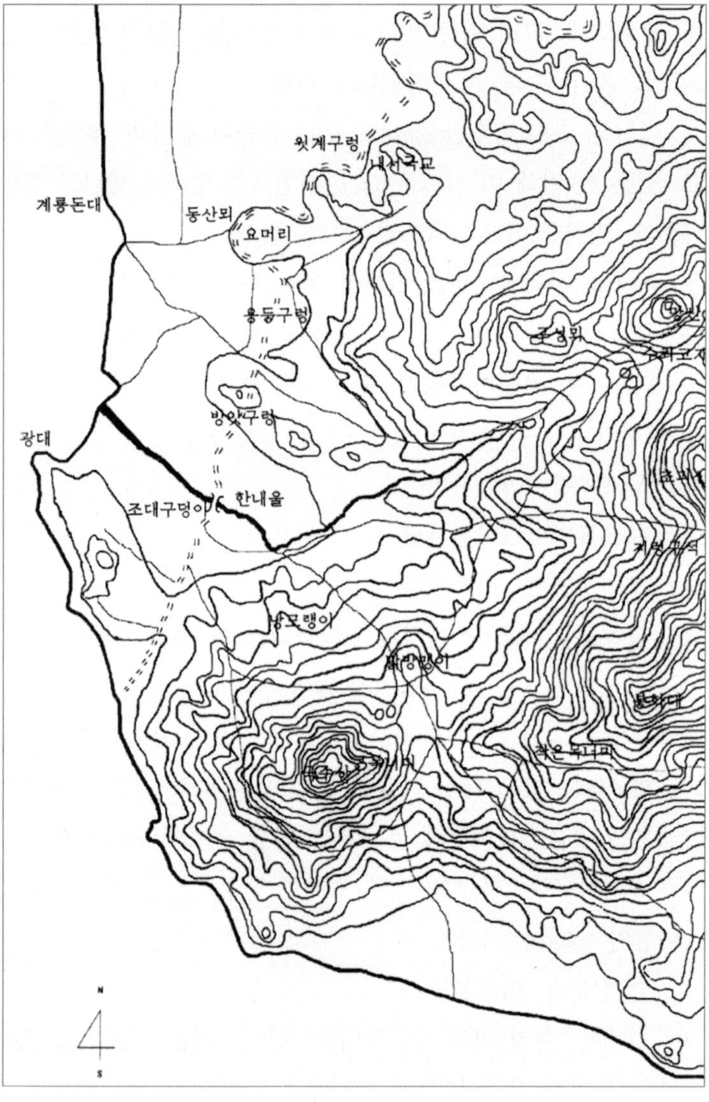

지도 1-2 _ 중요 지명의 분포

2) 논 및 들의 이름

조사지에서 장소명이 발달한 또 다른 영역은 논 및 들의 이름이다. 여기서 '논'이란 다른 지역과 마찬가지로 두렁에 의해 그 경계가 지어지는 수도(水稻) 경작지의 작은 단위를 가리킨다. 그리고 '들'이란 일반적으로는 논이 넓게 나타나는 평야를 가리키지만, 여기서 구분되는 개별 들은 주로 한 보(洑)를 통해서 물을 대는 여러 논들의 집합을 가리키는 것이다. 그런데 들의 이름은 많게는 11개가 확인되고 있으며, 고유의 이름을 가진 논은 놀랍게도 40개 정도가 확인되고 있다. (물론 모든 논들이 다 고유의 이름을 가지고 있는 것은 아니다.) 그런데 개별 논의 이름은 그것이 속하는 들과의 관계에 따라서, 특정 들에 속하는 논 이름, 그것 자체로써 들 이름으로도 쓰이는 논 이름, 그리고 특정 들에 속하지 않는 논 이름으로 대별할 수 있을 것으로 보인다.

먼저 각 들의 이름과 거기에 속하는 모든 논의 이름을 위계적인 포함의 관계로 정리하면 다음과 같다.

1. 기하리들
    1.1 계똥논
    1.2 연설배미
2. 계룡재들
    2.1 검정개논
    2.2 골개논
    2.3 길난논
    2.4 돌아가는논
    2.5 뒷개논
    2.6 뒷둑개논

2.7 복새논

2.8 약사논

2.9 옹두레미

2.10 지도배미

2.11 큰개논

2.12 작은개논

3. 들안논들

3.1 들안논

3.2 정강논

4. 박석동들 또는 박석뒤들

4.1 노루논

4.2 두레미논

4.3 막둥애논

4.4 민막배미

4.5 화통개논 또는 화통의논

5. 장바위들 또는 장바귀들

5.1 구비논

5.2 기와논

5.3 둑논

5.4 뒷개논

5.5 마논

5.6 목개논

5.7 바지논

5.8 방죽배미

5.9 약과배미

5.10 장구배미

6. 가래논들

6.1 가래논

7. 깊은논들

7.1 깊은논

8. 말세논들 또는 말수논들

8.1 말세논 또는 말수논

9. 상제논들

9.1 상제논

10. 올창배미들

10.1 올창배미

11. 신동벌

위에서 11 '신동벌'은 과거에 바다였던 곳을 막아 새로이 만든 벌판이므로 이 '신동벌'에 속하는 논은 모두 고유의 이름을 가지고 있지 않다.

또 6 '가래논들', 7 '깊은논들', 8 '말세논들', 9 '상제논들', 10 '올창배미들'의 5개 들은 모두 평수가 큰 하나의 논만으로 이루어진 들인데, 원래 논을 가리키던 이름이 들을 가리키는 이름으로도 확대되어 사용하게 된 경우일 것이다. 이와 관련하여, 3 '들안논들'이란 이름도 그 들에 속한 논 이름이 확대 사용됨으로써 들 이름이 된 예일 것이다.

그리고 위에 열거한 특정 들에 속하지 않으면서도 고유의 이름으로 불리는 논은 모두 4개가 확인되었는데, (1) '모래논', (2) '시절배미', (3) '이랑논', (4) '한배미'가 바로 그것이다.

다음의 <지도 1-3>은 위의 11개의 들과 이 들에 속하지 않는 4개의 (이름 있는) 논의 개략적 위치를 지도상에 표시한 것이다.

기하리들
올창배미들
계룡재들
들안논들
신동벌
시절배미
한배미
장바위들
이랑논
박석동들
상제논들
모래논
말세논들
깊은논들
N
S

지도 1-3 _ 들 및 논의 분포

이상의 40개의 논을 가리키는 이름들(논 이름만으로는 '뒷개논'이 다른 두 곳에 있으므로 39개가 됨)을 그 뜻 또는 어원과 함께 정리하면, 대략 다음과 같다.

1.1 게똥논: 흙이 소위 '게똥지락'(이곳에서 말하는 '지락흙'의 한 갈래)이 많았다.

1.2 연설배미: 연설할 때 쓰는 단처럼 이 논의 높이가 높았다.

2.1 검정개논: 흙의 색깔이 검었다

2.2 골개논: (어원불명)

2.3 길난논: 논 가운데에 길이 나 있었다.

2.4 돌아가는논: 마을 안의 작은 산인 '동산뫼'를 돌아가면 나오는 논이었다.

2.5 뒷개논: 바다와 인접한 커다란 논이었다(동일한 명칭이 뒤의 5.4에도 나타남).).

2.6 뒷둑개논: 논 한가운데에 둑이 있었다.

2.7 복새논: 흙탕물이 많이 들어오던 논이다.

2.8 약사논: 약사뱀[꽃뱀]처럼 생긴 데서 연유하였다.

2.9 옹두레미: 산 밑에 있는 논으로 둥그렇고 옴팍하게 생겼다.

2.10 지도배미: 논 모양이 한반도의 지도처럼 생겼다.

2.11 큰개논: 개펄을 막아서 만든 논으로 2.12의 '작은개논'보다 컸다.

2.12 작은개논: 개펄을 막아서 만든 논으로 2.11의 '큰개논'보다 작았다.

3.1 들안논: 논이 마을 안쪽으로 들어와 위치하였다.

3.2 정강논: 이 논에서 일을 하면 다리가 정강이까지 빠진다고 하여

붙여진 이름이다.

4.1 노루논: 논의 형태가 노루 꼬리처럼 튀어나온 부분이 있었다.

4.2 두레미논: 논의 형태가 둥그스럼 하였다.

4.3 막둥애논: 이 지역을 처음 측량했을 때(아마도 일제 초인 듯함) 마지막으로 지번을 매긴 논이다.

4.4 민막배미: (어원불명)

4.5 화통개논 또는 화통의논: 큰 수문이 논 안에 있어서 논물과 바닷물이 서로 화통(和通)했다는 데서 연유하였다.

5.1 구비논: 길을 굽이쳐 돌아서면 나타나는 논이었다.

5.2 기와논: 기와처럼 네모반듯하고 토질이 좋은 논이었다.

5.3 둑논: 과거 논 가운데에 조그마한 둑새(돌무더기 모아둔 것)가 있었다.

5.4 뒷개논: 바다와 인접한 커다란 논이었다(동일한 명칭이 앞의 2.5에도 나타남).

5.5 마논: 벼가 아주 잘 되었던 논으로 가을이면 새를 쫓기 위한 망을 씌웠다고 한다.

5.6 목개논: '비석치기' 할 때의 돌처럼 생긴 논이다.

5.7 바지논: 논의 형태가 바지처럼 생겼다.

5.8 방죽배미: 방죽(바다 근처에 깊은 도랑을 만들어 바닷물이 논으로 들어오는 것을 막는 시설)과 붙어있던 논이다.

5.9 약과배미: 약과처럼 생긴 논이다.

5.10 장구배미: 논의 형태가 장구처럼 생겼다.

6.1 가래논: (어원불명)

7.1 깊은논: 지형이 깊은 곳에 위치하였다.

8.1 말새논 또는 말수논: 과거 어느 소유자가 이 논을 '말수지기' 즉 한마지기, 두마지기로 팔아먹은 데서 연유한다.

9.1 상제논: 조사지에서 최고로 좋은 논으로 평가되었다.

10.1 올창배미: 논의 형태가 올챙이와 흡사하였다.

1. 모래논: 천파[홍수]가 나서 토질이 모래로 바뀐 논이었다.
2. 시절배미: 이 논이 농사가 잘 되면 전체의 시절이 다 좋다고 하여 붙여진 이름이다.
3. 이랑논: 과거 이 논을 팔 때 한 이랑씩 팔 만큼 논의 토질이 좋았다고 한다.
4. 한배미: 큰 논은 아니나 논의 질이 좋은 데서 붙여진 이름이다.

물론 조사지의 모든 논들이 위와 같은 고유의 이름을 가진 것은 아니다. 새로이 개간된 논이나 최근 들어 경지 정리가 이루어진 논은 이러한 이름을 갖지 않는다. 따라서 고유의 이름을 가지는 논들은 대개가 오래전부터 경작되어온, 이곳 사람들에게는 매우 친숙한 논들로 생각된다.

조사지에서 개별 논의 이름은 오늘날 지적도상의 지번과 같이 일종의 '고유명사'로 쓰여 왔다고 보고된다. 즉, 두레계가 모일 때나 공동 작업 시에 사람들이 모이는 약속 장소로 개별 논 이름이 사용되었고, 또 일상적인 대화에서도 마치 사람 이름을 가리키듯 개별 논 이름을 가리켜 왔다고 한다.

조사지에는 위의 목록 외에도 몇 가지 논 이름이 더 나타난다. 그런데 이 이름들은 개별 논을 가리키는 고유의 이름이 아니라, 유사한 조건의 여러 논들을 모두 가리킬 수 있는 '보통명사'적인 또는 일반적인 이름들이다. 다음과 같은 예이다.

1. 다랭이논 또는 다랭곶이: 산허리에 계단식으로 되어있는 논을 가리킨다.
2. 뒷물논: 집 뒤의 산모퉁이에 있는 논을 가리킨다.
3. 샘논: 논에 물이 솟아오르는 샘이 있는 논을 가리킨다.

마지막으로 '등나무터논'이란 이름이 조사 과정에서 발견되었는데 그것은 개별 논 이름이 아닌 집합적인 논 이름이었다. 즉, 논 가운데로 산의 혈맥이 내려와 뭉쳤고 거기에 커다란 등나무가 자란 데서 이 이름이 연원하였는데, 그 지역의 모든 논들을 한꺼번에 가리키는 논 이름이었다.

이들 논 이름에 비해 개펄의 이름이나 밭의 이름은 조사지에서 그렇게 발달하지 않은 것으로 보인다. 조사지는 서해를 연해 제법 길게 펼쳐져 있으나, 개펄의 이름은 단지 그 앞의 중요 지명을 따 서로 구분하는 정도이다(앞의 <지도 1-1>, <지도 1-2>, <지도 1-3>을 참조할 것). 즉, 다음의 이름들이다.

1. 기하리펄: '기하리들' 앞의 개펄
2. 돈대펄: '계룡돈대' 앞의 개펄
3. 광대펄: '광대' 앞의 개펄

4. 포촌펄: '포촌' 앞의 개펄

5. 해당화펄: '포촌'과 '허튼개' 사이의 개펄로서 과거 이곳에 해당화가 많았다.

6. 허튼개펄: '허튼개' 앞의 개펄

이에 비해 밭 이름은 논 이름만큼 발달하지는 않았으나, 적어도 5개의 고유 이름을 확인할 수 있었다. '고유명사'적인 밭 이름은 다음과 같다.

1. 긴밭: 밭이 길었다.
2. 동녘개밭: '동녘개'에 위치하였다.
3. 꼭대밭: 높은 곳 즉 꼭대기에 위치하였다.
4. 상제밭: '상제논들'에 위치하였다.
5. 둑밭: 밭 가운데에 둑새가 있었다.

물론 조사지에는 논에 비해 밭이 그리 많은 편은 아니지만, 그 외의 밭은 모두 중요 지명을 수식어로 하여, 가령 '양짓마을 밭', '재너머 밭' 등으로 불러왔다고 제보자들은 보고하고 있다.

이상의 지명들에 대한 목록으로부터 어떤 분석적 일반화를 현 단계에서 도출하기는 어려울 것이다. 물론 '의미적 유연성(有緣性)'(iconic)에 따른 구분과 같은 초보적인 작업은 가능하겠지만, 조사지에서 전체적인 지명체계가 반영하는 공간에 대한 인식 또는 정향(spatial orientation)과 같은 인지 세계에 대한 분석은 또 다른 연구 작업을 필요로 할 것이다.

그러나 이상의 정리에서 이미 한 가지 명백한 사실은, 조사지에서의 지명은 두 영역, 즉 거주시인 마을과 뜸 그리고 주 경작지인 논(과 들)에서 크게 발달하고 있다는 점일 것이다. 이는 다시 말하면, 어휘적 명칭을 이용하여 물리적 장소를 구분 짓고 범주화하는 데서 특히 이 두 영역에 문화적 강조(cultural emphasis) 또는 문화적 초점(cultural focus)이 맞추어져 있다는 말이 될 것이다.

조사지에서의 지명 조사에서 가장 흥미로웠던 현상은 정교하게 발달한 논(및 들) 이름이었다. 물론 다른 지역에 대한 구체적이고 체계적인 지명 조사의 결과와 비교될 때에 비로소 합당한 분석이 가능하겠지만, 아무래도 조사지에서 논 이름이 크게 발달한 근저에는 다른 무엇보다도 전통 사회에서 수도작 재배가 가졌던 생계 활동상의 중요성이 밀접히 연관되어 있을 것이다. 다시 말하여, 논농사의 비중은 밭에서의 밭작물의 재배나 개펄에서의 어류 채취 등과는 비교가 되지 않을 만큼 중요하였고, 이러한 논농사가 갖는 절대적 중요성이 지명이란 명칭체계에도 그대로 반영되어 나타난 것이 위에서 수집·제시된 논, 들, 밭, 개펄의 지명에 대한 목록일 것으로 생각된다.

2. 생태 환경의 어휘적 구분

조사지에서 어휘의 분화(lexical elaboration)가 발달한 또 다른 의미 영역은 생태적 환경(ecological environment)의 영역이다. 서해를 연한 생태적 조건 때문인지 특히 바람, 물때, 어류 등의 명칭에서 어휘의 분화가 크게 발달하고 있는데, 이들의 어휘·의미 체계를 간략히 정리하면 다음과 같다.

1) 바람의 구분법

조사지에서 방위에 따른 바람의 구분은 비교적 발달한 것으로 보인다. 바람이 불어오는 방향에 따라 7가지 내지 8가지의 바람이 일차적으로 구분되고, 그 중 2가지는 다시 2개의 하위 범주로 세분된다.

구체적인 바람의 이름을 8가지 구분법을 기준으로 하여 정리하면 다음과 같다.

1. 하내바람: 북풍
2. 높새바람: 북동풍 또는 동풍
   - 2.1 장단 높새: 북쪽으로 좀 더 치우쳐서(즉, 황해도 장단 쪽으로부터) 부는 '높새바람'
   - 2.2 한양 높새: 동쪽으로 좀 더 치우쳐서(즉, 한양 쪽으로부터) 부는 '높새바람'
3. 동풍
4. 진사간(辰巳間)내기: 남동풍
5. 마파람: 남풍
6. 갈바람 또는 갈마(잡이): 남서풍
7. 서풍 또는 늦바람
   - 7.1 늦서풍: 남쪽으로 조금 치우쳐서 부는 서풍
   - 7.2 된서풍: 북쪽으로 조금 치우쳐서 부는 서풍
8. 늦하내('느타내'로 발음함): 북서풍

기본적인 바람의 종류를 7가지로 구분하는 사람들은 '높새바람'을 동풍으로 인지함으로써 별도의 '동풍'이란 범주를 지각하지 않는다. 그러나 '높새바람'을 북동풍으로 인지하는 사람들은 그것과는 다른 '동풍'이란 범주를 하나 더 설정함으로써, 기본적인 바람의 종류가 8가지가 된다. (어촌에서 선업(船業)을 하는 제보자들에 의하면, 이 지역에서 말하는 '높새바람'은 정확히는 동북동풍에 해당된다고 한다.) 그러나 일반적으로 8가지의 구분법보다는 7가지의 구분법이 보다 널리 사용되어온 것으로 보이는데, 그것은 '동풍'과 관련한 전래의 '문화적 또는 언어적 표현'들이 거의 발달하지 않은 데서도 나타난다.

위의 바람 이름을 방위에 따라 다시 정리하면 다음 <그림 1-1>과 같다.[2)]

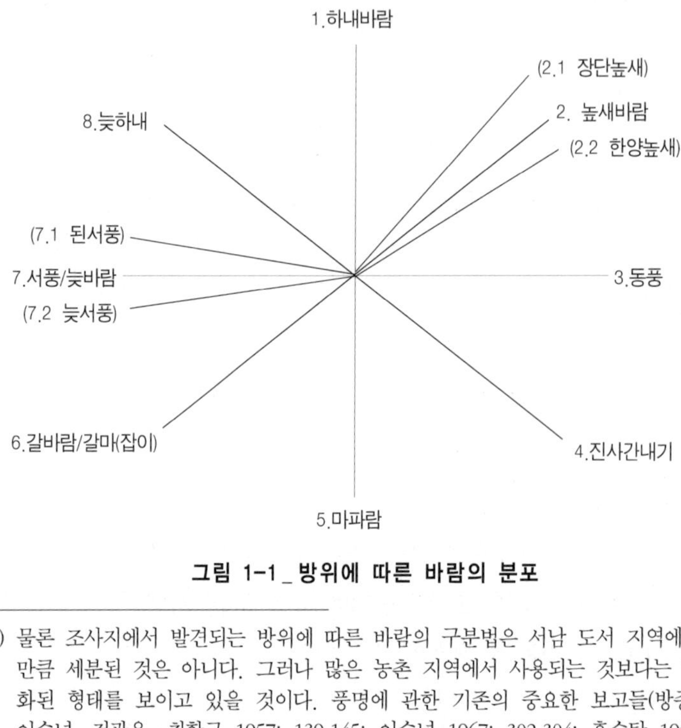

그림 1-1 _ 방위에 따른 바람의 분포

2) 물론 조사지에서 발견되는 방위에 따른 바람의 구분법은 서남 도서 지역에서의 그것만큼 세분된 것은 아니다. 그러나 많은 농촌 지역에서 사용되는 것보다는 비교적 분화된 형태를 보이고 있을 것이다. 풍명에 관한 기존의 중요한 보고들(방종현 1937; 이숭녕 · 전광용 · 최학근 1957: 139-145; 이숭녕 1967: 302-304; 홍순탁 1963: 82-86; 장태진 1968 등)과 비교하였을 때, 여기서의 바람 이름 중 '진사간내기'란 어휘가 특이한 것으로 나타나는데, 경기도 화성군 서신면 제부리에서도 남동풍을 가리키는 '진사간바람'이란 말이 쓰인다고 한다(이명규 1983: 28). 그러나 동일한 이명규의 경기도의 풍명에 관한 부분적인 보고(pp.28-29)에서, 다른 방위의 바람 이름들은 조사지의 그것과는 상당한 정도 다른 것으로 나타난다.

조사지에서도 바람의 구분은 그것이 불어오는 방향에 따라 일차적으로 이루어지지만, 동시에 불어오는 바람의 종류에 따라 방위에 대한 지각이 흔히 이루어지기도 한다. 달리 표현하면, 조사지에서도 언어적으로 표현되는 바람의 구분법이 단순한 어휘적 차원에서의 풍명(風名)을 넘어서서, 사람들이 방위의 구분에 대한 지각을 습관적으로 행하는 유용한 문화적 수단이 되어온 것으로 생각된다.

뿐만 아니라 특정의 바람은 그것과 관련되는 기후상의 특성 그리고 그것이 농사에 미치는 영향 등과 함께 복합적으로 인지되고 있다. 대표적인 사례를 개별 바람에 따라 몇 가지 들어보면 다음과 같다.

1. 하내바람: 겨울에 부는 '얼음 어는' 바람이므로, 이에 빗대어 흔히 "북쪽은 오랑캐 쪽인데 바람까지도 독하다."고 한다.

2. 높새바람: 이는 건조한 바람이므로 다른 곡식에는 해로우나 콩은 잘 되는 바람으로 인지되고, 따라서 "7월 높새에 벼 죽듯 한다."는 말이 전해온다. 또 '높새바람'의 건조함을 일러 "높새바람에 새암물도 마른다."고 하고, 또 그것의 추움을 일러 "높새바람에 돌부처가 돌아앉는다."고 한다.

3. 동풍: (전해오는 특별한 말이 없음)

4. 진사간내기: "진사간 바람이 불면 비 온다."라는 말이 전해온다.

5. 마파람: 이는 '우기에 오는 순한 바람'으로 인지된다.

6. 갈바람: '갈바람'이 불 때 비가 오면 비가 많이 온다고 한다.

7. 서풍: '서풍'이 불면 흐려서 비가 오던 것도 그친다고 한다.

8. 늦하내: '늦하내'가 불면 매우 건조하여 논바닥이 갈라진다고 한다.

이상의 방위에 따른 바람의 이름 외에, 바람에 관한 몇 가지 명칭이 더 사용됨을 보는데 간략히 정리하면 다음과 같다.

1. 회오리 바람: (일반적인 뜻과 같음)
2. 재내미 바람: 바람이 없던 상태에서 갑자기 급하게 넘겨치는 바람
3. 가을 의사리 바람: 초가을 지나 날이 추워지면서 부는 찬바람
4. 세동풍: 여러 날 불어 날씨가 추워지는 센 동풍

2) 물때 이름

조사지는 바로 서해를 연하고 있으므로 조수의 변화에 따른 물때의 이름이 잘 발달해 있고, 따라서 어업과는 거리가 먼 농촌의 주민들까지도 이 물때의 이름에 아주 익숙해 있는 것으로 보인다. 음력상의 일자에 따른 물때의 이름을 정리하면, 다음 <표 1-1>과 같다.

표 1-1 물때의 명칭

일 자	구 분		
	I - I	I - II	II
음력 10일, 25일	한매	한매	한뭇날
음력 11일, 26일	두매	두매	두뭇날
음력 12일, 27일	서매	서매	서뭇날
음력 13일, 28일	너매	너매	너뭇날
음력 14일, 29일	다섯매	다섯매	다섯뭇날
음력 15일, 30일	여섯매	여섯매	여섯뭇날
음력 16일, 1일	일곱매	일곱매	일곱뭇날
음력 17일, 2일	여덟매	여덟매	여덟뭇날
음력 18일, 3일	아홉매	아홉매	아홉뭇날
음력 19일, 4일	열매	열매	열뭇날
음력 20일, 5일	한게끼	한꺾음/한꺾기	한게끼
음력 21일, 6일	두게끼	두꺾음/두꺾기	두게끼
음력 22일, 7일	아치조금	세꺾음/세꺾기	아치조금
음력 23일, 8일	조금	조금	조금(날)
음력 24일, 9일	무시	무시	무시(날)

위의 <표 1-1>에서 I(I-I 및 I-II)의 이름들은 그 날 그 날이 '몇 매'인지를 물을 때에 통상적으로 답하는 말이고, II의 이름들은 구체적인 '날'을 가리킬 때에 쓰는 말이다. 위 표에서 나타나듯이 II의 이름들은 I의 그것과 동일하거나 또는 부분적으로 변화된 어형에 '날'이 결합된 표현들이다. 그런데 물때의 명칭에서 해당 달이 29일로 끝나는 경우에는 29일을 한꺼번에 '다섯 · 여섯매'로 묶어 부름으로써, 다음달 1일부터 적용되는 물때의 명칭에는 아무런 변화가 없게 된다.

물때의 이름에서 나타나는 한 가지 흥미로운 사실은 그것의 사용상에서 발견되는 농촌과 어촌간의 차이이다. 위 표에서 I-I 및 II의 용어들은 모두 어촌(즉, '아랫마을' 또는 '포촌')에서 사용되는 것들이다. 이에 비해 농촌(즉, '웃마을')의 주민들은 '몇 매'인지를 가리키는 데서 I-II의 용어들을 사용하고, 구체적인 '날'을 가리키는 말들(즉, II의 용어들)은 잘 쓰지를 않는다. 따라서 물때의 명칭을 사용하는 데서 조사지 내의 어촌 주민들과 농촌 주민들 간에는 상당한 정도의 언어적 변이(linguistic variation)가 존재하고, 이러한 변이상은 일차적으로 생계 양식 또는 친숙한 생태적 환경의 차이에서 연유하는 것으로 이해할 수 있겠다.[3)]

조사지에서는 또 물때와 관련한 여러 특수한 어휘들이 발달해 있다. '밀물'과 '썰물', 그리고 '조금(때)'와 '사리(때)'와 같은 일반적인 용어들 외의 것들을 정리하면 다음과 같다.

1. 참: 물이 완전히 밀어온 만조
2. 감: 물이 완전히 썰어나간 간조

3) 경기도 내에서도 지역에 따라 이 물때의 이름이 부분적으로 상이할 수 있을 것으로 생각되는데, 한 예로 연구자가 화성군 서신면 궁평리(어촌 마을)에서 1992년 11월 14일에 들은 바로는, 음력 20일, 5일을 '열한매'로, 21일, 6일을 '열두매'로, 22일, 7일을 '한께끼'로, 그리고 23일, 8일을 '한조금'으로 부른다고 하였다. 그 외의 날짜에 대한 물때의 이름들은 모두 위 표와 같았다.

1. 보름사리: 월중의 사리
2. 그뭄사리: 월말의 사리

1. 신사리: '일곱매', '여덟매'까지만 물이 많이 밀고 '아홉매'부터는 물이 덜 미는 사리(신사리를 더러는 '걱끔 신사리'라고도 함)
2. 쪽사리: '열매'날까지도 물이 많이 미는 사리

1. 신조금: '한매'까지 물이 줄고 '두매'부터는 물이 늘어나는 조금
2. 부조금: '서매', '너매'날까지 물이 늘어나지 않는 조금

1. 무시날 앗감: '무시날' 아침 간조
2. 무시날 낮드리: '무시날' 낮 만조
3. 서뭇날 새별뜨리: '서뭇날' 새벽 만조(이 때 선업을 하는 사람들은 고사를 많이 지냄)

3) 어류의 명칭 및 어업 관련 어휘

어촌('포촌')을 포함하고 있는 조사지에서 주로 잡아 온 어류는 그 종류나 어로 시기에서 매우 한정적이고 단순하다. 현재의 시점에서 간략히 말하면, 5월 말부터 약 보름간은 '(봄)숭어'를 잡고, 7월초부터 약 보름간은 장마가 지지 않으면 '준치'를 잡는다. 그러나 같은 기간 동안에 장마가 져 비가 많이 오게 되면 '숭어'와 '농어'를 잡고, 마지막으로 9월 초부터 10월 말까지는 '새우'를 잡는다.

위와 같은 비교적 단순한 어로 환경 때문에, 개별 어류의 명칭이 세분되어 불리는 경우는 '새우'와 '숭어' 그리고 '농어'에 불과하다. 다시 말하면, 조사지에서 가장 많이 잡아온 ('준치'를 제외한) 세 종류의 어류에

서만 명칭의 발달 및 분화가 나타난다. 구체적인 내용을 정리하면 다음과 같다.[4)]

〈새우의 종류〉

1. 곤쟁이: 아주 작은 새우
2. 젓새우: 젓 담는 새우
   2.1 오젓: 5월에 잡는 젓새우
   2.2 육젓: 6월에 잡는 젓새우
   2.3 엇젓: 7월 지나 2.4의 '추젓' 전에 잡는 젓새우
   2.4 추젓: 가을에 잡는 젓새우
   2.5 동백하: 겨울에 잡는 젓새우
   2.6 건하: 2.1의 '오젓' 잡기 전의 봄에 잡는 젓새우이나 이것은 젓을 담지 않고 주로 말린다.
3. 중하새우: 중간 크기의 새우
4. 대하새우: 큰 크기의 새우
5. 보리새우
6. 꽃감새우: 새우젓에 이따금씩 든 붉은 새우
7. 건하: 말린 새우 일반

---

4) 이 사실은 앞서 소개한 화성군 서신면 궁평리의 사례와 대조적인 것으로 보인다. 물론 궁평리에서의 조사가 일종의 예비적인 것이었지만, 궁평리에서 주로 잡히는 어패류는 '새우', '낙지', '소라', '굴', '게' 등이었고, 거기서 개별 어패류의 이름이 세분되어 나타나는 예는 '새우'와 '게' 였다. 궁평리에서 보고되는 〈게의 종류〉에는 1. 박하지, 2. 꽃게, 3. 능쟁이, 4. 돌쟁이, 5. 농게 등이 있었다. 또한 궁평리에서의 〈새우의 종류〉에는 '꽃새우', '참새우', '봉둥이' 등이 새로이 있었고, 황청리에서 보고되는 '곤쟁이', '보리새우', '꽃감새우' 등은 나타나지 않았다.
여기서 상조되어야 할 한 가지 사실은 조사지(황청리)에서 어류의 명칭 분화가 나타나는 '종'은 조사지에서 가장 많이 잡히는 어류들로 한정되어 있다는 점일 것이다. 다시 말하여 그들의 일상생활에서 잦은 접촉과 생계상의 중요성이 주어지는 어류들에만 명칭의 분화가 일어나고 있다는 점일 것이다.

〈숭어의 종류〉

1. 모쟁이: 새끼 숭어
2. 총각 모쟁이: 한 뼘 가량 자란 숭어
3. 글거지: 2의 '총각 모쟁이' 보다 좀 더 자란 숭어
4. 숭어: 완전히 다 큰 숭어

〈농어의 종류〉

1. 깔때기: 작은 농어
2. 농어: 다 자란 농어

또한 어류의 구분과 관련하여 다음과 같은 일반적인 어휘의 분화가 발견된다.

1. 암치(기): 큰 고기의 암놈
2. 숫치(기): 큰 고기의 수놈

그 밖에 어업과 관련되는 다음과 같은 특수 어휘들이 조사지에서는 사용되어 온 것으로 보고된다.

1. 쟁기준다: 그물을 내리는 것
2. 쟁기(를)낸다: 그물을 걷어 올리는 것

1. 선용준다: 선원들에게 선불을 주는 것
2. 용준다: 선원들에게 임금을 주는 것
3. 사리용: 선원을 1개월치 씩의 월급으로 계약하는 것

1. 사공: 선장

2. 동사: 선원

3. 화장: 배 안에서 밥 짓는 선원

1. 쪼내: 바다에서 물이 흐르다 갑자기 더 세게 흐르는 물길

2. 울대: 고기 있는 곳을 알아내기 위해 물 속에 넣어 고기 소리를 듣는 속을 뚫은 긴 장대

3. 갈한다: 목 그물을 가람나무 껍질 등으로 물들이는 것

4) 흙, 개벌, 비, 눈의 구분법

다음으로 또 다른 환경의 영역에 대한 어휘적 구분법을 살펴보기로 하겠다. 먼저 흙은 8가지 종류로 흔히 대별되는데, 이 중 한 가지는 다시 세 하위 범주로 세분된다.

〈흙의 종류〉

1. 명개흙: 부드럽고 검은 흙
2. 지락흙: 붉고 차진 흙
   - 2.1 (보통)지락: 보통의 '지락흙'
   - 2.2 게똥지락: '지락흙' 중 딱딱한 것으로 굳은 모양이 게 똥과 흡사함
   - 2.3 반지락: 반쯤은 '지락흙'이고 반쯤은 1의 '명개흙'인 것
3. 찰흙: 검고 차진 흙
4. 개흙: 개펄흙
5. 모래흙: 모래가 섞인 흙
6. 조대흙: 허여스럼하며 아주 딱딱한 흙
7. 백토흙: 연하고 '야한' 흙

8. 석별흙: 부서지는 돌흙

이러한 흙에 대한 구분법은 곧 논과 밭의 토질 구성에 대한 민간 지식(folk knowledge)과 연결된다. 즉, 논은 일반적으로 그 토질에 따라 '지락논', '모래논', '개흙논', '명개논'(실제로는 이 말은 잘 안 쓰이고, 대신 "그 논 명개흙이야!"와 같은 표현이 보다 널리 쓰임)으로 구분되는데, '지락논'은 좋은 논으로, '모래논'은 물은 좋으나 벼는 잘 안 되는 논으로, 그리고 '개흙논'과 '명개논'은 벼가 상대적으로 덜 되는 논으로 지각된다.

밭도 그 토질에 따라 흔히 '지락밭', '명개흙(밭)', '석별밭'(이 말도 잘 쓰이지 않고, 대신 "그 밭은 속에 석별이야!"와 같은 표현이 더 널리 쓰임) 등으로 구분되는데, 밭의 토질은 '지락밭' 중에서도 '반지락밭'이 좋고 '(순/보통)지락밭'은 땅이 너무 쉬이 굳어져서 그리 좋지 않은 것으로 지각된다.

다음으로 바다 속의 개펄(흙)은 육지의 흙과는 달리 단순히 2가지로만 대별된다.

〈개펄(흙)의 종류〉

1. 참펄: 발을 디딘 후 발 빼기가 쉬운 개흙으로 육지 가까운 곳의 개펄임

2. 개씹펄: 발을 디딘 후 발 빼기가 어려운 개흙으로 바다 깊이, 여기서는 대체로 바닷가에서 100미터 쯤 들어가면 나오는 개펄임

또 조사지에서의 비와 눈에 대한 구분법은 다른 지역의 그것과 크게 다르지 않은 것으로 보인다. 단, 비는 그 크기에 따른 분류법과 그것이 오는 시기에 따른 분류법의 두 가지가 있는 것으로 나타난다.

〈비의 종류〉

1. 안개비
2. 부슬비
3. 소낙비

1. 해톳비: 이른 초봄에 땅 녹을 때 오는 비
2. 봄비
3. 장마비
4. 객수: 음력 7월에 오는 쓸네없는 비

〈눈의 종류〉

1. 함박눈
2. 싸락눈
3. 진눈개비

비와 눈과 관련하여, 조사지에서는 올해에 눈이 온 것에 의거하여 내년에 비가 올 것을 예측하는 '대맞이'라는 일종의 점복어가 전해져 오는데, 그 내용은 다음과 같다.

1. 정칠월: 정월달에 눈이 많이 오면 이듬해 7월에 비가 많이 온다.
2. 육섣달: 섣달에 눈이 많이 오면 이듬해 6월에 비가 많이 온다.
3. 오동지: 동짓달에 눈이 많이 오면 이듬해 5월에 비가 많이 온다.

마지막으로 조사지에서의 주요 곡물인 '벼'와 '버리'[보리]에 대한 구분법은 일반적인 품종 구분 이상의 것이 아닌 것으로 나타났다. 또한 주요 가축에 대한 구분법도 별다른 것이 발견되지 않았는데, 단 수소를 가리키는 말에 '불개미' 또는 '부룩재기'란 단어가 사용되고 있었다.

5) 여러 가신들

조사지에서 생태적 환경의 의미 영역을 제외하고는, 어휘 분화가 발달하여 상당한 수준의 분류체계(taxonomy)를 보여주는 의미 영역은 거의 발견되지 않았다. 아마도 여러 가신(家神)에 대한 분류법이 거의 예외적인 비환경 영역에서의 기술 대상인 것으로 보였다. 조사지 내의 만신들이 인지하고 있는 민간신앙의 대상으로서의 가신들은 대체로 다음과 같이 구분될 수 있다.

1. (별상)
   1.1 별상님
   1.2 별상마누라
2. 대감님
   2.1 남대감 또는 보물대감
   2.2 여대감 또는 식신대감
   2.3 벼슬대감
3. (칠성 · 지석)
   3.1 칠성님
   3.2 지석[제석]님
4. 불사님: 가족 중에 중을 하다가 죽은 사람이 있으면 모시는 가신
5. 업주
   5.1 애기업주 또는 동자업주
   5.2 도태업주: 돼지업

5.3 긴데업: '긴 짐승' 즉 구렁이업

5.4 용궁업: 물업

5.5 상산본양업주: 산(山)업

그러나 위의 분류체계는 그 자체로서 완벽한 것은 아닌 것으로 생각된다. 왜냐하면 가신을 많이 모시는 집들에서는 위의 가신들 외에, 가령 '성주', '걸립', '천대감', '터주대감', '공장대감', '기계대감' 등을 또한 모시고 있는 것으로 보고되었고, 또 족제비 중에서도 '업족제비'(노랑 바탕에 주둥이가 나비 문 것처럼 하얀 족제비를 일컬음)라고 하여 보통 족제비와는 구분되는 민간신앙의 대상이 있는 것으로도 보고되었기 때문이다. 그러나 유감스럽게도 제보자들은 이 모든 신앙의 대상들을 포괄하는 전체적인 민속분류법(folk taxonomy)을 이해하고 있지는 못한 것같이 보였다.

3. 친척용어체계

조사지는 대체로 산촌(散村)의 형태를 띠고 있지만, 근래까지 분성 배씨(盆城裵氏), 밀양 박씨(密陽朴氏), 경주 최씨(慶州崔氏), 청주 한씨(淸州韓氏) 등이 집중적으로 거주해 온 촌락이다. 따라서 여기서도 친척관계는 일차적인 사회적 관계의 중심을 이루고 있으며(조사지에서 흔히 듣는 말 중에 "이 동네에는 남이 없다."라는 말이 있다), 또 당연히 친척용어는 전체 명칭 또는 용어체계(terminological system) 그리고 호칭체계(address system)의 중심 부분을 이루고 있다.

본 조사에서는 소수의 주 제보자들을 중심으로 하여, 대체로 60대 이상이 사용해 온 친척지칭(kinship terms of reference) 및 친척호칭(kinship terms of address)에 관한 자료를 가능한 한 넓은 친척 범위에 걸쳐서(그러나 수평적인 계보 관계로는 '당내'(堂內) 이내의 범위에서) 수집하고자 하였으며, 또 다른 지역의 친척용어와 비교하여 조사지에서 사용되는 용어들의 일차적인 중요 특성을 파악하고자 하였다.

1) 친척용어의 목록

수집된 친척용어의 목록은 5부류의 친척의 범주, 즉 부계친(父系親)(아버지를 통해서 맺어진 친척), 모계친(母系親)(어머니를 통해서 맺어진 친척), 부계친(夫系親)(남편을 통해서 맺어진 친척), 처계친(妻系親)(아내를 통해서 맺어진 친척), 그리고 사돈관계(查頓關係)의 범주 구분에 따라 나누어 정리하기로 하겠다.

그리고 다음의 용어 목록에서 제시되는 개별 친척형(kin type)의 표시 약어는 다음과 같다.

F: father (아버지)
M: mother (어머니)
B: brother (남형제)
Z: sister (여형제)
S: son (아들)
D: daughter (딸)
H: husband (남편)
W: wife (아내)
Be : elder brother (손위 남형제)

By : younger brother (손아래 남형제)

Ze : elder sister (손위 여형제)

Zy : younger sister (손아래 여형제)

> A(e, H, or W) : elder than A(ego, ego's husband, or ego's wife) (A(자신, 자신의 남편, 또는 자신의 아내)보다 연상)

< A(e, H, or W) : younger than A(ego, ego's husband, or ego's wife) (A(자신, 자신의 남편, 또는 자신의 아내)보다 연하)

♂ : male speaker (남성 화자)

♀ : female speaker (여성 화자)

(1) 부계친(父系親)

일련번호	친척형	친척지칭	친척호칭	비고
1	FFFF	고주(高祖)할아부지	·	
2	FFFM	고주할머니	·	
3	FFF	증주(曾祖)할아부지	(증주)할아부지	
4	FFM	증주할머니	(증주)할머이	
5	FF	(동상)할아부지	할아부지	* '동상'의 의미는 명확하지 않으나 동생(同生)인 듯함
6	FM	(동상)할머니	할머이	* 일반적으로 지칭은 '할머니'가 호칭은 '할머이'가 주로 사용됨
7	FFBe	큰할아부지	(큰)할아부지	* FFB가 여럿일 경우 '간데[가운데]할아부지', '간데할머니'도 흔히 사용됨
8	FFBeW	큰할머니	(큰)할머이	
9	FFBy	작은할아부지	(작은)할아부지	
10	FFByW	작은할머니	(작은)할머이	
11	FFZ	(고모)할머니	(고모)할머이	
12	FFZH	(고모)할아부지	할아부지	

13	FMB	(진외가)할아부지	할아부지	
14	FMBW	(진외가)할머니	할머이	
15	원촌조항 (遠寸祖行)	(집안)할아부지/ 대부(大父)	할아부지/ 대부(大父)	* 일반적으로 '당외'(堂外)일 경우이나, 이에 대칭되는 용어인 '대모'(大母)는 쓰이지 않음
16	F	아부지	아부지	
17	M	어머니	어머이	* 일반적으로 호칭은 '어머니' 보다 '어머이'가 주로 사용됨
18	FBe	큰아부지	큰아부지	* FB가 여럿일 경우 '간데아부지', '간데어머니'도 흔히 사용됨
19	FBeW	큰어머니	큰어머이	
20	FBy	작은아부지	작은아부지	* 혼인 전의 호칭으로는 '삼촌'이 사용됨
21	FByW	작은어머니	작은어머이	
22	FZ	고모	고모/아주머이	
23	FZH	고모부	고모부/아저씨	
24	FFBS	오춘(五寸)아저씨	아저씨	
25	FFBSW	오춘아주머니/ 오춘댁	아주머이	* 일반적으로 호칭은 '아주머니' 보다 '아주머이'가 주로 사용됨
26	FFBD	·	아주머이	
27	FFBDH	·	아저씨	

* FFFBSS, FFFBSSW, FFFBSD, FFFBSDH에게는 24~27과 동일한 호칭이 사용되나, 정형화된 지칭은 거의 사용되지 않음.

28	FMBS	(진외가의 오춘)	아저씨	
29	FMBSW	(진외가의 오춘댁)	아주머이	
30	FFZS	·	아저씨	
31	FFZSW	·	아주머이	
32	♂Be	성(兄)님	성(님)	* 연령이 비슷하면 호칭으로는 '성'이 주로 사용됨
33	♂BeW	성수(兄嫂)님	아주머이/성수님	
34	♂By	동생	동생/아우	* 혼인 전의 호칭으로는 이름이 사용됨

35	♂ByW	기수(季嫂)씨	아주머이/ 기수씨	
36	♂Ze	누님	누님	* 혼인 전의 호칭으로는 '누이'가 주로 사용됨
37	♂ZeH	매부(님)	매부(님)	
38	♂Zy	누이동생	동생	* 혼인 전의 호칭으로는 이름이 사용됨
39	♂ZyH	매부	매부	
40	♀Be	오라버니	오라버니/오빠	* 연령이 비슷하면 호칭으로는 '오빠'가 주로 사용됨
41	♀BeW	오라번댁	오라번댁	
42	♀By	동생	오라범	* 혼인 전의 호칭으로는 이름이 사용됨
43	♀ByW	오라범댁	오라범댁	
44	♀Ze	성님	성(님)	
45	♀ZeH	형부	형부/아재	* 화자가 어릴 때는 주로 '아재'를 사용함
46	♀Zy	동생	동생	* 혼인 전의 호칭으로는 이름이 사용됨
47	♀ZyH	(동생의 남편)	아주버이/아재	

* ♂FBS〉e, ♂FBS(〉e)W, ♂FBS〈e, ♂FBS(〈e)W,
♂FBD〉e, ♂FBD(〉e)H, ♂FBD〈e, ♂FBD(〈e)H,
♀FBS〉e, ♀FBS(〉e)W, ♀FBS〈e, ♀FBS(〈e)W,
♀FBD〉e, ♀FBD(〉e)H, ♀FBD〈e, ♀FBD(〈e)H에게는
32~47과 동일한 호칭이 사용되나, 지칭으로는 앞에 '사춘(四寸)-'이 붙음.

* ♂FFBSS〉e, ♂FFBSS(〉e)W, ♂FFBSS〈e, ♂FFBSS(〈e)W,
♂FFBSD〉e, ♂FFBSD(〉e)H, ♂FFBSD〈e, ♂FFBSD(〈e)H,
♀FFBSS〉e, ♀FFBSS(〉e)W, ♀FFBSS〈e, ♀FFBSS(〈e)W,
♀FFBSD〉e, ♀FFBSD(〉e)H, ♀FFBSD〈e, ♀FFBSD(〈e)H에게도
32~47과 동일한 호칭이 사용되나, 지칭으로는 앞에 '육춘(六寸)-'이 붙음.
그러나 이 범위를 벗어난 부계친(父系親)의 형제항(兄弟行)에게는 정형화된 지칭이 거의 사용되지 않음.

* ♂FZS〉e, ♂FZS(〉e)W, ♂FZS〈e, ♂FZS(〈e)W,
♂FZD〉e, ♂FZD(〉e)H, ♂FZD〈e, ♂FZD(〈e)H,
♀FZS〉e, ♀FZS(〉e)W, ♀FZS〈e, ♀FZS(〈e)W,
♀FZD〉e, ♀FZD(〉e)H, ♀FZD〈e, ♀FZD(〈e)H에게는
32~47과 동일한 호칭이 사용되나, 지칭으로는 앞에 '내종(內從)사춘-' 또는 '고모네-'가 붙음.

48	S	아들	·	
49	SW	메누리	·	
50	D	딸	·	
51	DH	사위	사위/아이이름+아버이	
52	BS	조카	·	
53	BSW	조카메누리	·	
54	BD	조카딸	·	
55	BDH	조카사위	조카사위/아이이름+아버이	
56	ZS	조카	·	
57	ZSW	조카메누리	·	
58	ZD	조카딸	·	
59	ZDH	조카사위	조카사위/아이이름+아버이	

* 부계친(夫系親)의 HBS, HBSW, HBD, HBDH, HZS, HZSW, HZD, HZDH에게도 52~59와 동일한 지칭 및 호칭이 사용됨.

60	SS	손주(아들)	·	
61	SSW	손주메누리	·	
62	SD	손주딸	·	
63	SDH	손주사위	·	
64	DS	외손주(아들)	·	
65	DSW	외손주메누리	·	
66	DD	외손주딸	·	
67	DDH	외손주사위	·	
68	SSS	증손주(아들)	·	
69	SSSW	증손주메누리	·	
70	SSD	증손주딸	·	
71	SSDH	증손주사위	·	

* SSSS, SSSSW, SSSD, SSSDH에 대한 지칭은 일반적으로 알려져 있지 않음.

(2) 모계친(母系親)

* MFF, MFM에 대한 지칭은 일반적으로 알려져 있지 않음.

72	MF	오잘아부지 [외조(外祖)할아버지]	오잘아부지	
73	MM	오잘머니	오잘머이	
74	MFBe	큰오잘아부지	(큰)오잘아부지	
75	MFBeW	큰오잘머니	(큰)오잘머이	
76	MFBy	작은오잘아부지	(작은)오잘아부지	
77	MFByW	작은오잘머니	(작은)오잘머이	
78	MFZ	·	할머이	
79	MFZH	·	할아부지	
80	MMB	·	할아부지	
81	MMBW	·	할머이	
82	MB	오삼춘(外三寸)	오삼춘/아저씨	
83	MBW	오삼춘댁	오삼춘댁/아주머이	
84	MZ	이모	이모/아주머이	
85	MZH	이모부	이모부/아저씨	
86	MFBS	외오춘	아서씨	
87	MFBSW	외오춘댁	아주머이	
88	MFBD	·	아주머이	
89	MFBDH	·	아저씨	
90	♂MBS〉e	외사춘성님	성(님)	
91	♂MBS(〉e)W	외사춘성수님	아주머이/성수님	
92	♂MBS〈e	외사춘동생	동생/아우	
93	♂MBS(〈e)W	외사춘기수씨	아주머이/기수씨	
94	♂MBD〉e	외사춘누님	누님	
95	♂MBD(〉e)H	외사춘매부(님)	매부(님)	
96	♂MBD〈e	외사춘누이동생	동생	
97	♂MBD(〈e)H	외사춘매부	매부	
98	♀MBS〉e	외사춘오라버니	오라버니/오빠	
99	♀MBS(〉e)W	외사춘오라번댁	오라번댁	
100	♀MBS〈e	외사춘동생	오라범	
101	♀MBS(〈e)W	외사춘오라범댁	오라범댁	
102	♀MBD〉e	외사춘성님	성(님)	
103	♀MBD(〉e)H	외사춘형부	형부/아재	
104	♀MBD〈e	외사춘동생	동생	
105	♀MBD(〈e)H	(외사춘동생의 남편)	아주버이/아재	

* ♂MZS〉e, ♂MZS(〉e)W, ♂MZS〈e, ♂MZS(〈e)W,

♂MZD〉e, ♂MZD(〉e)H, ♂MZD〈e, ♂MZD(〈e)H,
♀MZS〉e, ♀MZS(〉e)W, ♀MZS〈e, ♀MZS(〈e)W,
♀MZD〉e, ♀MZD(〉e)H, ♀MZD〈e, ♀MZD(〈e)H에게는
90~105와 동일한 호칭이 사용되나, 지칭으로는 '외사촌-' 대신 '이종사촌-'이 붙음.

(3) 부계친(夫系親)

106	HFFFF	시고주(高祖)할아부지	·	
107	HFFFM	시고주할머니	·	
108	HFFF	시증주(曾祖)할아부지	(증주)할아부님/할아부지	
109	HFFM	시증주할머니	(증주)할머니	
110	HFF	시할아부지	할아부님/할아부지	
111	HFM	시할머니	할머니	
112	HFFBe	큰시할아부지	(큰)할아부님/할아부지	* HFFB가 여럿일 경우 '간데시할아부지', '간데시할머니'도 흔히 사용됨
113	HFFBeW	큰시할머니	(큰)할머니	
114	HFFBy	작은시할아부지	(작은)할아부님/할아부지	
115	HFFByW	작은시할머니	(작은)할머니	
116	HFFZ	·	할머니	
117	HFFZH	·	할아부지	
118	HFMB	·	할아부지	
119	HFMBW	·	할머니	
120	원촌조항(遠寸祖行)	(집안)할아부지/대부(大父)	할아부지/대부(大父)	
121	HF	시아부니/시아부님/시아부지	아부님	
122	HM	시어머니/시어머님	어머니/어머님	* '어머님'보다 '어머니'가 주로 쓰임
123	HFBe	큰시아부니	(큰)아부님	* HFB가 여럿일 경우 '간데시아부니', '간데시어머니'도 흔히 사용됨
124	HFBeW	큰시어머니	(큰)어머니	
125	HFBy	작은시아부니	작은아부님	
126	HFByW	작은시어머니	작은어머니	
127	HFZ	시고모님	고모님	
128	HFZH	시고모부	고모부(님)	
129	HFFBS	시오춘아저씨	아저씨	

130	HFFBSW	시오춘아주머니/시오춘댁	아주머니	* 화자에 따라 '아주머이' 도 쓰나 일반적으로 부계친(夫系親)의 경우 '아주머니' 를 씀
131	HFFBD	·	아주머니	
132	HFFBDH	·	아저씨	
133	HFMBS	·	아저씨	
134	HFMBSW	·	아주머니	
135	HFFZS	·	아저씨	
136	HFFZSW	·	아주머니	
137	HBe	시아주버니	아주버니/아주버님	
138	HBeW	큰동세님	성님	
139	HBy	시아주버이/시방님	아주비이/서방님	* 혼인 전의 경우 지칭은 '시도령', 호칭은 '데랜님' 이 사용됨
140	HByW	작은동세	동세	
141	HZe	시누님	성님	
142	HZeH	시누님남편	아주버니	
143	HZy	시누이	누이/아이이름+고모	* 혼인 전의 호칭은 '아가씨' 또는 '작은애기씨' 가 사용됨
144	HZyH	시누이남편	아주버이	

* HFBS〉H, HFBS(〉H)W, HFBS〈H, HFBS(〈H)W,
HFBD〉H, HFBD(〉H)H, HFBD〈H, HFBD(〈H)H에게는
137~144와 동일한 호칭이 사용되나, 지칭으로는 앞에 '사춘-' 이 붙음.

* HFFBSS〉H, HFFBSS(〉H)W, HFFBSS〈H, HFFBSS(〈H)W,
HFFBSD〉H, HFFBSD(〉H)H, HFFBSD〈H, HFFBSD(〈H)H에게도
137~144와 동일한 호칭이 사용되나, 지칭으로는 앞에 '육춘-' 이 붙음.

* HFZS〉H, HFZS(〉H)W, HFZS〈H, HFZS(〈H)W,
HFZD〉H, HFZD(〉H)H, HFZD〈H, HFZD(〈H)H에게도
137~144와 동일한 호칭이 사용되나, 지칭으로는 앞에 '시고모네-' 가 일반적으로 붙음.

145	HMF	시오잘아부지	할아부지	
146	HMM	시오잘머니	할머니	
147	HMB	시오삼춘	아저씨	
148	HMBW	시오삼춘댁	아주머니	
149	HMZ	시이모님	이모님	
150	HMZH	시이모부	이모부(님)	
151	HMBS〉H	외사춘아주버니	아주버니	
152	HMBS(〉H)W	외사춘동세	성님	
153	HMBS〈H	외사춘아주버이	아주버이	
154	HMBS(〈H)W	외사춘동세	동세	
155	HMBD〉H	외사춘시누님	성님	
156	HMBD(〉H)H	외사춘시누님남편	아주버니	
157	HMBD〈H	외사춘시누이	누이/아이이름+고모	* 혼인 전의 호칭으로는 '아가씨' 가 사용됨
158	HMBD(〈H)H	외사춘시누이남편	아주버이	

* HMZS〉H, HMZS(〉H)W, HMZS〈H, HMZS(〈H)W,
HMZD〉H, HMZD(〉H)H, HMZD〈H, HMZD(〈H)H에게는
151~158과 동일한 호칭이 사용되나, 지칭으로는 '외사춘-' 대신 '이종사춘-' 이 붙음.

(4) 처계친(妻系親)

159	WFF	가시할아부지	할아부지	
160	WFM	가시할머니	할머니	
161	WF	자인(丈人)	자인어른/ 빙장(聘丈)어른	
162	WM	장모(丈母)	장모님	
163	WFBe	큰자인	(큰)자인어른	
164	WFBeW	큰장모	(큰)장모님	
165	WFBy	작은자인	(작은)자인어른/ 아저씨	* 연령이 비슷할 경우 '아저씨' 를 사용함
166	WFByW	작은장모	(작은)장모님	
167	WFZ	처고모	고모님	
168	WFZH	처고모부	아저씨	
169	WMB	처오삼춘	오삼춘	
170	WMBW	처오삼춘댁	아주머니	* 화자에 따라서는 '아주머이' 도 사용함
171	WMZ	처이모	이모님	
172	WMZH	처이모부	아저씨	

173	WBe	(큰)처남	처남	
174	WBy	(작은)처남	처남/이름	
175	WBW	처남에댁	아주머이	
176	WZe	처형/가시아주머이	아주머이	
177	WZeH	(큰)동서	성님	
178	WZy	처제/처동생	처제/아주머이	
179	WZyH	(작은)동서	동서	

(5) 사돈관계(査頓關係)

180	SWF/DHF	사둔(님)	사둔(님)/ 사장(査丈)님	* 상대방이 연령이 높을 때는 '사장님' 을 주로 사용함
181	SWM/DHM	사둔댁	사둔댁/사둔마나님	* 상대방이 연령이 높을 때는 '사둔마나님' 을 주로 사용함
182	SWFF/DHFF	사둔할아부지	사둔할아버지/ 사장님/노사둔님	
183	SWFM/DHFM	사둔할머니	사둔할머니/사둔댁	
184	SWFB/DHFB	·	(큰/작은)사둔(님)/ 사장님	
185	SWFBW/DHFBW	·	(큰/작은)사둔댁/ 사둔마나님	
186	♂SWB/♂DHB	·	사둔	
187	♂SWZ/♂DHZ	·	·	
188	♀SWB/♀DHB	·	사둔님	* 혼인 전의 호칭으로는 '사둔도령' 이 사용됨
189	♀SWZ/♀DHZ	·	사둔댁	* 혼인 전의 호칭으로는 '사둔네처녀' 가 사용됨

2) 친척용어의 주요 특색

조사지에서 사용되는 친척용어체계는 여러 면에서 매우 흥미로운 양상을 보여주고 있다. 그러나 친척 범주의 구분에 대한 본격적인 분석이나 다른 지역에서 사용되는 용어체계와의 비교에 앞서, 위의 목록에 대한 개략적인 검토에서 드러나는 중요한 특성들만을 간략히 정리하도록 하겠다.

먼저 조사지에서의 친척용어체계는 한국 사회 내의 일반적인 유형 구분으로는 '반촌형'보다 '민촌형'에 속할 것으로 생각되는데, 대략 다음과 같은 이유에서이다.

(1) 일련의 체계적인 조어규칙에 의해 생성되는 한자어 친척지칭(왕한석 1988 참조)이 여기서는 거의 사용되지 않고, 대신 고유어 및 촌수법(寸數法)에 기반한 친척지칭이 주로 사용됨으로써, 친척지칭과 친척호칭 간의 분화가 상대적으로 그리 크게 발달하지 않은 것으로 나타난다.

(2) 친척지칭이 적용되는 구체적인 친척형의 범위가 비교적 좁은 것으로 드러나는데(왕한석 1991 참조), 가령 위 목록에서 보면 부계친(父系親)에서 '정형화된' 친척지칭이 사용되는 대체적인 범위는, 조항(祖行)에서는 4촌 종조부(從祖父)까지, 숙항(叔行)에서는 5촌 당숙(堂叔)까지, 형제항(兄弟行)에서는 6촌 재종형제(再從兄弟)까지, 질항(姪行)에서는 5촌 당질(堂姪)까지인 것으로 보이며, 그리고 아래 항렬로는 증손항(曾孫行)까지인 것으로 나타나고 있다.

(3) 질항(姪行)에 대한 친척지칭에서 52 BS 및 56 ZS, 53 BSW 및 57 ZSW, 54 BD 및 58 ZD, 그리고 55 BDH 및 59 ZDH를 각기 구분 짓는 용어가 발달하지 않았으며, 또 동일 친척형에 대한 화자의 성별에 따른 용어 구분도 그리 뚜렷이 발달하지 않은 것으로 나타난다.

다음으로 위 목록에서 형태상의 특색을 보여주는 용어로는 대체로 다음과 같은 예를 들 수 있겠다.

(1) 외조부모(外祖父母)와 대조되었을 때 지칭으로 사용되는 5 FF '(동상(同生))할아부지'와 6 FM '(동상)할머니'

(2) 호칭 및 지칭으로 사용되는 72 MF '오잘아부지'(외조 할아부지), 73 MM '오잘머니', 82 MB '오삼춘'

(3) 주로 북한 지역의 친척용어(왕한석 1990)에서 나타나는 지칭 형태로 생각되었던 159 WFF '가시 할아부지', 160 WFM '가시 할머니', 176 WZe '가시 아주머이' 등.

지금까지 다른 지역(주로 반촌 조사지)의 조사에서는 미처 발견되지 않았던 호칭 형태로서, 해당 친척형을 가리키는 오늘날의 한자어 호칭이 사용되기 이전의 고유어 호칭 형태를 추론할 수 있게 해 주는 용어들로는, 다음과 같은 것들이 발견된다.

(1) 35 ♂ByW '아주머이'

(2) 45 ♀ZeH '아재', 47 ♀ZyH '아주버이' 또는 '아재'

(3) 175 WBW '아주머이', 176 WZe '아주머이', 178 WZy '아주머이' 등.

조사지에서 비교적 특이하게 나타나는 호칭과 지칭의 형태 및 사용법으로는 다음의 예들을 대표적으로 들 수 있겠다.

(1) ♀B 및 ♀BW에 대한 호칭(및 지칭)이 연령 요인에 따라 분화되어 사용된다. 즉, 40 ♀Be '오라버니'와 42 ♀By '오라범', 그리고 41 ♀BeW '오라번댁'과 43 ♀ByW '오라범댁'의 분화.

(2) 39 ♂ZyH, 51 DH, 63 SDH 등에 대한 호칭으로 다른 지역에서 널리 쓰이는 '성 +서방'의 형태가 조사지에서는 전혀 사용되지 않는다.[5]

(3) 143 HZy에 대한 호칭으로 '누이'가 사용된다.

(4) 처계친에 대한 지칭으로 연령 관계에 따라 분화된 다음의 용어쌍들이 사용된다. 즉, 163 WFBe '큰 자인'과 164 WFBeW '큰 장모'의 용어쌍과, 165 WFBy '작은 자인'과 166 WFByW '작은 장모'의 용어쌍.

(5) 121 HF에 대한 지칭으로 '시아부니'가 사용되는 것으로 미루어 보아, 존칭 형태로서의 '어머니'에 대조되는 '아부니'의 어형을 추출하는 것이 가능할 것이다. 실제의 대화에서 부모를 함께 가리키는 '아부니 어머니'란 표현을 이따금씩 쓰기도 한다.

조사지에서는 다른 지역의 보고에서는 잘 나타나지 않는, 존경의 정도에 따른 친척용어 및 친척 관련 어휘들의 체계적 분화가 특히 발달한 것으로 나타나는데, 구체적인 예들을 적시하면 다음과 같다.

(1) 부계친(父系親) 및 부계친(夫系親)의 호칭들에서 다음과 같은 의미상 대조를 이루는 용어쌍들을 찾아낼 수 있다. 즉 6 FM '할머이'와 111

5) 위의 논의들과 관련하여, 흥미롭게도 조사지에서 사용되어온 친척용어의 형태는 북한 지역의 용어 형태들(왕한석 1990 참조)과 부분적인 유사성을 보여주고 있다. 아마도 황해도와의 지리적 근접성 또는 역사적으로 황해도로부터 받은 문화적 영향 등과 관련될 것 같은데, 다음의 예가 바로 그러한 용어 형태들이다.

(1) 35 ♂ByW (북한에서) '아주머니'
45 ♀ZeH (북한에서) '아저씨'
47 ♀ZyH (북한에서) '아재'
175 WBW (북한에서) '아주머니' 사용 가능
176 WZe (북한에서) '아주머니' 사용 가능

(2) 40 ♀Be (북한에서) '오라버니'
42 ♀By (북한에서) '오라범'

(3) 그리고 39 ♂ZyH, 51 DH, 63 SDH 등에 대해 북한에서도 '성+서방'의 형태를 사용하지 않음.

HFM '할머니', 17 M '어머이'와 122 HM '어머니', 그리고 25 FFBSW '아주머이'와 130 HFFBSW '아주머니'의 대조쌍이 바로 그것이다. 여기서 부계친(夫系親)을 가리키는 '할머니', '어머니', '아주머니'가 계보상 유사한 관계에 있는 부계친(父系親)들을 가리키는 '할머이', '어머이', '아주머이'보다 각기 더 존경의 호칭 형태임을 쉽게 추론할 수 있다.

(2) 부계친(夫系親)에 대한 호칭에서 137 HBe 및 142 HZeH의 '아주버니'와 139 HBy 및 144 HZyH의 '아주버이'의 대조쌍을 또한 찾아낼 수 있다. 여기서도 '아주버니'는 손윗사람에게 그리고 '아주버이'는 손아랫사람에게 각기 사용하는 용어이므로, '아주버니'가 '아주버이'보다 더 존경의 호칭 형태임을 추론할 수 있다.

(3) 위와 같은 사실들을 파악함으로써, 우리는 부계친(父系親)에 대한 실제의 호칭 사용에서 남성 존속(尊屬)에게는 존경의 의미가 보다 강한 호칭 형태를 사용하지만, 여성 존속에게는 상대적으로 존경의 의미가 덜 강한 호칭 형태를 사용한다는 사실을 또한 발견할 수 있다. 구체적인 대조쌍의 예를 들면, 5 FF '할아부지'와 6 FM '할머이', 16 F '아부지'와 17 M '어머이', 18 FBe '큰아부지'와 19 FBeW '큰어머이', 20 FBy '작은아부지'와 21 FByW '작은어머이', 그리고 23 FZH '아저씨'와 22 FZ '아주머이' 등이다.

마지막으로 위의 친척용어 목록에는 등재되어 있지 않지만, 관련되는 호칭 및 지칭의 사례들을 몇 가지 더 덧붙이기로 하겠다.

(1) 부모가 장가들어 어른이 된 아들을 부를 때는 '애비' 또는 '아범'을 사용하고, 시부모가 며느리를 부를 때는 '이미'[에미] 또는 '어멈'을 주로 사용한다. 그런데 이 중에서 '아범'과 '어멈'은 주로 여자들이 사용하는 호칭 형태이다.

(2) 며느리가 시부모에게 자신의 남편을 가리켜 말할 때에는 '아이 이름 + 아버이'의 형태를 사용하고, 아들이 부모에게 자신의 아내를 가리켜 말할 때에는 '아이 이름 + 어머이' 또는 '집엣사람'이란 표현 형태를 주로 사용한다. 여기서 우리는 다시 '아부지'와 '아버이', 그리고 '어머니'와 '어머이' 간의 존경의 정도에 따른 의미 분화를 확인할 수 있다.

(3) 부부 간에 손자녀를 보고 노인이 되면, 흔히 서로를 '할아버이'와 '할머이'로 호칭하고 또 지칭한다. 이 사례에서도 우리는 다시 '할아부지'와 '할아버이', 그리고 '할머니'와 '할머이'의 존경의 정도에 따른 의미 분화를 확인할 수 있다.

(4) 다른 지역에서와 마찬가지로 여기서도 친척 간의 상호작용에서 상위자가 하위자에게 스스로를 지칭하는 경우가 있다. 즉, 이 자칭(自稱)의 경우에 사용하는 용어들로는 '핼애비', '핼미', '애비', '에미', '오래비', '누이' 등이 있다.

3) 기타 친척 관련 어휘 및 표현

조사지에서는 '당내'(黨內), '집안', '친척' 등의 의미가 통상적으로 이해되는 것과는 조금 달리 이해되고 있었다. 물론 조사지가 갖는 비반촌으로서의 사회계층적 특질이나 또는 비동족 촌락으로서의 성격 등을 부분적으로 반영하는 사례일 수도 있겠다. 어쨌든 이곳 주민들은 '당내'를 10촌 이내의 범위로, '집안'은 동성동본의 부계친의 범주로, 그리고 '친척'은 '집안', 외가친, 진외가친 등의 모든 혈족들을 포함하는 범주로(여기에 처가친은 속하지 않는 것으로) 이해하고 있었다.

조사지에서는 특이한 친척 관련 표현으로 '분이기가 있다' 또는 '분이기가 된다'라는 말이 널리 사용된다. 이 표현은 흔히 말하는 '남이 아니고 뭔가 걸리는 것이 있다'라는 의미에 거의 그대로 대응하는 것으로 보고되었다.

또 '자손이 귀한 것과 흔한 것'이 조사지에서는 각기 '손이 놀다'와 '손이 번성하다'로 표현된다.

'민메누리[민며느리]'와 '드릴[데릴]사위'의 사례가 조사지 내에서만도 여러 집씩 있었던 것으로 제보자들은 보고하는데, 과거 '민메누리'의 경우 혼인 전에 이미 '시도령', '시누이'와 같은 친척용어를 장래의 '시도령'과 '시누이'에게 사용했다고 한다. 또 '민메누리'로 가는 어린 처녀의 경제적 어려움을 나타내는 표현에 "허리춤에 빗 (하나) 넣고 간다."(경제적으로 어려우므로 아무것도 가져가지 못하고, 오직 머릿속의 이를 잡아낼 머리빗 하나만을 들고 간다는 데서 연유함)라는 말이 널리 쓰여 왔다고 한다.

'조상 양자'란 조상에 대한 봉제사(奉祭祀)만을 맡게 되는, 즉 가계 계승자로서 최소한의 역할만을 담당하는 형식적인 양자를 가리킨다. 그런데 이와 관련하여 전통적인 가계 계승과 남계(男系) 중심의 친척 이념을 잘 반영하는 표현으로, "(아들이 없으면) 조상 양자라도 해야 한다."라는 말과, 또 "외손 봉사를 허게[하게] 되면은 집안이 되는 노릇이 없다."라는 말이 전해 내려온다.

여기서도 시숙(媤叔)과 계수(季嫂)와의 어려운 관계 즉 회피관계를 나타내는 표현인 '사람 망내이 기수(季嫂)'라는 말이 또한 빈번히 사용되고 있었다.

마지막으로 대화상에서 '아번네들'과 '어먼네들'이란 특이한 표현이 사용되었는데, 앞의 것은 아버지와 백숙부를 그리고 뒤의 것은 어머니와 백숙모를 집합적으로 가리키는 말이다. 가령 다음과 같은 발화 속에서 해당 용어들이 사용되고 있었다. 즉, "산소 성묘를 갈 때 예전에는 아번네들을 따라 다녔다."

4. 존댓말과 호칭체계

조사지에서 발견되는 언어생활상의 특성 한 가지는 조사지의 사회계층적 위상이 반촌보다 민촌 쪽에 가까움에도 불구하고, 상대적으로 정교히 발달된 존댓말(특히, 청자 존대어)의 체계를 사용하고 있다는 점이다. 이 사실은 다른 지역, 특히 영남 지역의 민촌들에서 일반적으로 발견되는 비교적 단순한 존댓말의 체계(특히 왕한석 1986, 1994 참조)와는 크게 대비되는 현상이다. 여기서처럼 존댓말의 발달이 중부 지역 일원의 공통된 현상인지, 또는 중부 지역에서는 반촌과 민촌 간의 존댓말 체계의 분화가 영남 지역에서처럼 그리 크게 발달하지 않았는지의 여부는, 물론 앞으로의 경험적 연구에 의해 규명되어야 할 주제이다.[6)]

아래에서는 조사지에서 일반적으로 인지되고 사용되는 존댓말 및 호칭체계를 그것의 구조 및 사용의 측면에서 개략적으로 기술하기로 하겠다.

---

6) 특정 방언권이 아닌 개별 촌락을 기술의 단위로 한 존댓말에 대한 경험적인 연구는 지금까지 그리 많지 않다. 아마도 Dredge(1977: 122-138), 최명옥(1980: 66-93), Wang(1984: 88-99), 왕한석(1986, 1994) 등이 그러한 보고들일 것이다.
Dredge가 조사한 전남 나주의 한 반촌에서는 말단계의 조직이 '하시오' 체, '허소' 체(그러나 이 단계는 중부 지역의 '하게' 체에 해당함), 그리고 '해라' 체의 3단계로 이루어진다. (그리고 이곳에서의 '반말' 은 독립된 말단계가 되기는 어려울 것으로 보고 하고 있다.)
최명옥이 조사한 경북 영해 지역의 반촌들(그리고 민촌들)에서는 '하소' 체, '하게' 체, 그리고 '해라' 체의 3단계로 말단계가 조직되고 있다.
왕한석(1984, 1986)이 조사한 경남 함양의 한 저명 반촌에서는 '하시오' 체, '하소' 체, '하게' 체, '해라' 체로 말단계가 구성되는데, 여기에 '반말' 을 포함하면 모두 5단계가 된다. 그러나 조사 지역 인근의 민촌들에서는 '하시오' 체와 '하소' 체 간의 구분이 불분명하고, 대체로 높임의 대표적 단계로 '하소' 체가 사용되고 있다.
마지막으로 왕한석(1994)의 경북 영해 지역의 조사에 의하면, 이곳의 반촌들에서는 '하소' 체, '하게' 체, '해라' 체의 3단계 구분법이 사용되지만, 이곳의 민촌들에서는 '하게' 체가 없는 '하소' 체와 '해라' 체의 2단계 구분법만이 사용되고 있다.

1) 말단계의 조직

조사지에서는 청자 존대어의 핵심인 말단계(speech levels)가 4단계로 나누어진다. 가장 높임말은 흔히 '존대' 또는 '공대'로 불리고, 다음 단계의 말은 '허우'로 불리며, '허우' 다음 단계의 말은 '허게'로 불리고, '허게' 다음 단계의 말 즉 가장 낮춤말은 '해라'로 불린다.

'존대' 또는 '공대'는 그것 자체가 특정 말단계의 명칭으로 쓰이기보다는, 흔히 '부모님께 존대하는 말', 또는 '존댓말', 또는 '어른한테 공대해서 하는 말' 등으로 표현된다.

'반말'이 하나의 독립된 말단계로서 성립하는지 여부는 여기서도 명확하지 않다. '반말'에 대한 연구자의 질문에 두 가지 부분적으로 상충되는 견해가 제보자들로부터 도출되었다.

(1) 먼저 "그렇게 했어?", "이렇게 해아.", "이렇게 하면 되잖아.", "언제 왔어?" 등의 표현이 '빈말'이라고 응답하면서, 이 경우 '반말'이란 '허우'도 아니고 '해라'도 아닌 말로 규정하였다. 즉, 이 견해는 문법학자들에 의해 전통적으로 인지되어온 '반말'의 개념과 거의 동일한 것이다.

(2) 그러나 많은 제보자들은, 윗사람에게 말을 하면서 아랫사람에게 쓰는 말을 그대로 쓰는 것을 '반말'이라고 응답하였다. 즉, 손윗사람에게 존댓말을 써야 하는데도 상대방이 '마땅찮거나', 상대방에게 '불만이 있거나', 또는 상대방이 '어렵지 않은' 이유 등으로 해서, 말을 낮추어 하는 것을 '반말'로 인지하고 있었다. 따라서 '반말'이란 위, 아래를 '범벅'을 하는 말이므로 '버머리는 말'이라고도 부르고, 또 존댓말을 써야 하는 자리에 낮춤말을 쓰는 것이므로 부정적인 시각에서 '건방진 말' 혹은 "인간 머저리가 반말 한다."라는 표현을 쓰기도 하였다

소수의 제보자들이 (1)의 견해를 제시하였지만 동시에 그들도 많은 다른 제보자들처럼 (2)의 견해를 또한 제시하였다. 따라서 조사지에서는

'반말'에 대해 (2)의 견해가 보다 널리 분포되어 있는 것으로 생각된다. 그렇다면 조사지에서는 하나의 독립된 말단계로서의 '반말'보다는, 특정한 사회적 관계에서 사용되는 '말하기의 양식'으로서의 '반말'의 개념이 더욱 유력한 것으로 이해된다. 따라서 이 보고에서는 여기서의 '반말'이란 '존대'(또는 '공대'), '허우', '허게', '해라' 등과는 달리 하나의 독립된 말단계를 이루지 않는 것으로 일단 취급하기로 하겠다.

지시적 의미(referential meaning) 상으로는 동일한 문장을 여러 말단계에 따라 구분지어 표현해 보라는 연구자의 요청에, 대체로 60대 이상의 노인 화자들이 제시한 대표적인 예문은 다음과 같다. 이 예문들을 명령형, 의문형, 서술형, 청유형의 문형 구분에 따라 제시하기로 하겠다.

〈명령형〉

존대: 어서 들어 오시겨.
허우: 어서 들어 오겨.
어서 들어 오우.
허게: 어서 들어 오게.
해라: 어서 들어 오나라.

존대: 우리 동네 와서 회 한번 잡수시고 가시겨.
허우: 우리 동네 와서 회 한번 잡숫고 가겨.
허게: 우리 동네 와서 회 한번 먹고 가게.
해라: 우리 동네 와서 회 한번 먹고 가거라.

〈의문형〉

존대: 장에 댕겨 오셨이꺄?
허우: 장에 댕겨 오셨우?

허게: 장에 댕겨 왔나?

해라: 장에 댕겨 왔냐?

존대: 가을 다 마치셨이까?

허우: 가을 다 마쳤소?

허게: 가을 다 마쳤나?

해라: 가을 다 마쳤냐?

〈서술형〉

존대: 오늘 비다에 갔나 왔이다.

허우: 오늘 바다에 갔다 왔우.

허게: 오늘 바다에 갔다 왔네.

해라: 오늘 바다에 갔다 왔다.

존대: 나 시장에 가이다.

허우: 나 시장에 가우.

허게: 나 시장에 가네.

해라: 나 시장에 간다.

〈청유형〉

존대: 나하고 같이 가시져.

허우: 나하고 같이 갑시다.

허게: 나하고 같이 가세.

해라: 나하고 같이 가자.

위의 예문에서 나타나는 이곳 지역 방언의 대표적인 종결어미들을 말 단계와 문형의 구분에 따라 정리하면, 다음 <표 1-2>와 같다.

표 1-2 말단계의 구분과 대표적 종결어미

	명령형	의문형	서술형	청유형
존대/공대	-으시겨	-으(시)이까	-으이다	-으시져
허우	-겨/-으우	-으(시)우	-으우	-읍시다
허게	-게	-나	-네	-으세
해라	-어라	-냐	-은/는다	-자

여기서 이곳 지역 방언의 몇 가지 특징적인 종결어미의 형태들을 지적해 보면, 명령형 '존대'의 '-으시겨'와 '허우'의 '-겨', 의문형 '존대'의 '-으(시)이까', 서술형 '존대'의 '-으이다', 그리고 청유형 '존대'의 '-으시져' 등이 그 예가 될 것이다. 또 '서울말'에서는 주로 '-오'로 나타나는 형태들이 여기서는 모두 '-우'로 실현된다. 뿐만 아니라 의문형 '허게'체의 대표형이 다른 지역 방언에서처럼 '-는가'가 아니고 '-나'인 것도 특징적이고, 그럼으로 해서 의문형 '해라'체의 대표형인 '-냐'와 서로 구별되는 것도 또한 특징적일 것이다.

이제 실제의 대화에서 주로 채록한 다양한 존댓말의 사용 예를 앞의 예문들과 같은 방식으로 정리하면 다음과 같다.

〈명령형〉

존대: "할아버지 타령 한 매디 해보시겨."

"글로[그리로] 가지고 가시겨."

허우: "형님 이리 들오겨. 술 한 잔 잡숫겨."

"여기 술약(술을 덜 마시게 하는 약) 탔으니 이거 마시구 술 마시지 마우."

허게: "거 영농 자금 나온 거 우리도 좀 주게."

"우리 주민등록 한 통만 띠어 주게."

해라: "거 태징[징] 좀 잘 쳐라."

"건조장에 풀 좀 깍아라."

〈의문형〉

존대: "우리들은 산에 다니면서 그 꽃 적게 따먹었이꺄?"

"뒷집에 쑥떡 찌셨이꺄?"

허우: "낸들 어떻게 고치겠우?"

"우산 안 쓰구 가두 되갔우?"

허게: "석양주(저녁녘에 마시는 술) 한 잔 허겠나?"

"이 장롱 얼마 주고 샀나?"

해라: "애 저녁밥 다 했냐?"

"너 큰집에 갔다 왔냐?"

〈서술형〉

존대: "내 과거 일을 애기 한번 하갔이다."

"한바탕씩 왔다 가면 나만 손해 보이다."

허우: "문화원에 가서 일 다 잘 보구 왔우."

"그거는 할머이 말이 옳수."

허게: "우린 꼬추 밭에 말장[말뚝] 다 박았네."

"이제 집수리 다 끝마쳤네."

해라: "여기 남이 있어 말을 못 하갔다."

"요즈음은 이상하게 몸이 좀 아픈 것 같다."

〈청유형〉

존대: "아저씨 민속놀이 한 번 같이 해보시져."

허우: "형님 논김[김매기] 품앗이 같이 합시다."

허게: "내일 수촌 ○○(사람 이름)이 병문안 같이 갑세."

해라: "애야 그 실 표백은 내일 하자."

조사지에서도 물론 청자에 대한 존대 표현이 종결어미에 의해서만 이루어지는 것은 아니다. 1인칭 대명사, 2인칭 대명사, 그리고 다양한 호칭 형태들도 또한 청자에 대한 존대 표현의 수단으로 사용된다. 따라서 조사지에서 사용되는 말단계의 구분과 인칭 대명사 그리고 주요 호칭 형태들 간의 이상적인 공기관계(co-occurrence relationships)를 간략히 정리하면, 다음 <표 1-3>과 같다. (단, 조사지에서도 겸양의 '지'가 항시 '존대' 또는 '공대'의 단계와 함께 쓰이는 것인지는 다소간 의문스럽다.)

표 1-3 말단계, 인칭 대명사, 호칭 형태들 간의 공기관계

말단계	1인칭 대명사	2인칭 대명사 및 주요 호칭 형태
존대/공대	지	할아부지, 할머니, 아저씨, 아주머니, 성[형]님 등
허우	나	당신, 성[형](님), 여보 등
허게		자네, 여보게 등
해라		너

마지막으로 말단계의 일반적인 사용 양식을 남성 화자를 중심으로 하여 간략히 정리하면 다음과 같다.

(1) '존대' 또는 '공대'는 부모님이나, 집안 어른, 이웃 어른, 그리고 연상의 선배 등에게 사용한다.

(2) '허우'는 나이 차이가 많지 않고(대체로 5년 이내) 어렵지 않은 연상의 선배나, 나이 차이가 많지 않은(대체로 2~3세 이내) 집안 형, 또는 연하의 숙항(叔行) 등에게 사용한다. (여성 화자의 경우에는 시동생이나 손아래 시누이에게 주로 이 말씨체를 쓴다.)

(3) '허게'는 친구 사이이거나, 또는 연하의 사람이지만 나이 차이가 그리 많지 않은 사람에게, 그리고 연하의 사람을 대접해 줄 때 주로 쓴다. (또 여성 화자의 경우에는 손아래 동서나 사위 등에게 이 말씨체를 쓴다.)

(4) '해라'는 자식, 조카, '손주', 그리고 연하의 동생뻘 및 조카뻘 되는 사람들에게 주로 쓴다.

조사지에서도 '허게'체나 '해라'체를 서루 주고받는 친구 사이를 '벗'으로 표현하고, '벗'은 대체로 5~6세 차이 이내에서 할 수 있는 것으로 보고한다. 그러나 "타관 벗은 10년이 넘어도 한다."라는 말이 여기서도 전해지고 있다. (말단계와 여러 호칭 형태들 간의 구체적인 공기관계 및 그것들의 사용 양식은 뒤의 3) '호칭체계'에서 다시 기술될 것이다.)

2) 말단계의 변화

한국 사회에서 최근에 들어 급격하게 일어나고 있는 언어 변화는 조사지에서도 예외가 아니었다. 당연히 존댓말의 사용 영역에서도 이러한 언어 변화의 여러 측면들이 일상적인 대화에서 빈번히 나타나고 있었다.

가령 60대 이상의 화자들에게서도 이곳 방언의 특징적인 어형인 '-으시겨', '-겨', '-으(시)이꺄', '-으이다', '-으시져' 등과 함께, 동일한 존대의 정도를 나타내는 '서울말' 투의 표현들이 함께 쓰이고 있었다. 예를 들면, 앞서 든 예문의 '어서 들어오시겨.'(명령형 '존대')와 함께 '어서 들어오세요.' 또는 '어서 들어오셔요.'가 쓰이고, '어서 들어오겨.'(명령형 '허우')와 함께 '어서 들어와요.'가 쓰이고, '장에 댕겨 오셨이꺄?'(의문형 '존대')와 함께 '장에 댕겨 오셨습니까?' 또는 '장에 댕겨 오셨어요?'가 쓰이고, '오늘 바다에 갔다 왔이다.'(서술형 '존대')와 함께 '오늘 바다에 갔다 왔습니다.' 또는 '오늘 바다에 갔다 왔어요.'가 쓰이며, 마지막으로 '나하고 같이 가시져.'(청유형 '존대')와 함께 '나하고 같이 가세요.'가 쓰이고 있었다.

그러나 30대 내지 40대 화자들의 말씨에서는 '-으시겨', '-겨', '-으(시)이꺄', '-으이다', '-으시져' 등과 같은 이 지역 고유의 표현들이 훨씬 덜, 특히 여성 화자들의 경우에는 훨씬 덜 사용되는 것 같이 관찰되었다.

연구자는 이러한 현재 진행 중인 존댓말 변화의 일단을 알아보기 위해, 비교적 젊은 부부 한 쌍을 표본으로 하여 그들이 통상적으로 사용하는 존댓말의 사용 유형을 질문하였다. 남편은 46세로 이 마을 출신이고, 부인은 39세로 이 마을 출신은 아니나 같은 내가면 출신이었다. (단, 부인은 결혼 전 경기도 여주에서 약 5~6년 정도 직장 생활을 한 경험이 있다고 하였다.)

두 사람 모두 대체로 4등분의 말단계를 명확히 구분하여 사용하는 것으로 보고하였다. 그러나 노인 화자들과는 달리 각 말단계에 대한 명칭은 인지하지 못하였으며, 대체로 (1) '존대하는 말' 또는 '완전히 높여하는 말', (2) '완전히 높이지 않는 말', (3) '완전히 낮추지 않는 말', 그리고 (4) '(완전히) 낮추는 말' 등으로 구분하여 표현하였다.

이 부부의 말씨에서 특히 주목되는 것은 부인의 말씨였다. 부인의 말단계 구분은 전래의 4등분과 외형상으로는 동일하였으나, 각 단계마다 대표적으로 사용되는 종결어미는 거의 서울말 투의 그것이었다. 앞서 든 예문과 표현상 동일한 예문을 제시하면 다음과 같다.

〈명령형〉

1. 어서 들어 오셔요.
2. 어서 들어 와요.
3. 어서 들어 와.
4. 어서 들어 와라.

〈의문형〉

1. 장에 다녀 오셨어요?
2. 장에 다녀(또는 갔다) 왔어요?
3. 장에 갔다 왔어?
4. 장에 갔다 왔니?

〈서술형〉

1. 오늘 바다에 갔다(또는 다녀) 왔어요.
2. 오늘 바다에 갔다 왔어요.
3. 오늘 바다에 갔다 왔어.
4. 오늘 바다에 갔다 왔다.

〈청유형〉

1. 나하고 같이 가셔요.
2. 나하고 같이 갑시다.
3. 나하고 같이 가.
4. 나하고 같이 가자.

이 여성 화자는 명령형 '존대'인 '어서 들어 오시겨.'와 같은 표현은 아직도 가까운 자리에 이따금씩 쓰지만, 의문형, 서술형, 청유형의 '존대'인 '장에 댕겨 오셨이까?', '오늘 바다에 갔다 왔이다.', '나하고 같이 가시져.'와 같은 표현은 지금은 거의 쓰지 않는다고 보고하였다. 뿐만 아니라 '허게'체, 즉 '어서 들어 오게.'나 '나하고 같이 가세.'와 같은 표현은 지금까지 전혀 써본 적이 없다고 보고하였다.

다시 말하면, 이 여성 화자의 경우에는 비록 타지에서 수년간을 보낸 경험이 있긴 하지만 동일 지역(면 단위) 출신인 데도 불구하고, 현재 사용하는 존댓말의 주요 형태가 거의 서울말화 되어 있다. 즉, '존대' 또는 '공대'의 단계에서는 거의 '-으(시)어요'가 쓰이고 있고, '허우' 자리에는 '-어요'가 쓰이고 있으며, '허게' 자리에는 소위 과거의 '반말' 즉 '-어'가 자리 잡고 있다. 또한 의문형의 '해라'에서도 '-냐' 대신 '-니'가 쓰이고 있음을 본다.

부인에 비해 남편은 아직도 이곳 고유의 어형들을 많이 쓰고 있는 것으로 나타났다. 가령 '어서 들어 오시겨.'(명령형 '존대'), '장에 댕겨 오셨이까?'(의문형 '존대')와 같은 표현이 면접 중에 자연스레 나왔으며, '어서 들어 오게.'(명령형 '허게')와 같은 '허게'체의 사용과, 그리고 '장에 댕겨 왔나?'(의문형 '허게')와 '장에 댕겨 왔냐?'(의문형 '해라')의 구분이 또한 명료히 이루어지고 있었다. 단 이 남성 화자의 경우에도 '허우'는 거의 '-어요' 형태로 바뀌어져 있었다. 따라서 '어서 들어 오우.'(명령형 '허우') 대신에 '어서 들어 와요.'로 답했으며, '장에 댕겨 오셨우?' 대신에 '장에 댕겨 왔어요?'로 답하였다. (한 가지 참고 사항으로, 이 남성 화자는 자신이 동년배의 다른 사람들보다는 '허게'를 잘 쓰는 편이며, 또 방언 형태의 존대 표현을 비교적 많이 쓰는 편이라고 보고하였다.)

물론 이 부부의 간략한 사례만으로 조사지에서 일어나고 있는 존댓말의 변화 양상을 일반화할 수는 없을 것이다. 단지 이 면접 사례는 조사지에서 현재 변화해 가고 있는 존댓말의 체계 또는 젊은 세대의 존댓말 사용 유형의 일단을 보여주는 구체적인 자료가 될 수 있을 것이다.

대체로 인상적인 관찰이기는 하지만, 젊은 세대에 속하는 부인들의 말씨는 이 부부의 사례에서처럼, 남편들에 비해 좀 더 '서울말'화 한 경향을 농후히 보여주고 있었다. 즉, 진행중인 언어 변화의 방향에 또는 소위 사회적인 '위세형'(prestige form)에 일반적으로 여성이 남성보다 더 민감하게 반응한다는 사회언어학의 가설이, 이 언어공동체에서도 대체로 맞아 들어가고 있는 것처럼 보였다.

3) 호칭체계

말단계와 함께 사회적 맥락에 따라 사용되고 그럼으로써 사회적 맥락의 주요 특징들(주로 사회적 관계의 특질들)을 반영하는, 조사지에서의 또 다른 언어 표현 양식은 다양한 호칭어들(terms of address)의 체계이다. 앞서 기술한 친척용어체계 중의 친척호칭의 영역은 말할 것도 없이 친척관계에 있는 화자와 청자 간에 사용되는 호칭체계로서, 전체적인 호칭체계의 중요한 일부분을 이루는 것이다. 그러나 여기서는 친척호칭을 제외한 나머지 영역의 호칭체계, 즉 비친척 관계에서 사용되는 호칭어들의 형태 및 그 사용 방식을 기술하기로 하겠다.

조사지에서 사용되는 비친척 관계의 호칭어들은 그 형태의 면에서 크게 네 부류로 대별될 수 있다. 그것들을 정리하면, 다음 <표 1-4>와 같이 된다.

표 1-4 비친척 관계의 호칭 형태

<table>
<tr><th>I</th><th colspan="3">II</th><th>III</th><th>IV</th></tr>
<tr><td rowspan="4">할아부지
할머니
아저씨
아주머니
아주머이
성[형]님
성[형]
아주버니
아주버이
동생
동세
등</td><td>손자녀
이름</td><td>+</td><td>할아부지
할아버이
할머니
할머이</td><td rowspan="4">이름</td><td rowspan="4">여보
여보게
등</td></tr>
<tr><td>자녀
이름</td><td>+</td><td>아부지
아버이
어머니
어머이</td></tr>
<tr><td>조카
이름</td><td>+</td><td>삼춘
고모</td></tr>
<tr><td colspan="3">등</td></tr>
</table>

위의 목록이 물론 비친척 관계에서 사용되는 모든 호칭어들을 다 포괄하지는 않겠지만, 일상적으로 사용되는 중요한 호칭어들은 대부분 포함하고 있는 것으로 믿어진다.

위에서 부류 I은 친척호칭이 비친척에게 은유적으로 확대되어 사용되는 소위 '의사친척호칭'(fictive kinship terms)의 예이고, 부류 II는 친척호칭의 또 다른 확대 사용법인 소위 '종자명호칭'(teknonym)의 예이다. 그리고 부류 III은 개인의 이름(first name 즉 FN)을 사용하여(흔히 호격을 동반함) 상대방을 부르는 경우이고, 부류 IV는 상대방의 개인 정체성을 전혀 지시하지 않는 매우 '일반적인' 호칭어들이다.

이 호칭어들은 실제로는 다양한 사회적 관계에 따라 사용되겠지만, 이 중 가장 중요한 사회적 요인으로는 연령 관계와 성별 관계를 들 수 있을 것이다. 성별 관계는 단순하고 명료한 사회적 관계이지만, 연령 관계는 (1) 상대방과의 절대적인 연령 차이와, (2) 화자인 나와 청자인 상대방이 각기 속하는 연령층으로 나누어 고려되어야 할 것이다. 이 두 요인 외의 또 다른 요인으로는, 상대방과의 친소 관계와 상대방의 혼인 여부 등이 중요 요인으로 작용하고 있다.

호칭어 사용은 특정한 사회적 관계에서 어느 한 형태만이 항시 선택되는 것은 아니다. 어떤 관계에서는 거의 항상 한 호칭어만이 사용되지만, 또 어떤 관계에서는 복수의 호칭어들이 교체적으로 사용되기도 한다. 뿐만 아니라 호칭어의 사용은 대체로 엄격하게 말단계와 공기관계를 이룬다. 따라서 특정 호칭어의 선택은 특정 말단계의 선택을 제약하며, 동시에 특정 말단계의 선택은 특정 호칭어의 선택을 또한 제약하는 것이다.

아래의 호칭어 사용 방식에 대한 기술은, 화자와 청자간의 성별 관계에 따라, 특정의 호칭 형태와 그것과 공기관계에 있는 말단계가 함께 사용되는 대체적인 사회적 조건을 제시한 것이다. 물론 호칭어 사용 규범에서 개인간의 변이성이 존재하겠지만, 아래의 기술은 60대 이상의 화자들이 일반적으로 공유하는 모형이다. 단, 형식적(formal) 기술의 편의를 위해 화자들의 연령을 40대로 상정하여 기술하기로 하겠다(아래에서 ○○은 아이 이름 즉 '자녀 이름', '손자녀 이름', 또는 '조카 이름'을 각기 가리킴).

〈남성 화자가 남성 청자에게〉

(1) 할아부지 + 존대: 15세 이상 연상

(2) 아저씨 + 존대: 15세~10세 연상(소위 '아저씨 뻘')

(3) 성[형]님 + 존대: 10세~5세 연상(소위 '형님 뻘')

(4) 성[형]/여보 + 허우: 5세~3세 연상(소위 '형님 뻘' 또는 '형 뻘')

(5) ○○ 아버이/여보게/이름 + 허게/해라:

① 2세 연상~2세 연하(친구 사이)

② 2세~10세 연하(소위 '아우 뻘')

③ 10세 이상 연하(소위 '조카 뻘')

(6) 이름 + 해라: 미혼자

〈남성 화자가 여성 청자에게〉

(1) 할머니 + 존대: 15세 이상 연상

(2) 아주머니 + 존대: 15세 연상~동년배

(3) 아주머니/아주머이/○○ 어머이 + 허우: 동년배, 친한 사이

(4) 아주머니/아주머이 + 존대: 동년배~젊은 기혼자

(5) 아주머이/○○ 어머이 + 존대/허우: 동년배~젊은 기혼자, 친한 사이

(6) 이름 + 해라: 미혼자

〈여성 화자가 남성 청자에게〉

(1) 할아부지 + 존대: 15세 이상 연상

(2) 아저씨 + 존대: ① 15세~10세 연상

② 10세 연상~동년배

(3) 아주버니 + 존대: 10세 연상~동년배, 친한 사이

(4) ○○ 아부지 + 존대: ① 동년배~5세 연하

② 5세 연하~젊은 기혼자

(5) 아주버이 + 존대: 동년배~5세 연하, 친한 사이

(6) ○○ 아부지/○○ 아버이 + 허우: 5세 연하~젊은 기혼자, 친한 사이

(7) ○○ 삼춘 + 허우: 20대의 미혼자

(8) 이름 + 해라: 10대 이하

〈여성 화자가 여성 청자에게〉

(1) 할머니 + 존대: 15세 이상 연상

(2) 아주머니 + 존대: 15세~10세 연상

(3) 성[형]님 + 존대: 10세 연상~연장자

(4) ○○ 어머이 + 허우: ① 연하자~10세 연하

② 10세 연하~젊은 기혼자

(5) 동생 + 허우: 연하자~10세 연하, 친한 사이

(6) 동세 + 허우: 연하자~10세 연하, 친한 사이, 남편들끼리 친한 사이

(7) ○○ 고모 + 허우: 20대의 미혼자

(8) 이름 +해라: 10대 이하

물론 조사지에서의 호칭체계는 위의 사용 규범에 대한 기술처럼 정태적이기만 한 것은 아니다. 화자와 청자의 사회적 지위가 바뀌어감에 따라 호칭 사용 양식도 또한 바뀔 수 있기 때문이다. 쉬운 사례 한 가지는, 상대방의 혼인에 의해 이루어지는 지위 변화의 경우이다. 가령 예를 들어, 남성 화자가 남성 청자를 부르는 방식에서 상대방이 나이 어린 미혼일 경우에는 위의 (6) '이름 + 해라'를 사용하겠지만, 상대방이 혼인을 하고 성인이 되었을 경우에는 (5) '○○ 아버이/ 여보게/ 이름 + 허게/해라'로 그 호칭 방식이 바뀔 것이다.

그런데 이러한 '발달적'(developmental) 변화의 측면에서 또 한 가지 중요한 변화의 계기는, 청자인 상대방이 노년층에 도달할 경우이다. 이 경우 조사지에서는 청자의 성별 및 청자와의 연령 관계에 따라서, 다음과 같은 호칭을 보다 일반적으로 사용하게 된다.

(1) ○○ 할아부지: 남성으로서 화자보다 연장자

(2) ○○ 할아버이: 남성으로서 화자보다 연하자

(3) ○○ 할머니: 여성으로서 화자보다 연장자
(4) ○○ 할머이: 여성으로서 화자보다 연하자

경우에 따라서는 (1)과 (3)을 손자녀의 이름 없이 그냥 '할아부지'와 '할머니'로 부르기도 한다. 그런데 이러한 호칭어의 변화와 함께 말단계의 변화는 일어날 수도 있고 일어나지 않을 수도 있는 것으로 보고된다.

이상의 호칭체계에 대한 기술에서 드러나는 한 가지 분명한 사실은, 조사지에서 비친척 간에 사용되는 호칭체계는 기본적으로 친척호칭의 은유적 확대 사용에 그 기반을 두고 있다는 점이다. 다시 말하면, 여기서의 사회적 관계의 산정(算定)은 기본적으로 친척관계를 그 준거 틀로 하여 이루어지는 것이고, 그 결과로서 다양한 비친척 관계에서도 친척호칭이 은유적으로 확대되어 사용되는 것(그것이 '의사친척호칭'이든 또는 '종자명호칭'이든)으로 이해할 수 있겠다.

그런데 개별 호칭어가 전달하는 '존대'의 정도에 따른 사회적 의미는 그것과 공기하는 말단계에 의해 명료히 드러나지만, 동시에 위의 <표 1-4>에서 네 부류로 나뉜 호칭어들의 소집합도 그것이 전달하는 '존대'의 정도라는 사회적 의미에 따라 위계적으로 배열되는 것으로 보인다. 즉 일반적으로 말하여, 부류 I의 '의사친척호칭'이 가장 상위 등급의 청자들(즉, 주로 '존대'의 단계)에게 사용하는 호칭어의 범주이고, 부류 II의 '종자명호칭'은 다음 단계의 상위 등급의 청자들(즉, 주로 '허우'의 단계)에게 사용하는 호칭어의 범주이며, 부류 III의 '이름'은 가장 하위 등급의 청자들(즉, '허게'와 '해라' 단계)에게 사용하는 호칭어의 범주이다. 그리고 부류 IV는 중간 단계의 상위자 및 하위자 (즉, '허우'와 '허게' 단계)에게 사용하는 호칭어의 범주인 것으로 나타난다.

그리고 앞서 친척용어에 대한 기술에서 부분적으로 언급된 사실이지만, 다양한 의사친척호칭 및 종자명호칭의 사용 예는, 다시 한 번 넓은 의미에서의 친척호칭이 규칙적인 형태적 변이형에 따라 그 의미가 체계적으로 분화된다는 사실을 보여준다. 조사지에서 발견되는 모든 예들을 정리하면 다음 <표 1-5>와 같이 되는데, 여기서 I의 형태들이 II의 형태들에 비해 보다 높은 '존대'의 사회적 의미를 전달하는 것들이다.

표 1-5 '친척호칭'의 형태 및 의미 분화

I	II
할아부지	할어버이
할머니	할머이
아부지	아버이
어머니	어머이
아주머니	아주머이
오라버니	오라버이
아주버니	아주버이

위의 대조쌍들과 유사한 것에 '누님'과 '누이'가 있으며(여기서 '누나'는 근래에 쓰이기 시작한 '새로운' 말로 보고됨), '아저씨'는 대조되는 어형(즉, 보다 낮은 존대의 어형)을 갖고 있지 않은 예이다. 그런데 '성[형]님'과 '성[형]'의 대조쌍은 위의 예들과는 다른 형태적 변이형에 의해 의미 분화가 이루어지는 예일 것이다.

조사지에서 호칭 사용과 관련하여 한 가지 특기할 만한 사실은, 이곳에서는 '택호'가 전혀 사용되지 않는다는 점이다. 연구자가 추적한 바로는, 고유의 '집 이름'으로 불렸던 집은 단지 아래의 5사례에 불과했다.

1. 연못집: 앞마당에 연못이 있었음

2. 가래논집: '가래논'을 소유하였던 집임
3. 보름밭집: 집이 있는 곳의 지명이 '보름밭'이었음
4. 천하골집: 집이 있는 곳의 지명이 '천하골'이었음
5. 대밭집: 집 뒤에 대밭이 있었음

이는 물론 다른 지역에서 발견되는 '택호'(예를 들어, 왕한석 1989)는 아니고, 우연한 기회에 생성되어 불리게 된 일반적인 '집 이름'에 불과할 것이다.

대신 조사지에서는 어떤 집을 가리켜 부를 때에 '아들(또는 딸) 또는 손자(또는 손녀) 이름 + 네(집)'의 지칭 형태를 사용하고, 그 집의 사람들을 가리켜 부를 때에는 '○○네 할아부지' 또는 '○○네 할머니' 등과 같은 지칭어를 사용한다. 그리고 그 집의 연세 든 어른을 가리켜 부를 때에는 존칭으로 '○○네 영감님'과 '○○네 마나님'을 쓰기도 한다. 그러나 다른 지역에서 사용하는 '○○네 샌님'과 같은 표현은 여기서는 사용하지 않는다.

개별 집에 대한 지칭 방식과 관련하여 조사지에서 관찰되는 한 가지 흥미로운 사실은, 이러한 집에 대한 지칭 형태 때문에, 조사지의 주민들은 일반적으로 마을 내의 아이들의 이름을 외우는 데에 매우 친숙한 것 같이 보였다는 점이다. 물론 마을 내의 모든 아이들의 이름을 다 외우는 것은 아니겠지만, 손자가 나면 아들의 이름에서 손자의 이름으로 집 이름을 바꾸어 부르고, 또 손자가 없는 집은 심지어 딸의 이름에서 외손자의 이름으로 집 이름을 바꾸어 부르는 것으로 보아, 가령 택호를 사용하는 지역에 비해, 이곳 주민들은 아이들의 이름을 외우는 데에 훨씬 더 민감하고 익숙한 것처럼 보였다.

마지막으로 집을 가리키는 말과 관련하여 조사지에서는 좀 특이한 형

태의 표현이 사용되고 있었는데, 그것은 바로 '이 쌈네'(이 집), '저 쌈네'(저 집), 그리고 '그 쌈네'(그 집)라는 말이었다.

5. 상황변이어와 말의 주요 범주

어떤 언어공동체의 언어사용 유형에 관한 연구는 먼저 그 사회의 언어 가치관 및 태도(speech value and attitude), 주요 '상황변이어'(register), 그리고 중요한 말의 범주들(categories of speech)에 대한 기술에서부터 출발할 것이다. 그러나 조사지에서는, 한국 사회 내의 다른 지역과 마찬가지로, 특히 앞의 두 주제에 대한 연구 작업이 그리 잘 이루어지지 않았다. 그것은 아마도 언어 가치관 및 태도는 일반적으로 화자들의 의식선상에 잘 떠오르지 않는 추상적인 주제이기 때문인 듯싶었고, 또 주요 상황변이어에 대한 파악은 구조적으로 뚜렷이 구분되는 상황변이어들이 제대로 발달하지 않았기 때문인 듯싶었다. 대신 말의 중요한 범주들에 대한 작업은, 조사지에서 상대적으로 발달한 것으로 보이는 말하기의 다양성과 '예술성'에 대한 본격적인 연구의 가능성을 열어주는 것처럼 보였다.

1) '잘하는 말'

노인 화자들이 가지고 있는 중심적인 언어 가치관 및 태도는 명료하지는 않았지만, 거의 유교적인 영향에 의해 형성된 이념들로 보였다.

'잘하는 말'(즉, 바람직한 말)이란, 한 제보자에 의하면, '온순한' 말로 지각되었다. 그에 의하면, '온순한' 말이란 어른에게는 존경을 하는 말이고, 아랫사람에게는 사랑하고 아껴주는 말이 된다. 따라서 '잘하는 말'이란 겉으로 '말 잘하는' 것이 아니라, 말의 실수가 없이 처음부터 끝까지 상대방을 '존경하고 아껴주는 말'을 가리킨다.

'존경하는 말'이란 바로 어른들에게 공대하는 말이며, '아껴주는 말'이란 천천히, 느리게 말함으로써 상대방에게 '순하게' 들리도록 하는 말이다. 이와 관련하여, 빠른 말을 가리키는 '된' 말과 천천히 하는 말을 가리키는 '눅은' 말이란 표현을 쓰기도 했는데, 물론 '눅은' 말이 '잘하는 말'의 한 구성 요소가 된다.

또한 '잘하는 말'이란 기본적으로 말을 많이 하지 않고 쓸 말만 '점잖게' 하는 것을 일컫는다. 바로 이 점에서 흔히 사용하는 표현인, '말 잘하는 것' 또는 '말이 좋은 것'은 그것이 가지는 외연적 의미와는 달리, 말이 많아 결코 '잘하는 말'이 아닌, 부정적인 내포적 의미를 가지는 말하기의 양식인 것으로 지각된다.

참고삼아, 조사지에서 발견되는 위와 같은 언어 가치관 및 태도는 경상남도 함양군 지역에서의 연구 결과(Wang 1984: 111-115)와 그 핵심적인 면에서 거의 동일한 것으로 이해된다.

2) 상황변이어: 아기말

조사지에서도 '여성어'와 '남성어'에 대한 구조적 차이는 뚜렷하게 식별되지 않았다. 단지 여성에 비해 남성의 경우는 말의 실수가 있더라도 좀 더 관용적인 태도에서 받아들여진다는 점과, 여성이 남성보다 일반적으로 보다 '공손하고 부드러운' 말씨를 써야 한다는 사회적 기대상의 차이점이 지적되었다. 물론 여성이 남성에 비해 언어 표현상의 금기(taboo)의 범위가 보다 넓다는 사실도 제보자들은 분명히 인식하고 있었다.

조사지에는 전래의 민간신앙이 아직 많이 남아 있고 또 세 명의 만신이 거주하고 있었음에도 불구하고, 조사 기일이 짧아서인지, 구조적으로 분명히 식별되는 특정한 상황변이어로서의 종교어(religious speech)를 발견해 내지는 못하였다. 대신 무속 신앙과 관련되는 두 가지 말의 범주 또는 말 사례(speech event)가 확인되었는데, 바로 다음의 두 가지이다.

(1) 푸함[포함]준다: 만신이 신이 오른 상태에서 신의 말을 받아 "에이 괘심하리!" 등과 같이 사람들을 마구 나무라고 호령하는 것을 가리킨다. 만신 자신의 내면적 세계의 관점에서는 이를 '푸함난다'라고 표현한다.

(2) 공수준다: 만신이 신이 올라 사람들에게 영험한 이야기(가령, 재난을 피할 수 있는 구체적인 방법 등)를 건네주는 것을 가리킨다.

조사지에서 거의 유일하게 찾아낸 체계적인 상황변이어는 어린 유아들에게 사용하는 아기말(baby talk)의 목록이었다. 그러나 이 아기말도 젊은 어머니들은 현재 거의 쓰지 않고 있었고, 주로 50대 후반 이상의 아주머니들이 과거에 사용하던 특수한 어휘의 집합이었다.

수집된 아기말의 전체 어휘 목록은 다음과 같다.

(1) 어비: 무서운 것 또는 위험한 것
"그것 어비야!", "그것 어빈데 왜 만져?"

(2) 지지: 더러운 것 또는 지저분한 것
"그것 지지야!"

(3) 맘마: 밥 또는 먹을 것
"맘마 먹자."

(4) 쭈쭈: 젖
"쭈쭈 먹자."

(5) 까까: 과자
"까까 줄랴?"

(6) 코자다: 자다

"코자자 코자자."

(7) 쉬(이): 오줌

"쉬(이) 쉬(이)!", "쉬(이)하자."

(8) 응가 또는 끙가: 똥

"끙가!", "응가(끙가)하자."

(9) 꼬까: (새)옷

"꼬까 입자."

(10) 아꿍 또는 까꿍: 놀래주는 말

(11) 넝꿍 또는 엉꿍: 얼러주는 말

(12) 맴매: 매

"맴매한다."

(13) 도리도리: 고개를 좌우로 돌리는 것

(14) 좜좜: 주먹을 쥐었다 폈다 하는 것

(15) 짝짜꿍: 손뼉을 치는 것

(16) 곤지곤지: 한쪽 손바닥을 둘째손가락으로 치는 것

(17) 지게지게: 한쪽 손바닥을 새끼손가락으로 치는 것

(18) 부라부라: 앉은 상태에서 앞뒤로 흔드는 것

(19) 섬마섬마: 구석에 기대어 혼자 서게 하는 것

(20) 용타용타: 일어서는 것

"용타 용타!", "용타 해보자."

(아기가 일어서는 과정에는 "용타 용타!"라고 하지만, 일어선 후에는 흔히 "장사다 장사다!"라고 한다.)

(21) 꼰아꼰아: 어른의 손바닥에 아기를 일으켜 세우는 것

이상의 21개의 아기말 중에서, 노인 제보자들에 의하면, (4), (5), (12)는 중년(中年)에 새로 생긴 말들로 기억한다. (4)의 경우 전에는 "젖 부었다. 젓 먹자."로 주로 말했으며, (5)의 과자는 그것 자체가 물론 중년에 새로 들어온 것이고, (12)의 경우에는 전에는 주로 "매 맞는다."라고 말한 것으로 보고하고 있다.

3) 말의 주요 범주

조사지에서는 십 수 가지의 중요한 말의 장르(speech genre), 말 행위(speech act), 또는 말씨(speech style)에 관한 민간 명칭이 빈번히 사용되고 있었고, 이에 연구자는 면접과 관찰 그리고 녹음에 의해 그 내용의 대강을 파악할 수 있었다. 아래에 이 다양한 말의 종류들을 보다 일반적인 용어인 '말의 범주'로 묶어 해당 사례들과 함께 간략히 기술하기로 하겠다. (위의 '푸함순다'와 '공수준다'도 사실은 이 항에서 기술되어야 할 것이다.)

(1) '허틍거리'

"그 사람 술 먹고 허틍거리가 너무 시[세]더라."와 같은 표현에서처럼 술이 취해서 말을 막 하는 것을 가리키기도 하지만, 보다 정확하게는 자신의 불평, 불만을 거칠게 표현하는 것을 가리킨다. 그런데 '허틍거리'의 주요 특질은 '상소리'를 말하되 그것이 전달되는 정해진 상대가 없이 혼자서 중얼거리는 것으로, 바로 이 점에서 아래의 (2) '욕하는' 것과 구별된다.

허틍거리와 관련해서는, '괜히 씁데없이 허틍거리한다.', '(그 사람) 허틍거리를 잘 쓴다.', 또는 '(그 사람) 허틍거리가 (너무) 시[세]다.'와 같은 표현이 흔히 사용된다.

조사지에서 사용되는 허릉거리의 대표적인 예로는, '옘비를!', '옘비 붙을!', '옘비 씹할!', '옘병할!', '어휴 더러워서!' 등이 있다. 가령 밖에서 누가 찾을 때 일을 하다 일어서면서 그냥 대답하고 문밖으로 나오는 것이 아니라, "옘비 씹할! 남은 바빠 죽갔는데 누가 와서 찾냐?"라는 식으로 혼자서 중얼거리며 일어서는 것이 바로 '허릉거리'이다.

(2) '욕'

'허릉거리'와는 달리, 전언(message)을 전할 상대방이 정해져 있고 그 상대방을 향해 모욕적이고 공격적인 언사(주로 '상소리')를 쓰는 것이다. 그러나 (궁극적인)청자(addressee)인 상대방이 대화 장면에 반드시 나와 있지 않더라도, '욕하는' 것은 가능하다.

조사지에서 과거부터 써 온 대표적인 욕에는 '야 이 개 같은 놈아!', '옘병할 놈아!', '야 이 옘병을 하다 뒤질 놈아!', '이 더러운 놈아!', '이 개 같은 년아!', '이 더러운 년아!' 등의 표현이 있다.

(3) '욕반지래기'

말을 할 때 욕을 많이 쓰는 것, 즉 소위 '말반 욕반'을 하는 것을 가리킨다. '욕반지래기'를 잘하는 사람은 흔히 말하면서 욕부터 나오는 경우가 많다. 한 제보자는 욕반지래기에 대한 다음과 같은 흥미로운 대화 사례를 제공해 주었다.

A: "너 이 자식아! 논김 다 맸어?"
B: "너 왜 욕반지래기로 하느냐?"
A: "내가 언제 욕반지래기 했어?"
B: "너 나한테 욕하면서 애기했잖아."

(4) '상소리'

다른 지역에서 사용하는 의미와 동일하다. 이는 '점잖은 말'에 극단적으로 대비되는 개념으로, 말씨(체)(speech style)의 한 갈래로 이해된다.

(5) '거짓부렁(이)'

남을 속이는 '거짓말'을 가리킨다. 흔히 '센 거짓부렁'을 습관적으로 잘 하는 사람을 '대포'라고 부르고, 장난기 섞인 '거짓부렁이'로 사람을 속여 헛걸음질하게 하는 것을 '골탕 멕인다'라고 표현한다.

(6) '우스매소리'

듣는 사람들을 그냥 웃기는 말로, 흔히 제보자들은 '웃자고 하는 소리' 또는 '웃음 소리'로 표현하기도 한다. '우스갯소리'의 방언형이다. 그러나 이것은 다음 (7)의 '농(담)'의 정의에 따라 그것과 동류의 것일 수도 있고, 그것과 명확히 구분되는 별개의 범주일 수도 있다.[7]

한 제보자는 과거 이 동네에서 '우스매소리'를 잘 하는 것으로 소문났던 화자의 사례 한 가지를 기억해 주었다. 어느 날 동네에 잔치가 있었고 잔칫집에서는 온 손님들에게 국수를 대접하였다. 이 때 그 '우스매'꾼이 국수 그릇을 받자마자, "우리 어머니 시집올 적에 국수 먹고 오늘 처음 먹는다."고 큰소리로 우스매소리를 해 모든 사람들이 박장대소를 하였다고 한다.

연구자는 조사 과정에서 우스매소리에 아주 능한 60대의 한 여성 화자를 찾아내었다. (그러나 그 제보자는 우스매소리에 대한 명확한 의식상의 지식, 즉 개념적 지식을 갖고 있지는 못하였다.) 다음의 두 사례는 연

7) 경상남도 함양군 지역의 조사(Wang 1984: 166)에서 '우스갯소리'와 '농(담)'은 분명히 구별되는 별개의 범주였다. 이 둘과 관련되는 또 다른 말의 범주에는 '패담(悖談)'이 있었다.

구자가 관찰한 그 여성 화자의 우스매소리이다.

〈사례 1〉

상황: 비오는 날 50대 후반부터 60대, 70대의 아주머니들 5~6명이 모여 방에서 놀이 화투를 치고 있음.

우스매꾼: <한 사람이 딴 사람에게 빼앗긴 돈(동전)을 두 손으로 건네주는 것을 보고는>

"돈 300원을 뭐 두 손으로 들어? 그렇게 무거워?"

일동: <크게 웃음>

〈사례 2〉

상황: 위와 같음

참여자 I: <막 받은 화투패가 좋지 않자 화투 패를 바닥에 던지며>

"이런 잡아 죽일 거 봐!"

우스매꾼: "아 (화투장을) 잡으면 죽을 걸 잡은 걸 뭐 또 잡아 죽이냐?"

일동: <크게 웃음>

다음의 사례도 말 그 자체로써 우스운, 우스매소리의 범주 속에 속할 것으로 생각된다.

〈사례 3〉

상황: 연구자 및 2명의 동료가 '말재간'이 뛰어난 40대의 남성 화자와 술을 마시며 이 얘기 저 얘기를 '농담' 조로 주고받고 있음.

참여자: A(연구자의 동료 I), B(연구자의 동료 II), C(연구자), D(말재간이 뛰어난 이곳의 화자)

(D가 젊었던 시절 술을 많이 마신 이야기, 특히 배 안에서 동료 선원들과 소주를 사발채로 들이키던 이야기를 함.)

A: "그러면 이 바닷가에 사는 사람들이 좀 (술이) 센가 봐."

B: "여러 면에서 세 시[세]지. <높은 목소리> 여러 면에서 시[세]지."

C: "여러 여러 면은 무슨 무슨 면 면입니까? 동면, 서면하고 또 뭐?"

B: "북면, 남면, 중면"

D: "아니 여러 면이면 세 가지 센 거예요."

C: "예."<낮은 목소리>

D: "여, 러, 면, <끊는 발음으로> 그러면 세 가시 센 거지 뭐."

일동: <크게 웃음>

C: "시[세]네 정말."

우스매소리와 관련하여, 의도적으로 상대방을 웃기려고 흔히 몸짓까지 써 가면서 말하는 것은, "(그 사람) 익살맞게 말 잘 해!"에서처럼 '익살'이란 표현을 쓰기도 한다. 그런데 조사지에서는 관련되는 범주인 '재담'이란 말은 예전부터 쓰지 않은 것으로 보고된다.

(7) '농(담)'

'농(담)'이란, 전체적인 말의 범주들에 대한 민속분류법(folk taxonomy)이 파악되지 않은 상태이긴 하지만, 넓은 의미에서는 (6)의 '우스매소리'까지를 포함하는 웃기는 말, 장난치는 말, 또는 "괜히 한번 해보는 소리" 등을 포괄적으로 가리키는 것으로 보인다. 그러나 좁은 의미에서는 친구 사이에 흉허물 없이 장난하는 말이나, 또는 지위상 윗사람에게 아랫사람이 '말장난' 하는 것을 주로 가리킨다.

한 제보자가 제공한 다음 사례는 조사지에서 노인 세대의 친구 사이에 흔히 주고받는 성(性)에 관한 농담이다.

〈사례 1〉

A: "요즈음도 두부 잘 눌리나?"

B: "요즈음 아랫짝이 없어서 두부 잘 못 눌리네. 자네 그 아랫짝 좀 빌려주게."

(* 조사지에서는 성에 관한 농담을 할 때에 흔히 남편 또는 남자는 '웃짝'으로, 아내 또는 여자는 '아랫짝'으로 두부 맷돌에 비유하여 표현하고는 한다.)

다음 사례는 동일 제보자가 제공한, 술좌석에서 아랫사람(A)이 윗사람(B)에게 하는 농담의 예이다.

〈사례 2〉

A: "여보게 자네 밥 자셨나?"

B: "자식아, 말 막 해라. 너 하늘이 무섭지도 않으냐?"

A: "야 이 사람아, 뭘 그랴아? <웃으면서> 성님 농담입니다."

다음 사례는 연구자가 직접 관찰, 녹음한 것이다.

〈사례 3〉

상황 : 연구자와 60대 후반의 주민 한 사람이 술집에 가서 술을 마시는데, 그 남성 화자와 술집 여주인 간에 농담과 '보통' 말의 대화가 차례로 계속되고 있음.

참여자: A(남성 화자)와 B(술집 여주인)의 두 사람은 동갑으로 서로 친한 사이임.

<B가 과일을 깎아 접시에 담아옴>

A: "이놈의 집구석 또 상한 거 아닌가? 또 옘병할!"

B: "또 저런 옘병 덩어리! 아주. <웃음> 너 같은 건 오지도 말아라. 이 옘비랄!"

A: "상하거나 말거나."

B: "상하긴 왜 상해, 그거 마른 새운-데." <높은 목소리>

A: "이건 이런 걸 달래두 상하고, 주는 것도 다 찌그러진 거만 주고, 뭘 달래도(성적 의미를 지님) 전 몹쓸 것만 주고."

B: "무슨 엿 장사냐? <웃음> 찌끄러진 거."

A: "새 것 좀 줘 새 것." <높은 목소리>

B: "이 오라 땡땡이야! 응."

<연구자 일행을 보며> "이거 손님들 계신데……, 할아버지(A를 지칭)더러 (잔을) 비우게 해서 큰일 났구만. 우리 저 할아버이는 동갑네라고 막 헌다."

(* A와 B의 두 사람은 조금 전 농담을 주고받기 전에는 서로가 '아주버이', '아주머이'로 호칭하였었다.)

다음의 네 사례는 위의 세 사례와는 그 성격이 조금 다른 농담의 예일 것이다. 즉 위의 세 사례에서는 농담의 전언이 전해지는 상대방이 분명히 정해져 있고, 그 상대방에게로 향하는 농담의 예이다. 따라서 상대방과의 친밀 관계가 전제되지 않는 한 이러한 농담이 성립되기는 어려울 것이다. 그러나 아래에 제시하는 사례들은 농담이 전달되는 특정의 상대방이 정해져 있기 보다는, 청자(들)와 그냥 웃기 위한 농담, 즉 일반적이고 넓은 의미에서의 '농(담)'이 될 것이다. 그러나 이 네 사례는 앞의 '우스매소리'의 사례들보다는 성과 관련되거나 또는 사람을 짐승에 비유함으로써 그 전언의 내용이 보다 '진한' 것이고, 따라서 '우스매소리'보다는 일반적으로 '농(담)'의 범주에 속하는 것으로 이해되는 것 같다.

〈사례 4〉

상황 : A(연구자의 동료), B(말재간이 뛰어난 이곳의 주민), 그리고 C(연구자)가 함께 술을 마시며 이야기를 나누고 있음.

A: <회를 먹으며> "아 밴댕이가 맛이 좋다! <B를 쳐다보며> 이것 좀 드십시오."

B: "예. 맛이 좋다 그러잖아요? 그러면 맛이 좋다 그러면 소방서 가라 그러지."

C: "네?"

B: "그러면 소방서 가라 그러지."

(* '좋다'와 '좃타'는 음이 유사하다.)

〈사례 5〉

상황 : 위와 같은 상황임.

A: <저녁놀 지는 바다를 바라보며> "참 저 색깔 좋다! 참 좋－네!"

B: "좋네 라니? 좋네? <웃음> <옆에 앉은 여학생 쪽을 얼굴로 가리키며> 저 아가씨나 그 냄새 맡겠지. <웃음>"

(* '좋네'와 '좃내'는 음이 유사하다.)

〈사례 6〉

상황 : 위와 같은 상황임.

(B가 자신의 결혼 및 가족 이야기를 쭉 함.)

C: "그러면 아들만 둘입니까?"

B: “네. 아휴 종자 나쁜 거가 이것저것 낳지. <웃음>”

C: “응. 우량종은 우량종은 하나만 낳는 모양이네.”

B: “잡종이나 이것저것 낳지. 그냥 한 것으로 낳는 거지. <웃음>”

C: “딸만 낳아도 그 저 잡종입니까? 우량종입니까?”

B: “그건 순종이지. 딸만 낳아도 순종이고 아들만 낳아도 순종이고 아들 딸 다 낳으면 그건 잡종이야. <웃음>”

C: <크게 웃음>

〈사례 7〉

상황 : 연구자 일행이 B와 함께 배를 타러 감.

C: <10여 미터 뒤에 있는 동행 학생을 보고> “수종이도 타지.”

B: “수종이라니 그러면 바닷 종자 아니야. 그러면 <뒤에 서 있는 동행 여학생을 쳐다보며> 서기는 암종인가?”

⑻ **‘농(을) 튼다’**

주로 술자리나 함께 앉아 좌담을 하는 자리에서 잠시 동안 연령상 하위자가 친한 상위자에게 말장난, 즉 ‘농(담)’을 하는 것을 가리킨다. 흔히 평상시에 쓰는 높임말을 쓰지 않고 친구지간의 말씨를 쓰거나, 또는 “거 한잔 먹고 나도 한잔 주시오.”처럼 평상시에는 하지 않는 직접적인 요청의 말씨를 함부로 쓰는 것 등이다. 그러나 이는 어디까지나 순간적인 장난으로 하는 것이며, 또 서로 ‘가까워’지기 위해 하는 말장난이다. 앞의 (7) ‘농(담)’에서의 <사례 2>가 바로 이 경우이다.

그러나 ‘농을 트는’ 데서 농은 윗사람이 터주는 것, 즉 윗사람의 허락에 의해서만 가능한 것이다. 이를 일러, 조사지에서는 “웃사람이 아랫사람에게 농을 틀 수는 있어도, 아랫사람이 웃사람에게 농을 틀 수는 없다.”라고 말한다.

(9) '곁말'

조사 과정에서 가장 흥미로웠으나 그 실체가 분명히 드러나지 않은 말의 범주는 '곁말'이었다. 유감스럽게도 현재 조사지 내에서는 이 곁말의 구조와 특성에 대한 분명한 민간 지식을 연구자에게 전달해 줄 수 있는 제보자가 없는 것처럼 보였다.

부분적인 이해이기는 하지만, 곁말의 한 가지 특성은 바로 말하지 않고 비꼬아서 말하는 것이다. 제보자들은 '꼬는 소리' 또는 '꽈배기'란 표현을 썼고, 또 곁말을 과거에 잘했다는 이제는 고인이 된 화자의 별명이 '우뭉구지' 또는 '나사뭉구지'였다는 데서도 이 사실은 간접적으로 드러나는 것 같다.

연구자는 다음과 같은 과거에 사용되었던 곁말의 사례를 몇 제보자의 기억에 의해 재구성할 수 있었다.

〈사례 1〉

며느리가 아궁이에 불을 때는데 타던 나무가 밖으로 삐져나왔다. 그러나 일이 바빠 미쳐 손으로 집어넣지 못하고 발로 차 넣었다. 그러자 이를 본 시아버지(곁말을 잘 쓰던 사람)가 며느리더러 "야 너 축구하면 그 뽈빽 하나는 잘 보겄다."고 했다.

〈사례 2〉

말 못하는 벙어리 시누이가 있었는데 옆에서 속을 썩이고 애를 먹여, 며느리가 "어휴 꼴 배[보]기 싫어!"하고 불평을 하자, 이를 받아 시아버지가 "아이 꼴 배기 싫으면 그러면 동산에 가서 꼴이나 빌려무나."고 했다. 또 며느리가 그 시누이더러 "어휴, 저 아주 왜 저 끙끙거리고 날 가지고 저 지랄일까?"하고 욕을 하자, 시아버지가 이 말을 받아 "응 지랄병도 안 났는데 왜 지랄한다 그랴아?"라고 했다.

겯말은 그것이 비꼬아서 하는 말인데도, 상대의 감정을 직접적으로 건드리기보다는 동시에 웃기는(한 제보자의 표현을 빌리면, "웃음이 저절로 나오게" 하는) 말이다. 겯말의 이 두 번째 특성은, 위의 사례들에서도 잘 드러난다. 며느리를 직접적으로 나무라기보다는 겯말을 써 표현함으로써 그 나무라는 의사가 간접적이고 시사적이 됨과 동시에, 그 교묘한 표현 때문에 웃음이 먼저 나오게 되는 것이다. 아마도 이 두 번째 특성 때문에, '겯말'도 넓은 의미에서의 '농(담)'의 한 하위 범주일 것처럼 생각된다.

다음의 두 사례도 제보자들에 의해 겯말로 인지되는 예인데, 여기서는 단순히 상대방을 비꼬는 것이 아니라, 상대방에게 기대되는 대답과 다른 또는 정반대의 대답을 의도적으로 함으로써, 상대방 및 듣는 이들을 웃게 만드는 것이다. 이 두 번째 사례들은, 겯말의 구성 정의인 '바로 말하지 않고 비꼬아서 말하는 것'의 의미가 좀 더 포괄적일 수 있음을 시사해 준다고 하겠다.

〈사례 3〉

동네 아이 하나가 "아저씨 배가 아파요." 하며 약을 찾자, 그 '겯말'꾼이 응답하기를 "아이 집에 가서 그 콩 많지? 콩 볶아서 잔뜩 먹고 냉수 마시고 그러구 찬 마루 바닥에 엎드리면 금방 나아."라고 했다.

〈사례 4〉

누가 눈이 아파 눈 아픈 데 뭐 약이 없느냐고 묻자, 겯말꾼이 "야 이 사람아 그 꼬추가루 쪼금 넣으면 곧 나을 걸 뭘 그리야?"라고 응답했다.

연구자가 직접 녹음한 다음 사례는 그 자체로써 겯말의 연행은 아니나, 위에서 논의한 겯말의 구성 정의를 다시 한 번 확인시켜 주는 사례가 될 것이다.

〈사례 5〉

상황: 연구자(B) 및 그 일행이 스스로 곁말을 잘 쓴다는 40대 남성 화자(A)와 술을 마시며 면접을 하고 있음.

A: "우리 이웃에 참 욕 잘하는 아주머니가 있어요. 그 집 아이들을 보고, '요놈의 종자 아주 머리를 짤라서 고사를 지내야 되겠다' 그래요."

일동: <웃음>

B: "그 말을 받아서 곁말을 하나 만들면 어떻게 됩니까?"

A: "그렇게 되면 양념이라도 쳐서 해야지 밋밋하지 않으냐, 그래 되겠지."

일동: <크게 웃음>8)

---

8) '곁말'의 구조와 용법은 보다 복합적인 것으로 생각된다. 박갑수(1979a~1980e) 선생의 곁말에 대한 일련의 기술은 매우 포괄적이다. 즉, "우리의 '곁말'에 대한 논의는 '빗대어 하는 말' 또는 '동음이의어'에 의한 말장난이란 개념을 중심으로 좀 더 넓게 '비꼬는 말 참견'까지를 뜻하는 의미로 규정하고 전개해 나가기로 한다." (1979a: 335)고 그 개념 규정을 하면서, 뒤이어 (1) 빗대어 하는 말, (2) 동음이의에 대한 어희(語戱), (3) "새김의 묘를 살려 빗대어 표현"하는 말이란 세 가지 대표적인 유형을 예시하고 있다(1979a: 336-340). 또 박갑수 선생은 뒤에서 소위 '재담'(才談)과 '육담'(肉談) 그리고 '은어'(隱語)까지도 광의의 '곁말'에 포함되는 것으로 보고 있다(1979j: 312, 317).
한편 서대석(1994년 1월 5일 면접) 교수의 제보에 의하면, '곁말'은 동음이의어에 의한 말장난이 중심인 것으로 이해되고, 또 과거에 '변말'과 거의 같은 뜻으로 쓰인 것 같다고 한다. (단, "변을 쓴다"라고 흔히 표현되는 '변말'이 "곁말 짓거리" 등으로 표현되는 '곁말'을 점잖게 이르는 것으로 이해된다고 한다.) 서 교수는 '곁말'의 대표적인 예로 다음의 전래 어희(語戱)를 들었다.

〈키가 작은 며느리가 폐백을 드리느라 절을 했다.〉
시아버지: 어째 이리 절이 작은고?
며 느 리: 절이 작은 건 암자지요.
시아버지: 무슨 솔[소리]?
며 느 리: 평퍼지며는 방[반]석 솔이고요 축축 늘어지며는 낙낙장송이지요.
시아버지: 자랄[자알] 한다.
며 느 리: 자라는 물에서 놀지요.
시아버지: 용타!

(10) '입내낸다'

남의 말을 그대로 흉내 내는 것을 가리킨다. 이 '입내낸다'라는 표현은 말 뿐 아니라 행동의 흉내에도 적용되는데, 주로 좋지 않은 관계에서 '입내(를) 내는' 것으로 인지된다.

(11) '까시한다'

젊은 세대에서 주로 쓰는 표현으로, 일본어 '히야까시'(hiyakasi)가 줄어서 된 말이다. 여자들에게 농을 걸거나 말 희롱을 하는 것을 가리키는데, 앞의 7) '농(담)'의 <사례5>와 <사례7>에서, 만일 연구자와 동행한 여학생이 멀리 앉아 있지 않고 그 남성 화자의 바로 앞이나 옆에 앉아 있었다면, 그 말 행위는 '까시하는' 것이 되었을 것이다. 또 이 '까시한다'는 그 의미가 확대되어 남자들 사이에서도 쓰이는데, 이 경우는 주로 장난 소의 시비 거는 것을 가리킨다.

(12) '물(이)마침'

자신을 도덕적으로 비난하는 그릇된 소문이 퍼졌을 때, 그 소문의 진

며 느 리: 용은 하늘에서 날지요.
시아버지: 너도 한 말[말 한 번] 져 봐라.
며 느 리: 한 말 지기는커녕 두 말 일 줄도 아는데요.

(또는 시아버지와 며느리의 대화가 다음과 같이 시작되기도 함)
시아버지: 이얘기[이야기]나 해 봐라.
며 느 리: 이 얘기는 서캐지요
(이하 "자랄 한다." 로 이어짐)

만일 '곁말' 의 개념을 동음이의어에 의한 말장난 즉 pun으로만 좁게 한정시킨다면, 위의 기술에서 (6) '우스매소리' 의 〈사례 2〉, (7) '농(담)' 의 〈사례 4〉, 〈사례 5〉, 〈사례 7〉, (9) '곁말' 의 〈사례 2〉, 그리고 이 절의 마지막에 기술되는 언어의 유희적 사용에 관한 일화가 오히려 그 대표적인 예가 될 것이다. 물론 여기서의 곁말에 대한 기술이 완전한 것과는 거리가 멀겠지만, 일단은 여러 제보자들이 묵시적으로 이해하는 틀에 따라 위와 같이 정리해 보는 것이 특정 조사지에서의 민족지적 보고로는 오히려 적절성을 지닐 것으로 생각된다.

원지를 흔히 삼자대면(三者對面)(자신과, 자신이나 다른 사람에게 그 소문을 전한 사람, 그리고 그 전한 사람에게 원래 그 소문을 말해준 사람 등)을 함으로써 찾아나가는 말 행위를 가리킨다('무릎맞춤'의 이 지역 방언형임). 주로 여자들의 세계에서, 사발이나 종발 같은 것이 없어진 사소한 일에서부터 발단하는 경우가 많다. 이와 관련해서는, '(아무개가) 말질을 해서 물(이)마침을 했다.', '물(이)마침을 댕긴다[다닌다].', '물(이)마침을 간다.' 등의 표현을 흔히 쓴다.

그 외에 (13) '잔소리가 심하다' 또는 '잔말이 시[세]다', (14) '(말이) 번접스럽다'(수다스러운 것), (15) '말싸움', (16) '술주정 한다', (17) '주사기가 있다' 등과 같은 말의 범주 또는 말에 관한 관용적 표현들을 들을 수 있었다.

마지막으로 조사 과정에서 언어의 '유희적' 사용에 관한 재미있는 일화를 들었는데, 물론 그 말이 행해진 상황 자체는 유희적인 것과는 거리가 멀지만 참고삼아 소개하기로 하겠다.

"그 전에는 놀음놀이를 많이 했는데 그 전엔 주재소(駐在所)라고 있었어요. 사화투(4명이서 치는 화투)를 치다가 한 사람이 붙잡겼[붙잡혔]다고요. 그 여러 동료들이 '야 가서 불지 말고 너나 혼나라. 그러면 너 명절 때 말이지 쌀 한말씩 걷어 주갔다.' '염려 말라.'고 말이죠. 그걸 붙잡아다가 인제 누구누구 했냐고 그러니까, '예. 저요 나요 와다구시(일본어 watakushi)요 김춘원(당사자 이름)이요.' '이 자식이 뭐!' 하고 갈겼단 말이요. 그런데 그냥 노다지 그 소리만 하는 거예요. 그러니깐 '저요 나요 와다구시요 김춘원이요.' 노다지 그 소리만 했다 그거야. 그러니까 뭐야 지서 주임이 '이 자식이 정신이 돈 자식이야. 내보내 버려.' 했다 그거야. <크게 웃음>"

〈붙임〉

앞의 각주 (8)에서 제시한 서대석 교수 제보의 결말 어희(語戱)의 예는, 서 교수의 최근 책(2004:10-11)에서 다음과 같은 두 사례로 나뉘어 소개되고 있다(이 두 사례에 대한 전체적인 기술은 같은 책(pp. 9-12)을 참조할 것).

〈사례 1〉

시아버지: (며느리의 절을 받으며 며느리의 키가 작은 것이 못마땅하여) 하! 저리 작은고.

며느리: 아버님 절이 적으면 암잔게죠.

시아버지: 어허 무슨 소올(무슨 소리냐)?

며느리: 아 펑퍼짐하면 반석솔이구요 척척 늘어져 아람드러지면 낙낙장송이구요 소복하면 솔버덕이지요.

〈사례 2〉

며누리가 말대꾸를 어떻게 잘하는지

"며늘아가!"

"예"

"그저 자니?"

"웬걸요. 속곳 벗어 덮구 자죠."

"해가 네 똥구녕에 치민다."

"아 제 똥구녕이 동해 바단가요."

"잘한다!"
"자라는 물 속에 있지요."
"용타"
"용은 하늘에서 날지요."
"너두 이년아 한 말 지려므나."
"한 말 지기는커녕 두 말 이구두 다녔다오."

6. 설 화

현지조사의 과정에서 강화 및 강화 사람들의 특성에 관한 몇 가지 전래 표현들을 들을 수 있었다. 다음의 것들인데, 모두가 강화 사람들의 강인함을 의미하는 말로 해석되었다.

"강화 사람은 강병(强兵)"
"넉살 좋은 강화 년(또는 연), 뻔뻔하긴 강화 년(또는 연)"
"강화 색시가 김포로 시집가면 그 집 살림이 늘고,
김포 색시가 강화로 시집오면 그 집 살림이 준다."

또 "강화에는 남이 없다."라는 말도 자주 인용되는 표현이다. 즉, 강화도란 넓지 않은 섬 내에서 넓은 의미에서의 친척관계를 가지게 되는 경우가 많음을 가리키는 말이다. (그런데 여기서 유추하여 흔히 조사지에서는 제보자들이 "이 동네에는 남이 없다."라는 말을 하고는 하였다.)

또한 조사 도중에 다음과 같은 속담 및 그와 유사한 관용적 표현들을 접할 수 있었다.

'개 씹에 보리알 끼듯'

'기다리감식' (오래 기다렸다가 먹는 맛있는 밥)

'늙을수록 일은 더 시[세]고 욕심은 더 많다'

'뒷다리 긁는다'

'만신 서방은 아흔아홉'

'말은 가도록 늘고 되는 되도록 준다'

'뱁댕이 소갈지' (속이 아주 좁음)

'밴댕이 씹구녕만도 못하다' (속이 아주 좁음)

'소금가마를 물로 끌래도 끌어야 한다'

'신[흰] 개 꼬리 땅 속에 십년 묻었다 캐면 황금 꼬리가 되냐?'

'양반의 집에서 초라니 난다'

'옹솥[작은 솥] 하나에 여자 하나는 다 타고 난다'

'저울대 같은 살림'

'정(情)도 품앗이다'

'헌 섬에 곡식이 많이 들어간다'

뿐만 아니라 조사 도중에 수편의 설화를 채록할 수 있었는데, 그 중 이 지역을 대상으로 한 기존의 보고(성기열 1982: 859-967)에 들어있지 않은 5편을 아래에 정리하였다. (그런데 아래의 정리에서 ( ) 속의 말은 연구자의 응답 또는 질문 등과 같은 연구자의 말이고, (*) 속의 말은 연구자가 아닌 다른 참여자의 말을 가리킴.)

〈지관이야기〉 (배작 제보)

처음에 저희 아버지가 지관이래요. (예.) 제가 설명한대로. (예.) 그래서 저희 아버지가 누우려고 드니까, 그 자손들 말이, "아버지 돌아가실려면, 돌아가시게 되면은 어디다 모셔야 할런지, 아버지 어떻게 남의 일은 잘 봐주시면서 저 직접 당신이 가실 적에 좀 봐 저기지 않으십니까?" (예.) 그래선, "참 아버질 모실, 돌아가시면 모실 자릴 말씀 좀 하십시요." 그랬더니, "머지않아서 나 얘길함사." 그래선 그냥 지나갔는데, 마침 그 양반이 갈 때가 됐더래요. (예.) 그래서 저 병이 중해서 마침 아버지가 돌아가실 때가 된 것 같으니깐 아들들이 뫼를 모실라 했쌌는데, "아버지 인젠 암만해도 회생키가 어려울 것 같은데 아버질 모실 자리를 좀 말씀 좀 하시겨." 그랬더래요. 그 때 그러니깐 저희 아버지가 휘 돌아다보더니, "아마 그럴 것 같다. 아마 나도 세상이 끝날 것 같다. 그런데 내 얘길 험사. 얘길 허갔는데," 휙 돌아다보더니, "저기 남이 앉아서 난 얘길 못하겠다. 저 사람을 내 보내라." 그러더래요. 자기 얘길 좋아하면서 맨든 말을 계속해서 그런 얘길 하는 사람 자체도 말이죠, 좀 어리석은 것 같애요. (예.) "그런데 그 남이 누구녜요?" "저기 너희 어머니가 저기 앉아 계시지, 계시지 않느냐?" 그러니까 마누라한테 공대하는 건 아니지마는 자식을 한해서 하는 거니깐 어머니가 저기 계시니깐. "어머니가 왜 남이에요?" "그 부자(父子)는 천륜(天倫)이고 부부(夫婦)는 인륜(人倫)이라고 했단다." 그래서 그러니까 저 자식이란 참 보자고 한 말이지. "그럼 어머니 나가셔야 하겠습니까?" 그랬더니, "그럼 어머니를 내보내고, 내보내고 내가 얘길 험사." 그래 저희 어머니가 이젠 그 얼마나 야속하갔습니까? 그리고 임종 시에 그 누구보다도 자기가 앉을려고 했는 건데, 내감 나가라고 하니까. "그럼 어머니 참 비켜시야겠이다. 비켜 앉으셔야 하겠이다." '얘 이럴 수가 있냐!'구. 그 생전 자기가 하늘같이 받들어선 사람인데 이럴 수가 있냐구? 그리구선 어디메 원망스럽게 하고 문밖으로 나가더래요. 그러니깐 그 어머니가 문밖으로 나가서 그 남편이 그런 말을 할 적에 이때까지 하늘같이 생각했는데 그런 마지막 시간에 그런 얘기를 들을 때, 어떻게 야속한지 문 귀, 문에다 귀를 대고 들었댑니다. 그러니까 저희 영감 말이 그런 소릴 하더래요. "저 이담에 나 죽으면 대동 가운데 큰 우물이 있으니……," (대동 가운데?) 네 큰 동네 가운데, 큰 우물이 있으니. 그건 그러니깐 옛날엔 우물을 펴도 저 날을 보고 폈어요. 우리네도 그랬는데요. 좋은 날루요. (아! 예.) 예 그랬는데, 그게 아무 날이나 물 못 펴구, 우물을 파두 손바닥에 우물 정(井)자 있는 사람이니 핀다고 그랬습니다. 그런데 시방은 그저 집집마다 펌프 물도 다 팠더랬어요. (네.) 그거 다 옛말이에요. 그런데 "대동 우물가 물에다 슬그머니 갖다 넣어라." 그러면은 정말루 정말루 그리구선 그리루 갖다 넣구선 났는데, 넣으니깐 송장을 넣으니깐 물이 단박에 변했죠. (예.) 변해서 대동 사람들은 물을 못 먹고 야단이 났는데, 야단이 났는데, 물을 다시 저 푸고 가셔내고, 그리구선 고사 지내고 그래야 한다는 둥, 사람이 별 사람이 다 많았는데. 저 날이나 잡아가지고 푸지 아무 날이나 푸지를 못하게 하니깐, 그것도 날을 받아서 한다고, 그래서. 그러던 찬데 그 가운데 어머니하고 아들하고 언쟁이 났데요. 의견 충돌이 되서 말이지 그 어머니가 그러니깐 그런 얘길 하더래요. "너 이놈의 자식아! 넌, 너 하는 건 다 잘 하는 일인 줄 아느냐? 이놈아, 너의 아버지가 죽었는데 말이지, 그거 저 제 자리에다가 저 잘 갖다 모시든지 하지 우물 가운데다 밤중에, 야밤중에 갖다가 묻은 놈. 이 놈! 나쁜 놈!" 이라고. 그러면 그런 소리를 동네 사람들이 들었답니다. 들어서 듣구 나니깐 또 그럴지도 알 수 없어서 그 우물을 그 이튿날 팠는데, 송장이 거기 있는데, 저 그건 그런 소릴 듣구선 말이 시종(始終)이 처음과 끄트머리가 그것이 맞아야 하는데 용 있다는 소린 못, 이 세상엔

용을 봤다는 사람이 없답니다. 그런데 용이 날개가 나서 저기 조금 이삼일만 더 있으면 날라 하늘로 올라갈라 못 올라갈라 그렇게. 천륜인륜(天倫人倫) 얘기를 누가 그런 얘기를 한 모양이에요.

(예. 참 재미있는 이야기예요. 그 저 부자지간(父子之間)을 참…….) 그런데 우리네 같은 사람도 가만히 생각할 때요, 저 내외간은 얕은 정으로 생각해요. (그 생각을 그렇게 하시는 거죠?) 근데 생각하는 것보다 실제도 그렇다고 내가 인정하는 것이요, 내외간엔 살다가 아무리 의리 있이 잘 살다가도 한 사람이 가면 남 되는 것 아닙니까? (네. 네.) 남의 다른 남자 생기니깐 남 되는 거죠. (네.) 그런데 자식은 그야말로 웬수 같은 한이 있더라도 그 자식은 자식 아니라고 할 수는 없어요. 저 부인네는 남하구 살면 그건 남이라고 할 수가 있습니다. 있을 것 같애요. 나래두요. (예.) 그럴 것 같지만은 자식은 웬수가 됐어도, 건 내 아들이니깐 헐 수도 없어요. (허 허 허 허.) 그래선 의리라 생각해도 그야말로 저 정확한 뭐, 그러니까 아까 옛말 그거와 마찬가지로요. 자식, 자식은 더 소중해요. 시방 저 부자(父子)의 부(父)는 없어졌다고 내 자신이 그런 얘기 헙니다마는 자식은 변할 수가 없구요. 부인네는 변할 수도 있구 그래서요.

〈긴데업 이야기〉 (송분원 제보)

긴데업이라고 큰 구렁이업이 있어요. 그건 내 얘길 듣고선 쓰시겨. (* 그냥 간단하게…….) 네. 긴데업, 긴데업이라고 큰 구렁이업인데, 옛날엔 윤대장네가 다랑 마을에서 살았는데, 이 윤대장네 어머니가 날더러 얘길 하더라구요, 뒷산에 굿을 하러 가니깐. 이 업을 받고 나더니, "꼭 긴데업이 있어.", "그럼 긴데업을 어떻게 알아요?" "우린 양자로 들어갔는데……." 양자로 들어갔대요. 그 윤대장 아버이하구 윤대장 어머이하구

저 다랑 마을서 살 때, 건들 양도 가서 벼를 옛날엔 두 가마가 한 섬이더랬어요. 그 땐 섬이요. (그렇죠. 한 섬이죠.) 달구지로 다 가서 장리를 두 가마…… 두 섬으로 도는데, 부자집이 김서방네, 김감철네라나 뭐 김숙자네래요. 거기 가서 달구지 소를 가져와서, 눈이 좀 눈이 왔는데, 그걸 실어 왔는데 아주 한 섬은 얼른 실었는데, 한 섬은 그냥 아주 무거워서 들 수가 없어서, 여러 맘대로 가져가라 그러더래요. (예.) 광에서, 부잣집이가, 그 주인 인간이. 그래서 실었는데 어찌 달구지 이렇게 나가 쓸부러지는지 아주 서이서 가까스로 실고 와서, 이게 뭐이 들었나 보자고 이렇게 그냥 들어다 놓으니깐, "아이 어서 뭐이 들긴 뭐이 들이 [발음 불분명]." (* 음.) 그 할머이, 할아버이가 "어서들 나가서 쉬게. 우리가 다 풀러서 보고 퍼 붓게." 근데 그냥 이렇게 풀러 보니깐 그 윤대장 할머이, 윤대장네 어머이가 그러니깐 윤대장네 할머이의 윤대장 아버지 증조 할머이 증조 할아버이래요. 그냥 이런 그냥 구렁이가 큰 도래밍솥 (* 허허.) 같은 것이 그냥 고개를 번쩍 들고 그냥 이렇게 이렇게 도래뭉솥 같이 서리고 앉았더래요. 그래서 옛날에는 풍풍 방아도 없구, 이렇게 메 갈아서 찧구성 찔 때, (* 아.) '이렇게 복에 따라서 부잣집에서 오셨으면 어디 자리 잡으시라구 인간의 눈에 띠지 말라.'니깐, 쉐 하니 틈으로 들어가더래 문틈으루. 그래 이년에 그 벼를 그냥 우선 한 바가지 퍼서, 저기 더러 점심을 먹여서, 일꾼들을 먹여서 보내구, 벼를 한 바가지 그냥 그렇게 절구댕이로 다 찧어서 까불러서 그걸 [발음 불분명]를 쳐서 그걸 양픈을 요런 댄병들을 재에 닿고 소금에 닿고 그렇게 해서 큰 [발음 불분명] 아주 이 부락에서 숟깔을 작작 끌여서 한 웅큼씩 담고 물을 떠 붓고 상에다가 떠 놓고 이렇게 '긴데업이 정연히 복에 따라 오셨으면, 이걸을 잡숴서 보람을 뵈 달라.'구, 자취를 뵈 달라는 거야. 아주 반을 요렇게 그냥 (* 밥을.) 전답 위에 밥알 하나 안 비추고 싹 잘랐더래. 그래서 그걸, (* 뱀이.)

음, 그걸 새 자리를 깔구 그 할머이와 함께 윤대장 어머이가 들어가구요, 증조 할머이 할아버이가 그걸 장에서 김치에도 안 잡숫고, 장에서 그 밥을 긁어내어 (* 뱀 묵던 걸.) 음, 긁어내가는 그 업구렁이가 먹던 걸 그 긁어내면 복이 다 나간대요. 그걸 장에서 다 잡숫더래요. 자 그러더니 그냥 숭년 들어서 남은 돌피죽도 못 먹는데, 옛날에 다마공 공양벼가 이냥 이렇게 되서 잘 되고. 아 개나리 봇집의 문화선이가, 그 문화선이가, 그 윤대장 아버지하구 양주장하구를, 하! 불 일어나듯 살았더래요. 그래서 복이 들어왔어. 근데 동짓달에 나가니깐 이렇게 대문 밖에 이만한 개구녕이 옛날엔 있더랬데요. (* 응.) 돼지죽을 가지고 둘둘 도래멍석 말았던 자리가 났더래요. 수코 맞아 왔더래요. (* 오오. 따라왔시다.) 네 그 쌈네 그렇게 해서 그 때 부자됐다고 그 할머이가 얘기 해주시던걸요.

(어느 동네 사람 얘깁니까?) 저 거머네 내가 시장에……. (* 이 내가 시장에 현 윤철상네라고 삼양학교 주인이야.) 옛날에 인제 그러니깐 윤철상 그 양반께는 그럼 어머이, 아버이가 증조 할아버지니깐 그 이는 고조지. (* 그렇갇죠.) (그러면 이렇게 긴데업은 사람 눈에 안 보이는 데 가 계셔야만…….) 냅둬야만 그렇게 부자야. 긴데업이 저런 낭구 가지에 허물을, 옛날엔, 시방은 석유 보일러 그런 걸 때니깐은 낭구가리가 없잖아요. 장작가리, 낭구가리가 있으며는 망살에만 큰 구렁이가 허물 벗어나구 그 해 밤 사이에.

〈역적산 이야기〉 (조덕승 제보)

(그 국수산이 그 역적산이라는 얘기……) 그러니깐 그 국수산이, 이 시방 산이 전부 서울 삼각산이 주산이니깐, (네.) 서울 삼각산을 보구서 전부 그리 구부리고 절을 허구 있는데. (예. 예.) 전부 산들이 대부분 삼각

산을 향하구서 인제 고개를 숙였단 얘기죠. (예. 예.) 그런데 국수산은 거길 꽁질 내밀구선 북으로 고개를 숙이고 있단 말이예요. 그러니깐 서쪽이지 그 쪽이. (아, 서로.) 그러니깐 반대로 반대로 고개를 숙이고 있어서, 그래서 역적산이라고 얘기를 한다고. (그래서 그럼 여기 역적이 많이 났다고 하는 얘기가 있습니까?) 예. 여기 역적이 많다는 것이 아니라 산이 역적이지. 그래서 그걸 역적산이라구, 옛날부터 그런 얘기가 있시유. (예.) 근데 그 국수라는 산 밑으로 쇠 망아지가 굴러야 평화가 온다. 그 얘기가 옛날서부터 있는지 몰라두, 쇠 망아지가 굴러야 사람이 살기 좋다 하는 있었다는 얘길 들었어요. 그런데 기기 시방 얼마 안 있으면 쇠 망아지가 굴른다 말이야. 시방도 굴르지만은……. (쇠 망아지가 뭡니까?) 그러니깐 그것이 아주 길을 낼 엄두도 못 둔 자리거든. 거기가 전부가 길……. (아! 국수산 쪽으로.) 네. 그 대부분. (예전에는 험했습니까, 국수산?) 험하죠. 그리 길 날 생각도 못 했디랬데. 시방 그리 길이 뚫려 있난 말이야. (예.) 네. 길이 뚫여서 시방 자동차들이 그리 굴러 댕기고 있잖아, 자동차들이. (아! 자동차가 쇠 망아지란 말입니까?) 그렇지 그렇지, 쇠 망아지라고. 그래서 시방 쇠 망아지가 그리 굴르니깐. 그래 인제 앞으로 올 내년에 포장하면은 그 땐 저 시방도 굴르지만, 계속 여기가 시전(市廛) 도로가 될른지도 모른단 말이야. 시전 도로가 되는 거지, 그만. (예.) 그러니깐 그리 인제 쇠 망아지가 굴른다. 그러면 평화가 올거다. 시방 그렇게 추측들을 하고 있는 거죠. (전에부터 그런 말이 있었단 말이죠?) 옛날에서도 국수산에 국수산 비투리로, 비타리로 쇠 망아지가 굴러야 평화가 온다. 그 얘기가 있다구. (예.) 전설이 내려오는 거죠.

〈닭볏바위와 계두촌〉 (김두입 제보)

북산에 올라가면 닭머리라는 바위, 닭머리라는 큰 바위가 있습니다,

이렇게. 이북 땅이겠죠. (예.) 개풍군 땅인데. (예.) 그런데 거기는 닭머린데, 거긴 이북에 있고, 여기는 쪼그만 닭볏 바위가 하나 있는데, 그런대루 이 동네에선 그 닭볏 바위를 상당히 건드리지 않았어요. (닭 닭볏.) 닭볏. (아, 닭볏.) 볏. 닭볏. (요, 요, 벼슬 말이죠.) 예……. (닭볏 바위.) 닭볏 바위죠, 예. 닭 머리예요. 닭 계(鷄)자, 머리 두(頭)자, 계두촌(鷄頭村)이래요, 여기가. (아! 닭 머리.) 아 닭 머리. (예.) 그런데 그 닭 머리를 건드려 갖구, 건드리지 못하게 했어요, 그 전에는. (예.) 아주 뭐 잘 생겼죠. 위에 벼슬도 다 따내고 그랬었는데, 그런데 (예.) 그 건드린 분이 돌을 떼 가지고, 앞에다 이렇게 돌을 해변가를 막구 그랬는데, (예.) 그 양반이 어떻게 핑계 삼아서 그 양반이 그 병으로 돌아갔어요. (예전부터 신성시 했다는 말씀이죠, 포촌서는예?) 그것은 건드리지 않았어요. (그리고 아까, 요 포촌을 다른 이름으로 또 불렀습니까? 계두촌이라는 말을 썼습니까?) 아 그 정감록에나 그런 말이 있다고 그래요. (아, 예.) 그리고 여긴 포촌 그냥 아랫마을, (예.) 그냥 그렇게, 저 웃동네는 웃말이라고 그러구, 여긴 아랫마을이라고 그러지. (그런데 고 지금도 그럴 테고, 저 닭머리 바위하고 관련된 전설 뭐 어떤 게 있습니까?) 그냥 그렇게만 알고 있어요. (신성시, 신성시 했는데 그 돌을……) [발음 불분명]가 아니고 (그 돌을) 건드리진 않았죠. (그 돌, 건드리진 않았는데, 건드려서 그 병으로 죽었다는 사람은 어떻게 건드렸습니까?) 그 위의 벼슬 떼어냈어요. 그런데 그 노인넨데 중풍으루 노인이 얼마 안 되서 갔시요. 한 쉰 살…….

〈우스매 이야기 하나〉 (조덕승 제보)

말하자면, 시방으로 말하면 이장 그쯤이나 됐던지. 그것을 그래서, 벼슬아치들이 살았는데 (예.) 그래 아들을 낳아서 학당에, 선생이 저 뭐여 학당이지, 학당엘 보냈는데, 이 눔이 뭐여 이 녀석이 결혼을 하게 되었단 말이여. (예.) 중매를 해서, 그러니깐 선생이 "첫날밤엔 자지를 붙들여 매. 넓적다리에다 붙들여 매구, 삭시한테 가면 안 된다. 붙들여 매구 자야 한다." 그랬겠다. 이 이 눔이 그러니깐 장개갈 때가 되서, 날짜 되서 장개를 갔는데 첫날밤에 참 삼팔 수건으로다 넓적다리에다 자지를 붙들여 매구 여자 곁에 통 가질 않지. 그리니깐, (허허!) 여자가 저 새벽이 되두 아무 반응두 없구, 살도 안 대고 자니깐 아마 잠결에 더듬어 봤던 모양이지. 더듬으니깐 민패에 아무것도 없지, 허허. 아침에 시무룩하구 나오니깐 지 어머이가 "야, 잘 잤냐?" "잘 자긴 뭘 잘 자요. 잽-디다." 그러니깐 고자라는 얘기야. 그러니깐 제 영감디러 "아 사위가 고사래우." "웬 저런 고약한 놈이 있나!" 그러구 그 때 큰아들을 불러서 "야, 아무개야. 네 그 지필 가져 오너라." 그래서 먹을 갈아 "내 부르는 대로 써라. 아 이 고약한 사람아, 그래 고자를 남의 문하에 장개를 보내디, 이런 고약할 데가 있나. 써라." 그래서 써서 보냈갔다. 저 그길 사둔 영감이 받아 보니깐, 그렇게 썼으니깐, "이런 그렇지 않은데 이상하다." 그리고 큰아들을 불렀어. "야, 큰 애야. 네 이리 오너라. 이 지필 가져오너라. 써라. 내 불르는 대로 써라." "네." "일전에, 써라." "일전에," "뒷 냇가에서 목욕할 때, 써라." "뒷 냇가에서 목욕할 때," "보니까," "보니까," "불알은 된박만 하구, 자지는 방맹이만 하더라, 써라." "합디다." "그래, 써라." 써 보냈겠다. 써 보내니깐 이 사둔이 받아 보니깐, 사둔이 받아보니깐, 허허, (허허.), 쌍스러워서 얘기하기가, "옛날 제 에미 적부텀 웬만한 좆은 뭐 좆으로 알았다더냐, 허허." 그러니깐 이게 우습매 우스매 얘기지, 그저. (예.) 우스매 얘기는 그런 얘기가 있었다는 그런…….

(아, 그 맨 마지막 얘기는 누가 하는 겁니까?) 그러니깐, (편지를 받아 본 사돈이네요?) 사돈이, 그러니깐 처녀 아버이가 큰아들한테다 하는 얘

기지, 허허. 그러니까 그거이 쌍스러운 얘기 아니요. (예.) 옛날부턴 지 엄니가 뭐 웬만한 좆은 좆으로 알았다더냐 허허. 그것이 우습잖아요. 그……. (제 에미가 신부의 어머이가) 예. (아, 아, 예.) 아들은 저 그러니깐 어머이가 웬만한 자지는 자지로 안 알았다는 그런 얘기를 아들하고. 인제 그래 그 우스매 얘기가 있다는 그거라…….

제 2 장

부산 동래 지역의 언어문화

연구의 과정

I

이 연구는 부산 동래 지역, 그 중에서도 특히 필자의 고향 마을인 호현(狐峴)과 바로 이웃 마을인 화현(花峴)의 전통적인 언어생활의 여러 양상들을 현지조사한 결과이다. 두 마을 모두 오늘날의 행정 구역으로는 부산시 동래구 안락동(釜山市 東萊區 安樂洞)에 속한다.

호현과 화현 두 마을 모두 오늘날은 과거의 형체를 찾아보기 어려울 만큼 완전한 도시 지역으로 변모해 있다. 그러나 이 두 마을은 과거(최소한 일제 중엽 이래 최근의 본격적인 도시화가 시작될 때까지) 염창(廉倉 또는 鹽倉), 서원(書院)과 함께 오늘날의 안락동을 구성한 네 개 마을 중 두 곳이었다.

조사지인 호현과 화현은 모두 임란(壬亂) 이래 새로이 만들어진 마을로 보는 것이 아마도 맞을 것이다. 그러나 두 마을의 구체적인 역사에 대해서는 관련 문헌 기록이 없어 그 실상을 정확히 재구성하는 것이 사실상 불가능하다. 그런데 동래 고을에 대한 첫 읍지(邑誌)인 박사창(朴師昌) 편의 『동래부지』(東萊府誌)(1740, 영조 16년)에 의하면, 호현리(狐峴里)는 당시 읍내면(邑內面) 동부(東部)에 속하는 마을로 부내(府內)의 모든 마을 이름 중 맨 처음에 등재되어 있음을 본다. 이후 간행된 모든 읍지[9] 및 1872

9) 박사창의 『동래부지』에 뒤이어 간행된 이 고을에 관한 읍지에는, (1) 1832년(순조 32년) 간 『동래부읍지』(東萊府邑誌), (2) 1871년(고종 3년) 간 『영남읍지』(嶺南邑誌) 중 『동래부』(東來府) 편, (3) 1895년(고종 32년) 간 『영남읍지』 중 『동래부』 편, (4) 1899년(광무 3년) 간 『동래부읍지』(東萊府邑誌), (5) 또 다른 1899년(광무 3년) 간 『동래부지』(東萊府誌), 그리고 (6) 근래 문기용(文錡用) 등이 편찬한 1937년 간 『동래군지』(東萊郡誌) 등이 있다.

년(고종 9년)에 간행된 『경상도지도』(慶尙道地圖) 중 『동래부지도』(東萊府地圖) 등을 참고하면, 조사지인 호현 마을이 최소한 오늘날의 안락동을 구성하는 여러 마을 중 그 중심이었거나 또는 가장 먼저 생겼던 마을인 것으로 추정된다.

화현 마을에 대한 읍지 상의 기록은 찾기가 어려운데, 고로(古老)들의 전언(傳言)에 의하면, 화현 마을은 과거 호현 마을에서 분동(分洞)된 마을이라고 한다. 이를 뒷받침하기라도 하듯이 이 두 마을의 토박이들은 오늘날까지 호현을 '큰 마실'로 부르고 화현을 '작은 마실'로 부른다. 그리고 두 마을을 합쳐 '우리 두 마실' 또는 '우리 양 동네'라고 부른다.

그런데 1904년(광무 8년)에 간행된 당시 탁지부(度支部) 사세국(司稅局) 편의 『경상남도 동래군 가호안』(慶尙南道 東萊郡 家戶案)에 따르면, 호현동(狐峴洞)의 총 가호수는 모두 29호이다.[10] 그런데 이 가호안 상의 개별 가주(家主)들을 면밀히 따져보면 이에는 오늘날의 호현 사람들(의 직계 조상)뿐만 아니라 화현 사람들(의 직계 조상)도 모두 포함되어 있음을 볼 수 있다. 다시 말하여 적어도 조선조 말기까지는 화현은 독립된 마을이 아니라 호현에 속하는 작은 부속 마을이었던 것이다. 아마도 화현이 행정적으로 독립 마을이 된 것은 그 후의 시점인 일제 강점기 시절인 것으로 짐작된다.

해방을 전후한 시점에서 호현 마을은 약 40호 가량, 그리고 화현 마을은 그보다 좀 더 적은 호수(약 30호 가량)로 구성되었다고 전한다. 조선조 말기의 시점이나 해방을 전후한 시점에서 이 두 마을의 크기가 그리 크지 않았던 것은 기본적으로 주위에 농토가 많지 않았던 사실과 바로 연관될 것이다. 당시 이 두 마을에 거주하던 토박이 성씨에는 원주 변씨(原州邊氏), 개성 왕씨(開城王氏), 경주 이씨(慶州李氏), 달성 서씨(達城徐氏),

10) 그런데 필자가 비공식적으로 따져본 바로는 이 29호라는 숫자가 당시 실제로 거주했던 호수보다는 적은 숫자인 것으로 추정된다.

곡부 공씨(曲阜孔氏), 여산 송씨(礪山宋氏), 광주 이씨(廣州李氏), 경주 김씨(慶州金氏), 삭녕 최씨(朔寧崔氏) 등이 있었다.

현지조사는 모두 네 번에 걸쳐 이루어졌는데 그 시기는 다음과 같다.

1) 2001년 1월 18일~1월 22일(4박 5일간)
2) 2003년 4월 21일~4월 24일(3박 4일간)
3) 2007년 1월 18일~1월 25일(7박 8일간)
4) 2007년 2월 22일~2월 27일(5박 6일간)

2001년의 조사는 주로 마을의 지명과 역사적 유래 등에 대한 질문이 중심을 이루었지만, 2003년과 2007년의 조사는 보다 본격적인 언어생활의 여러 다양한 측면들을 대상으로 하여 이루어졌다. 현지에서의 심층 면접 외에도, 수시로 전화를 통한 보충 조사가 고향 마을이라 자연스럽게 이루어질 수 있었음을 매우 다행스럽게 생각한다.

네 번에 걸친 방문 조사에서 연구자의 연구 관심을 이해하고 귀중한 언어적·문화적 지식을 제공해 준 주요 제보자들은 특히 다음의 분들이다. 물론 이 분들 외에도 많은 분들이 연구자의 질문에 응답해 주고 많은 가르침을 주었음은 말할 것도 없겠다. (아래에서 제보자들의 연령은 모두 2007년 1월을 기준으로 한 만 나이이다.)

이귀순(李貴順, 83), 최분애(崔粉愛, 80), 박광옥(朴光玉, 67),
이순자(李順子, 66), 진정순(陳貞順, 61)
(이상 여성 제보자)

서태수(徐泰守, 85), 송동록(宋東祿, 73), 서명출(徐命出, 72),
이길문(李吉文, 72), 이천우(李千祐, 71), 왕한욱(王翰昱, 69)
(이상 남성 제보자)

Ⅱ

동래 고을은 과거 오늘의 부산 지역을 모두 포괄하는, 바다를 면한 변경(邊境) 고을이었다. 옛글에는 '동남제일현'(東南第一縣)이라는 찬사의 구절도 있지만, 일본과의 관계 때문에 또 다른 국경 고을인 의주(義州)와 함께 부(府)가 설치되었던 곳이라는 사실을 제외하면, 일반적으로 경제적 번영이나 학문의 발달 등과는 거리가 먼 반도 끝의 작은 고을이었다. 흔히 이 지역의 과거 어른들은 '해우창생'(海隅蒼生) 즉 바닷가의 가난하고 글 없는 일반 백성이라는 말로 스스로를 낮추어서 부르고는 하였다.

그런데 학문과 예법이 발달하지 않은 곳, 즉 이곳의 표현으로는 '뭇된데' 또는 '해우창생'이라는 일반적 시각과는 달리, 언어사용의 체계가 나름대로 상당히 복잡하게 발달해 있는 것으로 이번 조사 결과 드러났다. 특히 친척 어휘(kinship vocabulary)의 분화 양상은 지금까지 보고된 어떤 지역보다도 복합적인 모습을 보여준다.

짧은 현지조사를 하는 과정에서 연구자를 가장 당혹케 한 부분은 이 지역의 급속한 언어 변화였다. 대체로 말하여, 연구자가 타지에 나가 살면서 말씨가 바뀐 것만큼이나 이 지역의 토박이 화자들의 말씨도 그 동안에 바뀌어 있었다. 연구자가 어려서 들을 수 있었던 과거의 말씨는 이제 80대 이상의 노인 화자들에게서도 쉽게 들을 수 없는, 이미 '사라져가는 목소리들'(D. Nettle과 S. Romaine의 *Vanishing Voices*의 번역서명)이 되어 있었다.

물론 최근의 급속한 언어 변화는 이 지역만의 것이 아니라 전국적인 현상일 것이다. 그러나 부산 지역의 경우는 특히나 더 빠른 속도로 과거의 말씨가 바뀌어온 것으로 보인다. 가까이는 60년대 초반부터 시작되어 오늘에 이르는 산업화와 도시화의 커다란 물결이 있었고, 그보다 좀 더 앞서서는 해방 이후 특히 6·25 동란 이후의 전국 모든 지역의 방언 화자들이 다 함께 모여 산 국내 제 2의 도시가 바로 부산이었다. 그런데 부산 지역에서의 언어 변화는 실제로는 이보다 앞선 시기, 즉 일제 강점기 시절부터 이미 빠른 속도로 일어나기 시작한 것으로 보아야 할 것인데, 그 이유는 일제 시절부터 부산은 이미 본격적인 도시로의 변화가 시작되었기 때문이다.

어쨌든 급속한 언어 변화의 상황 때문에 과거의 전통적인 언어사용 유형을 찾아내고, 그리고 그것의 오늘날로의 변화 양상을 파악·기술하려는 연구자의 원래 계획은 상당 부분 난관에 부딪힐 수밖에 없었다. 따라서 최근의 변화 부분에 대한 질문은 대체로 접어두고, 과거의 전통적인 유형을 찾아내는 데에 주력하기로 연구 방향을 부분적으로 바꾸었다. 그러나 이 방향으로의 작업도 그리 용이하지가 않았는데, 주된 이유는 노인 세대의 제보자들도 이미 상당 부분 과거의 말씨로부터 멀어져 있었기 때문이다. 특히 친척용어(kinship terms)의 영역에서는 가장 많은 변화가 지난 수십 년 동안에 일어난 것처럼 보였다.

이러한 상황에서 이 지역 언어에 대한 또는 이 지역 언어와 관련되는 앞선 연구들(대표적으로 박지홍 1974, 1977; 부산방언연구회 1977; 최명옥 1986, 1991, 1994; 김봉모 1991, 2006; 김봉모·김인택·최규수 1996 등)은 혼란스런 언어 상황과 변화된 언어 자료를 이해하는 데에 귀중한 길잡이가 되었다.[11] 뿐만 아니라 문장원 구술(1991)의 『동래 사람은 팔만 올리

---

11) 동래 지역어가 속하는 '동남방언'의 하위 구분과 일반적 특성에 대해서는 각기 최명옥(1994)과 최명옥(1986)을 참조할 것. 최명옥(1994)에 의하면 동래 지역어는 동남방언 중 '경남방언'에 속하고, 다시 경남방언 중 창녕, 밀양, 울산, 양산, 김해 지역어와 함께 '경남 동부방언'에 속하게 된다.
비교적 이른 시기의 부산방언에 대한 연구에는 박지홍(1974, 1977)과 부산방언연구회(1977)의 보고가 있다. 박지홍의 연구는 1970년대 초반의 조사 결과인데, 저자에 의하면, 이 연구는 "1920년대 이 고장에서 널리 쓰인 말씨를 재현시켜 본 것"(1974: 7)이라고 한다. 그런데 저자는 이 두 글에서 '부산방언'을 일단 부산, 기장, 양산,

도 춤이 덴다 캤어』는 바로 이 지역 언어로 구술된 생생한 생애사이다. 그리고 과거 이 지역에서 공연되던 가면극, 즉 수영야류와 동래야류의 대사도 잘 채록되어 보고되는데(대표적으로 이두현 1997: 367-393, 398-426, 그리고 앞선 시기의 채록본으로는 강용권 1964와 송석하 1934 등), 이 구비전승(oral tradition)의 채록본도 과거의 언어 자료로서 귀중한 참고가 되었다.[12)]

동래 지역어의 구조적 특성은 최명옥(1991) 교수에 의해 이미 잘 정리되어 있다. 따라서 그것을 여기서 다시 논의・소개할 필요는 없을 것이다. 그러나 이 글에서의 표기법과 관련하여 몇 가지 음운 면에서의 특징을 간략히 언급하도록 하겠다.

(1) 먼저 이 지역어의 단모음은 '이, 에/애, 으/어, 우, 오, 아'의 6개이다. 즉 중부 지역어의 /e/(에)와 /ɛ/(애)는 /E/(에/애)로 중화되고, 또 중부 지역어의 /ɨ/(으)와 /ə/(어)는 /Ǝ/(으/어)로 중화되어 나타난다. 본문의 기술에서는 대체적으로 중부 지역어에 맞추어 '에'와 '애', 그리고 '으'와 '어'를 구분지어 표기하겠지만, 실제의 발음은 구분되지 않는 소리이다.

언양의 네 고을 말로 상정하고 있다.

한편 동래 지역어에 대한 김봉모(1991)의 연구는 이 곳 말의 불규칙 용언과 어찌씨의 기술에 초점을 맞추고 있다. 특히 어찌씨에 관한 자료는 주목을 끄는데, 저자는 이 지역어에서는 "정도의 차이를 나타내는 정도 어찌씨가 많이 발달되어 있"음을 보고한다(1991: 190).

마지막으로 최명옥(1991)의 동래 지역어에 대한 분석은 위 문장원 구술(1991)의 『동래 사람은 팔만 올리도 춤이 덴다 캤어』에 나오는 발화 자료를 바탕으로 동래말의 음운면, 형태면, 어휘면에서의 주요 특징들을 정리한, 동래 지역어에 대한 귀중한 언어학적 개요이다.

12) 또한 부산 지역의 사회문화적 배경에 대한 일반적 개요의 소개에는 부산발전연구원 편(1997)의 『부산 사회문화의 이해』가 있고, 또 이 지역의 전통 민속에 대한 정리에는 『부산의 민속 문화』(황경숙 2003), 『부산 지방의 세시풍속』(김승찬 1999) 등이 있다.

(2) 이 지역어의 이중모음은 과거에는 '여, 유, 요, 야, 와'의 5개이고, 그것도 앞에 자음이 없는 환경에서만 실현되었다. 그러나 오늘날은 다른 지역 방언의 영향으로 이중모음의 숫자가 더 증가한 것으로 보인다. 가령 '외가'의 '외'나, '워리'의 '워' 등을 이중모음으로 발음함을 조사 과정에서 직접 들을 수 있었다.

(3) 이 지역어에서는 자음 /s'/(ㅆ)이 변별적 기능을 갖지 못하고 모두 /s/(ㅅ)으로만 실현된다. 그러나 본문의 기술에서는 중부 지역어에 준하여 'ㅅ'과 'ㅆ'을 구분하여 표기하도록 하겠다.

(4) 마지막으로 이 지역어에서는 음질 끝음 'ㅇ'이 실현되지 않고 대신에 끝음 'ㅇ'의 앞뒤 모음이 모두 비음화 하는 특성을 보여준다. 가령 '셍(兄)이'는 '세이'로 실현된다. 그러나 이 경우에도 실제의 발음보다는 중부 지역어의 용례를 좇아 음절 끝음 'ㅇ'이 들어가는 '셍이'로 표기하도록 하겠다.

1. 지 명

연구 대상 지역은 일반적으로 말하여 장소에 대한 명칭, 즉 지명(toponyms 또는 place names)이 그리 발달한 것으로 보이지는 않는다. 그러나 지금은 도시 지역으로 변모한, 다시 말하여 지금은 과거의 자연적 지형이 거의 모두 사라진 상황에서, 과거부터 전승되어 오던 이 지역의 토착 지명들을 수집·정리하는 작업은 나름의 의미를 지닐 것으로 믿어진다.

먼저 연구 대상인 두 마을의 명칭 및 그것의 하위 범주 즉 '작은 마을'의 명칭들을 위계적인 분류법(taxonomy)의 형식으로 정리하면, 다음과 같다.

1. 호현(狐峴)

1.1 우깍단

1.2 고무깍단 또는 골목깍단

1.3 새물깍단

1.4 아래깍단

2. 화현(花峴)

2.1 우깍단

2.2 백두물

1의 '호현'이라는 명칭은 앞서 인용한 박사창의 『동래부지』(1740)의 기록으로 보아도 그 연원이 이미 오래되었음을 알 수 있다. 아마도 토속명으로는 '야시[여우]고개'가 될 터인데, 그러나 동네 이름으로 '야시고개'가 쓰인 것을 기억하는 제보자는 아무도 없었다. (그런데 뒤의 '고개' 이름에서 이 명칭의 연원에 대한 실마리가 풀리는 것으로 보인다.) '호현'이라는 이름과 함께 '호선'이라는 명칭도 근년에 부분적으로 쓰였고, 또 2의 '화현'에 대비되어서는 '큰 마실'이라는 이름도 토박이들에 의해 부분적으로 쓰였다.

2의 '화현'은 뒤의 기타 지명에서 소개되는 '꽃밭등', 즉 과거 이 동네 뒤쪽의 백일홍 고목들의 꽃에서 연원한 작명으로 알려져 있다. 그러나 앞에서 잠시 언급하였듯이, '화현'의 독립된 마을로서의 역사가 그리 길지 않으므로 아마도 이 명칭도 그리 오래된 것으로 보기는 어려울 것이다. '화현'은 또 근년에 '중리'(中里)라는 명칭으로도 일부 불리었고, 그리고 1의 '호현'에 대비되어서는 토박이들에 의해 '작은 마실'로도 불리어 왔다.

이제 두 마을에 속하는 '작은 마을들'의 위치 및 유래에 대해 간략히 정리하도록 하겠다.

1.1 우깍단: 호현 마을의 위쪽 즉 북쪽 편의 집들 또는 '작은 마을'을 가리키는 명칭이다. 조사 지역에서의 '깍단'은 대체로 중부 지역의 '뜸'에 의미상 대응하는 말일 것이다.

1.2 고무깍단 또는 골목각단: '고무깍단'은 아마도 '골목깍단'의 변음(變音)인 것 같다. 마을의 서쪽 거주 지역을 가리킨다.

1.3 새물깍단: 마을의 가운데쯤의 거주 지역을 가리키는 명칭인데, 과거 이곳에 새로 판 마을의 공동 우물(이곳 표현으로는 '동네 새미')이 있었고, '새물'이라는 말은 이 '새 우물'에서 연원한 것 같다.

1.4 아래깍단: 마을의 아래쪽 즉 남쪽 편의 거주 지역을 가리키는 이름이다.

2.1 우깍단: 화현 마을의 위쪽 즉 북쪽 편 거주 지역을 가리킨다.

2.2 백두물: 마을의 동남쪽 거주 지역의 명칭인데 그것의 어원은 알려져 있지 않다. (그런데 화현 마을의 경우에는 이 '백두물'을 제외하면, 작은 마을 이름으로는 '우깍단'만이 사용되어 온 것으로 전한다.)

다음은 이 지역의 산 이름이다. 그런데 먼저 지적하여야 할 사항은 조사 지역 인근의 모든 산들에 고유의 명칭이 발달해 있었던 것은 아니라는 사실이다. 가령 호현 동네 바로 뒤에 작고 둥근 모양의 산이 있었으나 이를 단지 '동네 뒷산' 또는 '동네 산'이라는 일반적 명칭으로만 불렀고, 또 호현과 화현 뒤로 제법 긴 산이 동서로 뻗어 있었으나 이 산에 대한 명칭은 아예 없었다. 아래의 목록은 두 마을 근처의 산(또는 산 위의 묘)을 가리키는 이름들이다.

1. 손장아맷동: 실제의 발음은 '손자아맷동' 또는 '손자맷동'이다. 그 뜻은 '손씨네 묘소'('장아'의 의미는 뒤의 5절 '호칭체계'에서 기술됨)라는 말이 되는데, 호현 동네 한 가운데의 작은 동산을 가리킨다(현재의 안락성당 자리임).

2. 도랑매: 호현 동네 동쪽 편의 작은 산이기보다는 구릉의 명칭이다. 과거 묘가 여러 기 있었으므로 아마도 '도랑 + 매[묘]'의 결합에 의한 이름으로 생각된다.

3. 구철미(九千山): 호현의 동남쪽 그리고 화현의 남쪽에 있었던 둥그란, 제법 큰 산 이름이다. 옛 지도(『해동지도』(海東地圖))에는 '구천산'(九千山)으로 표기되어 있다. 전해오는 말로는 임진왜란 시 동래부에서 사망한 9,000명에 달하는 시체를 이 산에 묻은 데서 연유하는 이름이라고 한다. '미'는 이 지역의 말로 '산'을 가리킨다. 그런데 또 다른 민간 어원설(folk etymology)로는 이 산의 형태가 거북이가 기어가는 모습과 유사하여 구천산(龜遷山)이 원래의 산 이름이었다는 말도 전해온다.

4. 그남매: 호현 동네 남서쪽의 약간 솟아오른 솔밭의 명칭인데, 그 일대를 또 이 이름으로 불렀다. 정확한 어원은 알 수 없으나 '매'는 그곳에 있던 '묘'를 가리키는 말일 것이다(과거 부산내화라는 공장 자리이고 지금은 아파트 단지로 변모하였음).

5. 동살미: 호현에서 서쪽으로 수백 미터 떨어진 곳의 큰길가에 있던 작은 산 이름이다. 아마도 이 산의 한자식 이름이 '동산'(東山)이었고, '동살미'는 '동산 + 미'의 결합형인 것 같다.

다음은 이 지역의 천(川) 이름이다. 산에 대한 명칭과는 달리 주위의 모든 천에 대한 이름이 있었는데, 다음의 목록이 바로 그것이다.

1. 고랫둘: 호현과 서쪽으로 다음 동네인 '서원'(書院) 사이에 있던, 북에서 남으로 흐르던 작은 천이다. 지금은 안락동 로타리 바로 옆에 복개된 천으로 남아있다. '고래'란 말의 연원은 정확히 알 수가 없는데, 일설에 의하면, 과거 장마철에 바다의 고래(아마도 돌고래일 것임)가 밀물 때 수영강을 거슬러 이곳까지 온 데서 붙여진 이름이라고 한다. 과거의 이곳 지형으로 보아 아마도 가능한 일이었을 것으로 짐작된다.

2. 풀도랑: 호현과 화현 동네 남쪽의, 앞의 3 '구철미'산을 넘어, 서에서 동으로 흐르던 작은 천을 가리킨다(지금은 복개천임). 이 지역은 과거 늪 지대였고 따라서 풀밭과 갈(대)밭이 주를 이루었는데 그 가운데로 '도랑'이 흐르고 있었다. 따라서 이 명칭은 '풀 + 도랑'의 결합형일 것이다.

3. 서천(西川)내 또는 하천냇바닥: 2의 '풀도랑' 남쪽의 서에서 동으로 흐르는(그리하여 동쪽 편의 '수영천'과 만나는) 제법 큰 내로 오늘날의 '동래천'(東萊川)을 가리킨다. 과거에는 서쪽 편에서 흘러내려오는 내라고 하여 '서천내'라고 불렀고, 또 '하천냇바닥'이라고도 하였는데 여기서의 '바닥'의 의미는 불명이다.

4. 동천(東川)내: 호현과 화현의 위치에서 보면 동쪽 편에 있는 큰 내이다. 오늘날의 '수영천'(水營川) 또는 '수영강'을 가리킨다.

다음으로 이 지역의 고개에 대한 명칭이다. 아래의 세 지명이 확인되었다.

1. 야시고개: '여우고개'의 뜻이다. 그런데 '야시고개'로 불리던 곳은 두 곳이었던 것으로 나타난다. 먼저 한 곳은 화현 마을에서 '구철미'산으로 들어가던 산기슭 초입의 조금 '으시시한' 곳을 가리켰다. 그러나 실제

로 고개는 아니었다. 또 한 곳은 과거 호현 마을 입구의 제법 긴 나지막한 고개를 가리켰다고 한다. 즉 호현 마을의 과거 지형이 동네 뒤로 '동네 뒷산'이 있고 동네 한가운데쯤에 '손장아맷동'이라는 작은 동산이 있었는데, 이 동산의 남쪽 기슭이 자연히 높아 고개가 되었고, 바로 그 고개 쪽이 동네의 입구였다. 그런데 과거 이 고개까지 여우가 많이 나타났으므로 이를 따 '야시고개'로 불렸다고 한다. 짐작컨대 이 '야시고개'가 뒤에 동네 이름이 되고, 그것의 한자식 표현인 호현(狐峴)이 오래전부터 동네 명칭으로 불리어온 것 같다.

2. 안락고개: 호현 동네 서쪽 즉 호현에서 앞의 1 '고랫둘'을 넘어 '동살미' 앞이 작은 고개였는데 바로 이 고개의 이름이다. '안락'이라는 명칭(그리고 오늘날의 안락동이라는 이름)은 이 고개 북쪽에 있던 안락서원(安樂書院)에서 연원한 것이다.

3. 구만고개: 화현 동네 북동쪽(즉 다음에 기술할 5 '명지꼴새')에서 북쪽의 '삼오실'(三魚) 마을로 넘어가는 그리 높지 않은 산 고개를 가리켰다. 그러나 '구만'의 의미는 불명이다. (연구자가 어려서 이 '구만고개'에 얽힌 전설을 들은 것 같은데 안타깝게도 지금 기억을 하지 못한다.)

조사 지역에서 흥미로운 지명은 산 밑의 일정 지역을 가리키는 '골새'('골(짜기) 사이'의 뜻)가 붙는 명칭들이다. 앞서 간단히 언급하였듯이 호현과 화현 뒤로 동으로는 '수영천'까지 뻗는 제법 긴 야산이 있었는데(이 산의 명칭은 없었음), 이 산자락 밑의 곳곳을 '골새'로 불렀다. 이 명칭들을 그 위치 면에서 서쪽에서 동쪽의 순서로 정리하면 다음과 같다.

1. 모자리꼴새: 산의 서쪽 편 산 밑 지역을 가리키는 말로, 과거 이곳은 자연수가 많아 못자리를 하기에 좋았다고 한다. 따라서 이 지명은 '모

자리 + 골새'의 결합형이 될 것이다.

2. 송골새: '모자리꼴새'의 동쪽으로 산의 남쪽 밑 지역을 가리키던 지명이다(다음의 세 지명도 모두 이 산의 남쪽, 산 아래 지역을 가리키던 말임). 위치상으로는 호현 동네의 동쪽 편 뒤가 되는데 한자로는 '송곡'(松谷)으로도 썼다. 그런데 아래에서 소개하는 전설로 보면 '송곡'(宋谷)도 될 것 같다.

3. 정단꼴새: 위치상으로는 화현 동네의 서쪽 편 뒤가 된다. '정단'의 의미는 알 수가 없으나, 과거 정씨가 살았던 곳이라는 이야기도 일부 전해온다고 한다.

4. 갑골새: 위치상으로는 화현 동네의 하위 마을인 '백두물'의 뒤가 된다. 이 역시 '갑'의 의미는 알 수가 없는데, 과거 곽씨가 살았던 곳이라는 이야기도 있다고 하였다.

5. 명지꼴새: '갑골새'에서 동으로 더 가서이다. 한자로는 '명지곡'(明池谷)으로 썼는데, 그러나 '명지'의 의미는 알 수가 없다.

다음은 위의 2 '송골새'의 지명과 관련한, 이곳에 전해오는 옛 전설이다.

'옛날 송골새에 송(宋)씨 성의 송 부자가 살았다. 살림이 넉넉하니 찾아오는 과객(過客)이 끊일 사이가 없었다.

어느 날 그 집 안주인이 과객 대접에 너무 힘이 들어 과객 중 한 사람에게 과객이 좀 안 오게 하는 방안이 없겠느냐고 물었다. 그 말을 들은 과객은 정녕 그것을 원하느냐고 묻고는 방안이 있다고 하였다.

방안이란 '명장이'('송골새'에서 산을 넘어 뒤에 있는 마을 이름, 즉 오늘날의 명장동(鳴藏洞))로 넘어가는 산길의 등을 조금 낮추면 된다는 것이었다.

주인이 과객 말대로 길 등을 조금 깎아 낮추었다. 그랬더니 한 해, 두 해가 지나면서 그 집 살림이 다 줄어버렸고, 자연히 과객도 발길을 끊었다.

뒤에 이 송부자의 성을 따 이곳을 송골새로 불렀다고 한다.'

(이후 화현 마을의 모(某)씨가 이곳 송골새로 이사한 후, 과거의 전설을 따라 부자가 될 거라고 옛날 깎았던 산길의 등을 새로이 높였으나 아무런 효험도 없었다고 한다.)

또 이 지역에는 산기슭의 일정 지역을 가리키는 말로 '까물'이라는 특이한 표현이 있다. 한 제보자는 '까물'로 불리던 두 곳이 모두 산기슭의 밭이 있던 곳임을 주목하고, 개간의 의미 즉 산을 '까물어' 밭을 일군 데서 '까물'이라는 표현이 나왔을 것으로 추측하였다. 그러나 정확한 사실은 알 수가 없다.

1. 뒤까물: 호현 동네의 '동네산' 서남쪽의 산기슭 일대 그리고 그 너머의 평평한 곳을 가리켰다. 여기서의 '뒤'는 앞뒤의 '뒤'일 것이다.

2. 산까물: 호현 동네에서 '구철미'산으로 들어가는 입구의 약간 높다란 밭 두덩을 가리켰다. 여기서의 '산'도 그냥 '산'의 의미일 것이다. (과거 이곳은 아이들의 '애장 터'였다고 전한다.)

다음으로 이 지역 인근의 들 이름이다. 이 지역은 농토가 많지 않은 곳이었고, 더구나 아래의 1과 2 모두가 일제 강점기 시절에야 논으로 개간된 들임을 감안하면, 그 전에는 제대로 된 농토가 거의 없었다고 하여도 과언이 아닐 것이다.

1. 간디: '구철미'산 동쪽 켠의 들이다. 일설에는 과거 이곳의 작은 둔덕이 갓 띠처럼 생긴 데서 이 명칭이 유래하였다고 한다(산업화 이후 이곳은 두 개의 공장 터로 바뀌었다가 최근에는 아파트 단지로 변모하였음).

2. 다리안: 화현의 하위 마을인 '백두물'과 '수영천' 사이의 작은 들이다. 아마도 수영강의 다리와 관련하여 '다리 안쪽'의 의미 같다(산업화 초기에 이곳에는 한천 공장이 들어섰는데 지금은 아파트 단지로 변모하였음).

3. 돌마들: 호현에서 서쪽으로 이웃한 동네인 '서원' 동네 앞쪽(방위상으로는 동쪽)의, 그리고 '고랫둘' 위쪽(즉 북쪽)의 들을 가리켰다. (호현 동네에서는 동네 뒷길로 하여 서쪽으로 조금 가면 나오는 들이었다.) 자세한 어원은 불명이다.

마지막으로 위의 범주들에 속하지 않는 여타의 토속 지명들이다.

1. 붉은딩이: 호현 동네 뒤의 '송골새'와 화현 동네 쪽 사이에 있던, 뒷산에서 약한 산줄기가 내려와 이루어진 약간 높은 밭지대를 가리켰다. 여기서 '붉은'은 그 곳의 흙이 붉은 황토흙이었던 데서 그리고 '딩이'는 그곳이 '등'처럼 솟아오른 데서 연유한 이름으로 생각된다.[13]

2. 꽃밭등: 화현 동네 뒤(오늘날의 밀양 박씨 제실(齊室) 앞임)에 많은

---

13) 사실이지 연구자는 이곳의 지명 조사에서 이 '붉은딩이' 라는 지명을 듣고는 가벼운 전율을 금할 수 없었다. 왜냐하면 필자의 주 조사지인 경남 함양군 지곡면 개평리에서도 동일한 지명이 있기 때문이다. 즉 개평리(介坪里)에서 바로 윗마을인 '웃개평' (上介坪里)으로 올라가는 길 왼쪽 높은 곳에 제법 큰 밭이 있는데, 그곳의 지명이 바로 '붉은딩이' 이다. 이 사실로 미루어 보면, 아마도 이 '붉은딩이' 라는 지명이 전국적으로 제법 펴져있을 개연성이 있고, 만약에 그렇다면 그것이 상당히 오래된 지명의 명명 방식일 가능성이 있어 보인다.

그루의 백일홍(이곳 말로는 '베락나무') 고목들이 줄지어 서 있었고 꽃 피는 여름철이면 가히 장관을 이루었었는데, 바로 그곳을 가리키는 이름이다. 여기서의 '등'도 그 지역이 조금 높았던 데서 연유하였을 것이다.

3. 섬배기: 앞의 천의 이름에서 기술한 1 '고랫둘'과 2 '풀도랑'의 물이 합류하는 지점에 있던(위치상으로는 호현 동네의 남서쪽이 됨) 일종의 삼각주로, 과거의 모습이 장마철에는 마치 물속의 섬처럼 높이 솟아 있었다. 따라서 이 지명은 '섬'이 '박혔다'는 뜻의 '섬 + 배기'가 될 것이다.

4. 등치기: '간디'들과 '서천내'(즉 '하천냇바닥') 사이에 하천 쪽으로 좀 높이 솟아오른 지역이 있었는데 그 곳의 이름이다. 이 지명도 '등'처럼 '치키오른'(즉 솟아오른) 데서 연원한 것으로 보이므로, '등 + 치기'의 구조가 될 것이다.

5. 정가지: 4 '등치기'에서 '서천내'를 건너 약간 동쪽 켠에 있는 물가의 작은 산봉우리 이름이다. 이곳은 바로 고려 시대의 문인(文人), 즉 유명한 정과정곡(鄭瓜亭曲)을 지은 과정(瓜亭) 정서(鄭敍)가 귀양 와 지내던 곳이다. 따라서 그의 이름을 딴 '정과정'이 원 이름이었을 텐데, 시간이 지나면서 이곳 지역어로 '정가징이' 또는 더 줄여 '정가지'가 된 것 같다. 지금까지 기술한 이곳 지명의 대상들 중에서 거의 유일하게 과거의 원 모습을 아직도 지니고 있는 곳이다.

6. 열다리: 화현 마을의 동쪽 편인 '동천내' 즉 오늘날의 '수영천'에 있는, 오늘날의 이름으로는 '원동교 다리'를 가리킨다. 여기서의 '열'이 혹시 '여울'과 관련이 있는지는 명확하지 않다.

7. 다릿걸: 위 6 '열다리' 근처를 가리키는데, 강을 건너기 전에 과거에도 인가가 몇 호 있었다고 한다. 이 '다릿걸'은 아마도 '다릿목'의 뜻이 될 것이다.

2. 생태 환경의 어휘적 구분

지명과 함께 어휘적 분화(lexical elaboration)가 발달한 또 다른 영역은 일반적 범주로서의 생태적 환경(ecological environment)의 영역이 될 것이다. 여기서는 대체로 바람의 구분법, 비·눈·흙의 구분법, 그리고 논·작물·소의 구분법으로 나누어, 조사지에서의 어휘적 분화 및 그것의 민속구분법(folk classification)에 대해 기술하기로 하겠다.

1) 바람의 구분법

조사지에서의 바람에 대한 명칭, 즉 풍명(風名)은 과거 농촌 지역이어서 그런지 바다가 가까움에도 크게 발달한 것 같지 않다. 일반적으로 다음의 네 명칭이 주로 쓰인다.

1. 샛바람: 북동풍
2. 시마풍: 남풍 내지 남동풍
3. 갈바람: 남서풍
4. 댄[된]바람: 북서풍

1. '샛바람'은 주로 늦은 봄에서 초여름에 부는 바람으로, 현지인들에게는 계절에 맞지 않는 찬바람으로 인지된다. 그리하여 이곳에 전해오는 옛 표현에 "(모 심을 때) 샛바람이 불면 불알이 오구라진다."라는 말이 있다. 한마디로 이 '샛바람'은 순풍(順風)이 아닌 계절 및 온도의 면에서 역풍(逆風) 또는 특수한 바람인 셈이다. 또 조사지에서는 이 샛바람과 관련하여, '샛날진다' 또는 '샛날이다'라는 표현이 있다. 날씨가 샛바람이 불어 춥고 흐린 것을 가리키는 말이다.

2. '시마풍'은 여름에 부는 다습(多濕)한 바람이다. 그리하여 매우 무덥고, 한 제보자의 표현을 빌리면, '(요즈음 말로) 불쾌지수가 올라가는' 바람이다. 따라서 이곳의 옛말에도 "시마풍이 불면 돌도 땀이 난다."는 말이 있다. 그런데 여기서의 '마'는 '마파람'의 '마'일 것인데, '시'의 의미는 알 수가 없다.

3. '갈바람'은 늦여름에서 초가을에 주로 부는 선선한 바람이다. 이 바람은 한마디로 더운 여름을 몰아내고 계절이 이제 가을로 접어 들어감을 가리키는 바람으로 지각된다.

4. '댄바람'은 늦은 가을부터 초봄 사이에 부는 바람이다. 찬바람이어서 '얼음 어는 바람'으로 인지된다. 그런데 또 매우 건조한 바람이기도 하다. 이곳의 옛 표현에 "댄바람이 불먼[면] 아아[아이]들 간꺼정[까지] 말룬다[말린다]."라는 말이 있다. 그만큼 건조한 바람이라는 말일 것이다. 그리하여 이 댄바람이 불면 "볕[(햇)볕]이 없어도 나락[벼]이 다 마르"고, 또 "살[살갗] 안 좋은 사람은 손이 다 튼다."고 한다.

조사지에서 사용되는 풍명 및 바람의 구분법은 단순히 방위에 따른 바람의 구분 및 인지를 넘어서는 것으로 보인다. 다시 말하여 통상적인 '동에서 불어오는 바람'(동풍) 또는 '서에서 불어오는 바람'(서풍) 등과 같은 단순한 구분법을 넘어서서, 계절에 따라 이 지역으로 불어오는 중요한 바람들을 인지하고 이것들만을 주로 명명화 하여 사용하는 것으로 보이기 때문이다.

조사지에서는 위의 기본적인 풍명들 외에 다소간 일반적인 바람에 대한 명칭들도 발달해 있다. 다음의 예이다.

1. 골바람: 산골짜기의 아래쪽에서 위쪽으로 쳐 올라오는 빠른 속도의 바람을 가리킨다.

2. 호더락바람: 회오리바람을 가리킨다. 이곳에서는 "호더락바람이 불면 소막 거불을 모아준다."라는 옛말이 있다. '소막'은 외양간이고 '거불'은 소막의 밑에 깔아주는 마른풀을 가리킨다. 즉 '호더락바람'이 불면, '소막 거불'로도 쓸 수 있는 주위의 마른 풀들이 한데 엉켜 모이는 것을 가리킬 것이다.

3. 하늘바람: 일시적으로 바람의 방향이 위쪽으로 올라가는 약한 바람이다. 흔히 타작 시에 '나락'을 '뒤룰' 때에 이 '하늘바람'이 불면 '뒤룰' 수가 없게 된다.

4. 골목바람: 집들 사이의 좁은 골목으로 바람이 세게 모여 부는 것을 가리킨다.

2) 비, 눈, 흙의 구분법

다음은 또 다른 생태 환경의 영역인 비, 눈, 그리고 흙에 대한 구분법이다. 그런데 비와 눈의 구분법은 다른 지역의 그것과 별다른 차이가 없어 보인다.

다음은 이 지역에서 구분하는 비와 눈의 종류이다.

〈비의 종류〉

1. 이슬비: 이슬 내리는 것처럼 비가 오는 사실 자체를 모를 정도로 가늘게 조금 내리는 비

2. 가랑비: 소리 없이 조금씩 내리는 정도의 비

3. 장대비: 굵은 줄기의 비

4. 소내기 또는 송나구: 소나기

〈눈의 종류〉

1. 싸락눈: (실제 발음은 '사락눈'임)
2. 함박눈
3. 진눈깨비

그런데 비의 구분법은 비교적 단순하지만, 조사 과정에서 비의 구분과 관련되는 재미있는 말놀이(speech play) 형태의 이야기 한 편과, 쉬운 속담 한 수를 들을 수 있었다.

'사위가 처가에 와 안 가고 오래 머물자, 장모가 사위에게 "사우[사위]야 (자네) 가라고 가랑비 온다."고 하자, 사위가 이 말을 받아 "장모님 여[여기] 있으라고 이슬비 옵니더." 했다고 한다.'

가랑비에 옷 젖는다: 제보자들은 이 속담을 주로 살림살이에 대한 교훈, 즉 작은 지출이 종내에는 큰 지출이 되는 것에 대한 경고의 의미로 해석하였다.

다음은 이 지역에서 전승되어온 흙의 구분법에 대한 민간 지식이다. 제보자들은 5 '석비늘'이 흙의 범주에 속하는지 여부를 놓고 다소간 의견이 엇갈렸지만, 그러나 넓게 보아 흙의 범주 속에 넣을 수 있을 것이다.

1. 황토흘[흙]: 붉은 색의 부드러운 흙을 가리킨다. 이 지역의 집터나 밭은 '황토흘'이 많았다.

2. 지득흘: 점토 성분이 들어간 돌이 없는 찰진 흙인데 '지득'의 의

미는 불명이다(부분적으로 '진득하다'와의 연관성을 생각해 볼 수도 있음). 이 지역의 논흙은 대부분 '지득흘'이었는데, 이 흙이 바로 기와나 화분을 만드는 재료가 된다. 따라서 과거 이 지역에 기와 공장이나 화분 공장이 많이 들어섰었다.

3. 모래흘: 모래와 흙이 섞인 것을 가리킨다. 조사 지역의 경우는 '수영천' 변의 과수원(일제 시절에 개간된 것임) 지대의 흙이 주로 '모래흘'이었다고 한다.

4. 쪼대흘: 허여스럼한 색깔로 물과 섞이어 굳으면 매우 딱딱해지는 흙이다. 도기(陶器)의 재료가 되는 흙으로, 과거에는 아이들이 공작용으로도 사용되었다.

5. 석비늘: 돌이 흙으로 변화하는 과정에 있는 것으로, 흔히 손으로 만지면 부스러지는, 돌과 흙의 중간 단계에 있는 것이다. 어형은 '석 + 비늘'의 결합형이 될 것이다.

3) 논, 작물, 소의 구분법

이곳에서의 논의 구분법은 다른 지역과는 조금 다른 특이한 모습을 보인다. 물론 개별 논에 대한 명칭은 없고, 주로 용수(用水) 또는 경작 과정에서의 '물'과 관련한 구분법이 중심을 이루는 것으로 나타난다.

1. 무딘기: 아마도 이 지역의 특이한 표현 같다. 장마철에 비가 많이 오게 되면 하천에서 물이 넘쳐 들어와 농사를 다 망치게 되는 논을 가리킨다. 한마디로 '물 담는 논'이다. 앞서 지명에서 기술한 여러 천 인근의 논들이 모두 이 범주에 속했다. 말할 것도 없이 과거에는 치수(治水) 사업이 제대로 되지 않아 하류 지역에 속하는 이곳의 천들은 흔히 범람하였고, 그 범람의 피해를 보는 논들을 집합적으로 가리키는 말이었다.

2. 천수답(天水畓): 지표면으로는 물이 공급되지 않아 하늘에서 비가 와야만 용수가 확보되는 논을 가리킨다. 흔히 '하늘만 쳐다보고 농사짓는 논'으로 표현된다. 과거 '구철미' 산 동쪽의 논들이 대표적인 천수답이었다.

3. 봉답(奉畓): 다른 지역에서는 일반적으로 '천수답'과 동일한 뜻으로 사용되는 것 같지만, 이 지역에서는 자연적으로 물이 있는 논을 가리킨다. 다시 말하여 산골짜기에서 물이 흘러 내려오거나 또는 자연 지하수가 있는 논을 일컫는 말이다. 가령 앞의 지명에서 기술한 '모자리꼴새'나 '송골새'의 논들이 바로 '봉답'이었고, 이 논들은 모두 과거 이 지역의 대표적인 일등답(一等畓)에 속했다.

4. 도가리논 또는 다랑논: 다랑이 논을 가리킨다. 물론 대부분은 산기슭이나 언덕 밑에 위치하였겠지만, 이곳에서는 작은 규모의 개간한 논 모두를 일반적으로 가리키는 말이다. 농토가 귀했던 조사 지역에서는 '도가리논'과 관련하여, "삿갓 밑에도 한 도가리, 우장[도롱이] 밑에도 한 도가리"라는 재미있는 표현이 전해온다. 아마도 비오는 날 모를 심는 장면에서 생겨난 말로 생각된다.

밭을 특별히 구분하는 말은 발달하지 않은 것 같다. 그런데 '묵힌 밭'의 준말인 '묵밭'이라는 표현이 전해온다. 즉 경작할 수 없는 황무지나 풀밭 일반을 가리키는 말이다. 앞의 들 이름에서 소개한 1 '간디'와 2 '다리안'이 과거에는 모두 '묵밭'이었는데, 일제 중엽 경에 이 황무지를 모두 논으로 개간하였다고 전한다.

다음은 과거 농사가 주업일 때의 이 지역에서 주로 경작한, 채소류를 제외한 농작물과 그것의 하위 범주들에 대한 민간 지식(folk knowledge)의 개요이다. 이 두 마을에서 주로 경작했던 작물에는 '나락'[벼], 보리, 밀, 콩, '폿'[팥], 동부, '녹디'[녹두], 깨, 조, '수시'[수수], '메물'[메밀], '깡냉이'[옥수수], 감자, 고구마 등이 있었다. 이 작물 중에서 다시 몇 가지 하위 범주로 구분되는 것에는 '나락', 보리, 밀, 콩 깨 등이 있다. 대체로 다음과 같은 구분법이다.

〈나락의 종류〉

1. 찻나락: 찰벼
2. 멧나락: 메벼
3. 산두나락: 산도(山稻)벼

〈보리의 종류〉

1. 쌀보리
2. 널보리 또는 껕보리: 겉보리(이 지역에서는 과거 '쌀보리'보다 '널보리'를 주로 재배하였음)

〈밀의 종류〉

1. 밀: 보통의 밀
2. 때국(大國)밀 또는 호밀: 키가 큰 밀

〈콩의 종류〉

1. 누런콩: 주로 메주 쑤는 데 쓰는 콩
2. 껌은콩: 주로 밥에 놓아먹는 콩
3. 파란콩: 주로 콩나물을 내리는 데 쓰는 콩

〈깨의 종류〉

1. 참깨
2. 들깨

작물에 뒤이어, 우리의 주식인 밥을 그 재료가 되는 쌀과 보리의 혼합 비율에 따라 다음과 같이 구분하여 표현하는 방식도 또한 널리 사용되고 있었다.

1. 맨자지: 순 쌀밥
2. 꼽살미: 곱삶이 즉 순 꽁보리밥
3. 상반(相半)밥: 쌀과 보리가 반반씩 섞인 밥 (물론 과거 가난하던 시절에는 이 '상반밥' 먹던 집도 많지 않았음을 제보자들은 덧붙였다.)

소와 관련한 명칭의 분화 즉 소의 다양한 구분법은 조사지에서도 비교적 발달한 것으로 나타난다. 말할 것도 없이 과거 농경 사회에서 소가 가졌던 특별한 문화적 중요성 때문일 것이다.

먼저 이곳에서도 소의 성별과 성장 여부에 따른 기본적인 구분을 다음과 같이 한다.

1. 황소: 여기서는 특정한 색깔에 따른 소의 명칭이 아니라 수소를 가리키는 말임
2. 암소
3. 소안치: 송아지

또 소의 성장 단계에 따른 좀 더 자세한 명칭 구분은 다음과 같이 한다.

1. 소안치: 아직 '꼬꿀레'[코뚜레]를 하기 전까지의 송아지
2. 중소안치: 대략 1살 정도 먹어 '코꿀레'를 하는 송아지
3. 중소: 송아지와 어른 소의 중간 단계에 해당하는 중간 크기의 소
4. 큰소: 다 큰 어른 소

위의 성장 단계에 따른 구분과 관련하여, 다음과 같은 특수한 어휘들도 사용된다.

1. 우태: 송치, 아마도 '우(牛) + 태(胎)'의 결합형일 것이다. (그런데 이 지역에서 송치와 같은 조건의 돼지 새끼는 '대[돼]지태'로 부른다.)

2. 애애지: 좁게는 어미의 젖을 떼고 '풀 젭히는' 즉 들의 풀을 뜯어 먹기 시작하는 단계의 송아지를 가리키기도 하고, 넓게는 새끼소 일반을 가리키기도 한다.

3. 황뿔때기: 대체로 위의 2 '중소안치'에서 3 '중소'로 넘어가는 단계에서, 뿔이 솟아나는 어린 황소를 가리킨다.

4. 단불되다: 소 이빨이 다 늙은 것(이빨이 뭉그러지고 검게 변색됨)을 가리키는 말인데, 여기서 의미가 더 확대되어 나이든 소 일반을 가리키기도 한다. 소의 이빨을 보고 '단불 되었다'라고 표현한다.

다음은 소의 기본적인 색깔이나 주요한 무늬에 따른 구분법이다. 그런데 과거 이 지역에서는 아래의 2, 3, 4는 주로 '황소' 즉 수소에만 있었던 것으로 제보자들을 기억한다. 아마도 1을 제외한 나머지 종류의 소들이 그리 많지 않았음을 보고하는 말일 것이다.

1. 누룽소: 누런 색깔의 소
2. 꺼둥소: 검은 색깐의 소
3. 시리소: 검은 줄이나 누런 줄이 상하로 있는 소
4. 얼룩백이: 얼룩소

마지막으로 소의 또 다른 중요 특징인 쇠뿔의 구분법은 다음과 같이 인지된다.

1. 천장뿔: 뿔이 위로 즉 천장(天障) 쪽으로 바로 뻗은 것
2. 비네뿔: 뿔이 '비네'[비녀]처럼 옆으로 일자(一字)로 뻗은 것
3. 제친뿔: 뒤로 뻗은 뿔(여기서의 '제친'은 뒤로 '제쳤다'(기울었다)는 의미임)
4. 오그랑뿔: 뿔이 일단 옆으로 뻗었다가 다시 밑으로 휘어져 소의 얼굴 쪽으로 향하는 뿔. 이 '오그랑뿔'의 경우는 뿔이 그냥 자라도록 내버려두면 소의 얼굴 살을 파고 들어가므로, 톱으로 뿔을 잘라주어야 한다고 한다.

3. 친척용어체계 Ⅰ

현지조사의 과정에서 가장 어려웠던 부분은 바로 이 친척용어(kinship terms)에 대한 조사였다. 그 이유는 대체로 두 가지 정도였는데, 한 가지는 친척호칭(kinship terms of address) 및 친척지칭(kinship terms of reference)의 영역이 근래 들어 거의 전면적이다시피 바뀐 모습을 보여주었기 때문이고, 또 한 가지는 '친척 어휘'(kinship vocabulary)의 체계적인 분화가 다른 지역과 비교하여 이 지역에서는 특히 발달한 것으로 나타났기 때문이다.

아래에서 정리하는 친척용어의 목록이나 주요 친척 관련 어휘들은, 대체로 제보자들이 서울말의 영향을 본격적으로 받기 이전 시기에, 이 지역에서 사용하던 또는 이 지역에서 전통적으로 사용해 온 용어 및 어휘

들의 목록이 된다. 그러나 아래의 용어 목록에서 부분적으로 드러나듯이, 이 지역의 친척용어는 이미 한 차례의 변화 과정을 아마도 이전 시기에 겪은 것으로 짐작된다.

1) 친척용어의 목록

이 지역에서 사용해 온 친척용어의 목록을 주요 친척 범주 즉 부계친(父系親), 모계친(母系親), 부계친(夫系親), 처계친(妻系親), 사돈관계(査頓關係)의 다섯 부류의 범주 구분에 따라 정리하면 다음과 같다.

그리고 아래의 용어 목록에서 제시하는 개별 친척형(kin type)의 표시 약어는 다음과 같다.

F: father (아버지)

M: mother (어머니)

B: brother (남형제)

Z: sister (여형제)

S: son (아들)

D: daughter (딸)

H: husband (남편)

W: wife (아내)

Be: elder brother (손위 남형제)

By: younger brother (손아래 남형제)

Ze: elder sister (손위 여형제)

Zy: younger sister (손아래 여형제)

> A(e, H, or W etc.): elder than A(ego, ego's husband, or ego's wife etc.) (A(자신, 자신의 남편, 또는 자신의 아내 등)보다 연상)

< A(e, H, or W etc.): younger than A(ego, ego's husband, or ego's wife etc.) (A(자신, 자신의 남편, 또는 자신의 아내 등)보다 연하)

♂: male speaker (남성 화자)

♀: female speaker (여성 화자)

(1) 부계친(父系親)

일련번호	친척형	친척지칭	친척호칭	비고
1	FFFF	고조부/고조할배	·	
2	FFFM	고조모/고조할매	·	
3	FFFFZ	고고무(高姑母)	·	
4	FFFFZH	고고무부	·	
5	FFF	징조부(曾祖父)/징조할배	(징조)할배	
6	FFM	징조모/징조할매	(징조)할매	
7	FFFZ	징고무(曾姑母)	·	
8	FFFZH	징고무부	·	
9	FF	조부/할배	할배	
10	FM	조모/할매	할매	
11	FFBe	종조부/큰할배	(큰)할배	
12	FFBeW	종조모/큰할매	(큰)할매	
13	FFBy	종조부/작은할배	(작은)할배	
14	FFByW	종조모/작은할매	(작은)할매	
15	FFZ	왕고무(王姑母)	할매	
16	FFZH	왕고무부(王姑母夫)	할배	
17	FMB	진외가할배	할배	
18	FMBW	진외가할매	할매	
19	F	아부지	아부지	*이전 시기의 호칭 및 지칭은 '아배'였음
20	M	엄마	엄마	*이전 시기의 호칭 및 지칭은 '어매'였음
21	FBe	큰아부지/백부	큰아부지	
22	FBeW	큰엄마/백모	큰엄마	

23	FBy	작은아부지/숙부	작은아부지	*혼인 전의 호칭 및 지칭은 '삼촌' 임
24	FByW	작은엄마/숙모	작은엄마	
25	FZ	고무	고무	*아이들은 호칭 및 지칭으로 '고무엄마' 라고도 부름
26	FZH	고무부	고무부	*아이들은 호칭 및 지칭으로 '고무아부지' 라고도 부름
27	FFBS〉F	오촌아재씨	큰아부지	
28	FFBS(〉F)W	오촌아지매	큰엄마	
29	FFBS〈F	오촌아재씨	아재씨	*이전 시기에 호칭 및 지칭으로 '아재' 를 썼는지 여부는 명확하지 않음
30	FFBS(〈F)W	오촌아지매	아지매	
31	FFBD	오촌고무	고무	
32	FFBDH	오촌고무부	고무부	
33	FFFBSS〉F	칠촌아재씨	큰아부지	
34	FFFBSS(〉F)W	칠촌아지매	큰엄마	
35	FFFBSS〈F	칠촌아재씨	아재씨	
36	FFFBSS(〈F)W	칠촌아지매	아지매	
37	FFFBSD	칠촌고무	고무	
38	FFFBSDH	칠촌고무부	고무부	
39	FMBS	진외가아재씨	아재씨	
40	FMBSW	진외가아지매	아지매	
41	♂Be	성(兄)님/셍이	성님/셍이	*어려서는 호칭으로 주로 '셍이' 를 씀
42	♂BeW	형수	아지매/형수(씨)	
43	♂By	(남)동성	이름/동성	*나이 들어서는 '동성' 을 많이 씀
44	♂ByW	제수	제수(씨)	
45	♂Ze	누부	누임/누부	*어려서는 호칭으로 주로 '누부' 를 씀
46	♂ZeH	자형	자형	
47	♂Zy	(여)동성	이름/동성/큰아이이름	
48	♂ZyH	제매(弟妹)/매부	성+서방/제매	

49	♀Be	오빠	오라부이/오빠	*어려서는 호칭으로 주로 '오빠'를 씀
50	♀BeW	올끼(셍이)	(올끼)셍이	
51	♀By	(남)동성	이름/동성	
52	♀ByW	올끼	올끼	
53	♀Ze	성님/셍이	성님/셍이	*어려서는 호칭으로 주로 '셍이'를 씀
54	♀ZeH	형부	아재/형부	
55	♀Zy	(여)동성	이름/동성/큰아이이름	
56	♀ZyH	제부	아재/성+서방/제부	
57	♂FBS〉e	사촌성님	성님/셍이	
58	♂FBS(〉e)W	사촌형수	아지매/형수(씨)	
59	♂FBS〈e	사촌(남)동성	이름/동성	
60	♂FBS(〈e)W	사촌제수	제수(씨)	
61	♂FBD〉e	사촌누부	누임/누부	
62	♂FBD(〉e)H	사촌자형	자형	
63	♂FBD〈e	사촌(여)동성	이름/동성/큰아이이름	
64	♂FBD(〈e)H	사촌제매	성+서방/제매	
65	♀FBS〉e	오빠	오라부이/오빠	
66	♀FBS(〉e)W	사촌올끼(셍이)	(올끼)셍이	
67	♀FBS〈e	사촌(남)동성	이름/동성	
68	♀FBS(〈e)W	사촌올끼	올끼	
69	♀FBD〉e	사촌성님	성님/셍이	
70	♀FBD(〉e)H	사촌형부	아재/형부	
71	♀FBD〈e	사촌(여)동성	이름/동성/큰아이이름	
72	♀FBD(〈e)H	사촌제부	아재/성+서방/제부	

* ♂FFBSS〉e, ♂FFBSS(〉e)W, ♂FFBSS〈e, ♂FFBSS(〈e)W, ♂FFBSD〉e, ♂FFBSD(〉e)H, ♂FFBSD〈e, ♂FFBSD(〈e)H, ♀FFBSS〉e, ♀FFBSS(〉e)W, ♀FFBSS〈e, ♀FFBSS(〈e)W, ♀FFBSD〉e, ♀FFBSD(〉e)H, ♀FFBSD〈e, ♀FFBSD(〈e)H 에게는 57~72와 동일한 호칭이 사용되나, 지칭으로는 '사촌-' 대신에 '육촌-'이 붙음.

* ♂FFFBSSS〉e, ♂FFFBSSS(〉e)W, ♂FFFBSSS〈e, ♂FFFBSSS(〈e)W, ♂FFFBSSD〉e, ♂FFFBSSD(〉e)H, ♂FFFBSSD〈e, ♂FFFBSSD(〈e)H, ♀FFFBSSS〉e, ♀FFFBSSS(〉e)W, ♀FFFBSSS〈e, ♀FFFBSSS(〈e)W, ♀FFFBSSD〉e, ♀FFFBSSD(〉e)H, ♀FFFBSSD〈e, ♀FFFBSSD(〈e)H 에게도 57~72와 동일한 호칭이 사용되나, 지칭으로는 '사촌-' 대신에 '팔촌-'이 붙음.

* ♂FZS〉e, ♂FZS(〉e)W, ♂FZS〈e, ♂FZS(〈e)W,
♂FZD〉e, ♂FZD(〉e)H, ♂FZD〈e, ♂FZD(〈e)H,
♀FZS〉e, ♀FZS(〉e)W, ♀FZS〈e, ♀FZS(〈e)W,
♀FZD〉e, ♀FZD(〉e)H, ♀FZD〈e, ♀FZD(〈e)H 에게도
57~72와 동일한 호칭이 사용되나, 지칭으로는 '사촌-' 대신에 '고종사촌-'이 붙음.

73	S	아들	(아바이)	*여기서 ( ) 속의 호칭은 이름 대신 사용되는 정형화되지 않은 호칭형태들임
74	SW	메늘	(어마이)	
75	D	딸	(아이이름+어마이)	
76	DH	사우	성+서방	
77	BS	조개	(아이이름+아바이)	
78	BSW	조캐매늘	(아이이름+어마이)	
79	BD	조캐딸	(아이이름+어마이)	
80	BDH	조캐사우	성+서방	
81	ZS	조캐	(아이이름+아바이)	
82	ZSW	조캐메늘	(아이이름+어마이)	
83	ZD	조캐딸	(아이이름+어마이)	
84	ZDH	조캐사우	성+서방	

* 부계친(夫系親)의 HBS, HBSW, HBD, HBDH, HZS, HZSW, HZD, HZDH 에게는 77~84와 동일한 지칭 및 호칭이 사용됨.
* FBSS, FBSSW, FBSD, FBSDH 에게는
77~80과 동일한 호칭이 사용되나, 지칭으로는 앞에 '오촌-'이 붙음.
* FFBSSS, FFBSSSW, FFBSSD, FFBSSDH 에게도
77~80과 동일한 호칭이 사용되나, 지칭으로는 앞에 '칠촌-'이 붙음.

85	SS	손지	·	
86	SSW	손지메늘	·	
87	SD	손지딸	·	
88	SDH	손지사우	성+서방	
89	DS	외손지	·	
90	DSW	외손지메늘	·	
91	DD	외손지딸	·	
92	DDH	외손지사우	성+서방	
93	SSS	징(曾)손지	·	
94	SSSS	고(高)손지	·	

(2) 모계친(母系親)

95	MF	외할배	외할배	
96	MM	외할매	외할매	
97	MB	외삼촌	외삼촌	
98	MBW	외숙모	외숙모	
99	MZ	이모	이모	*아이들은 호칭 및 지칭으로 '이모엄마'라고도 부름
100	MZH	이모부	이모부	*아이들은 호칭 및 지칭으로 '이모아부지'라고도 부름
101	MFBS	·	외삼촌	
102	MFBSW	·	외숙모	
103	MFBD	·	이모	
104	MFBDH	·	이모부	
105	♂MBS〉e	외사촌성님	성님/셍이	
106	♂MBS(〉e)W	외사촌형수	아지매/형수(씨)	
107	♂MBS〈e	외사촌(남)동성	이름/동성	
108	♂MBS(〈e)W	외사촌제수	제수(씨)	
109	♂MBD〉e	외사촌누부	누임/누부	
110	♂MBD(〉e)H	외사촌자형	자형	
111	♂MBD〈e	외사촌(여)동성	이름/동성	
112	♂MBD(〈e)H	외사촌제매	성+서방/제매	
113	♀MBS〉e	외사촌오빠	오라부이/오빠	
114	♀MBS(〉e)W	외사촌올끼(셍이)	(올끼)셍이	
115	♀MBS〈e	외사촌(남)동성	이름/동성	
116	♀MBS(〈e)W	외사촌올끼	올끼	
117	♀MBD〉e	외사촌성님	성님/셍이	
118	♀MBD(〉e)H	외사촌형부	아재/형부	
119	♀MBD〈e	외사촌(여)동성	이름/동성	
120	♀MBD(〈e)H	외사촌제부	아재/성+서방/제부	

* ♂MZS〉e, ♂MZS(〉e)W, ♂MZS〈e, ♂MZS(〈e)W,
♂MZD〉e, ♂MZD(〉e)H, ♂MZD〈e, ♂MZD(〈e)H,
♀MZS〉e, ♀MZS(〉e)W, ♀MZS〈e, ♀MZS(〈e)W,
♀MZD〉e, ♀MZD(〉e)H, ♀MZD〈e, ♀MZD(〈e)H 에게는
105~120과 동일한 호칭이 사용되나, 지칭으로는 '외사촌-' 대신에 '이종사촌-'이 붙음.

(3) 부계친(夫系親)

121	HFF	시할배	할부이	
122	HFM	시할매	할무이	
123	HF	시아부지	아부이	
124	HM	시어매	어무이	
125	HFBe	시큰아부지/시백부	큰아부이	
126	HFBeW	시큰어매/시백모	큰어무이	
127	HFBy	시작은아부지/시숙부	작은아부이	
128	HFByW	시작은어매/시숙모	작은어무이	
129	HFZ	시고무	고무(님)	
130	HFZH	시고무부	고무부(님)	
131	HFFBS	시오촌아재씨	아재씨	
132	HFFBSW	시오촌아지매	아지매	
133	HFFFBSS	시칠촌아재씨	아재씨	
134	HFFFBSSW	시칠촌아지매	아지매	
135	HBe	시아주부이/시숙	아주부이	
136	HBeW	웃동시	성님	
137	HBy	시동생	아주부이	* 혼인 전의 호칭은 '데름' 임
138	HByW	아랫동시	동시	
139	HZe	큰시누부	성님	
140	HZeH	(큰)시누부남편	아주부이	
141	HZy	작은시누부	남편성+서방+땍이	* 혼인 전의 호칭은 '애싸' 임
142	HZyH	(작은)시누부남편	아재/성+서방	
143	HFBS〉H	사촌시아주부이	아주부이	
144	HFBS(〉H)W	사촌(웃)동시	성님	
145	HFBS〈H	사촌시동생	아주부이	* 혼인 전의 호칭은 '데름' 임
146	HFBS(〈H)W	사촌(아랫)동시	동시	
147	HFBD〉H	사촌(큰)시누부	성님	
148	HFBD(〉H)H	사촌(큰)시누부남편	아주부이	
149	HFBD〈H	사촌(작은)시누부	남편성+서방+땍이	* 혼인 전의 호칭은 '애싸' 임
150	HFBD(〈H)H	사촌(자은)시누부남편	아재/성+서방	

* HFFBSS〉H, HFFBSS(〉H)W, HFFBSS〈H, HFFBSS(〈H)W, HFFBSD〉H, HFFBSD(〉H)H, HFFBSD〈H, HFFBSD(〈H)H 에게는 143~150과 동일한 호칭이 사용되나, 지칭으로는 '사촌-' 대신에 '육촌-' 이 붙음.

* HFFFBSSS〉H, HFFFBSSS(〉H)W, HFFFBSSS〈H, HFFFBSSS(〈H)W,
HFFFBSSD〉H, HFFFBSSD(〉H)H, HFFFBSSD〈H, HFFFBSSD(〈H)H 에게도
143~150과 동일한 호칭이 사용되나, 지칭으로는 '사촌-' 대신에 '팔촌'이 붙음.

* HFZS〉H, HFZS(〉H)W, HFZS〈H, HFZS(〈H)W,
HFZD〉H, HFZD(〉H)H, HFZD〈H, HFZD(〈H)H 에게도
143~150과 동일한 호칭이 사용되나, 지칭으로는 '사촌' 대신에 '고종사촌-'이 붙음.

151	HMF	시외할배	외할부이/외할배	
152	HMM	시외할매	외할무이/외할매	
153	HMB	시외삼촌	외삼촌	
154	HMBW	시외숙모	외숙모	
155	HMZ	시이모	이모(님)	
156	HMZH	시이모부	이모부(님)	
157	HMBS〉H	외사촌시아주부이	아주부이	
158	HMBS(〉H)W	외사촌(웃)동시	성님	
159	HMBS〈H	외사촌시동생	아주부이	*혼인 전의 호칭은 '데름'임
160	HMBS(〈H)W	외사촌(아랫)동시	동시	
161	HMBD〉H	외사촌(큰)시누부	성님	
162	HMBD(〉H)H	외사촌(큰)시누부남편	아주부이	
163	HMBD〈H	외사촌(작은)시누부	남편성+서방+떡이	*혼인 전의 호칭은 '애싸'임
164	HMBD(〈H)H	외사촌(작은)시누부남편	아재/성+서방	

* HMZS〉H, HMZS(〉H)W, HMZS〈H, HMZS(〈H)W,
HMZD〉H, HMZD(〉H)H, HMZD〈H, HMZD(〈H)H 에게는
157~164와 동일한 호칭이 사용되나, 지칭으로는 '외사촌-' 대신에 '이종사촌'이 붙음.

(4) 처계친(妻系親)

165	WFF	(처장조(妻丈祖))	할배	*여기서 ( ) 속의 지칭은 그리 널리 쓰이지 않는 한자어 지칭형태임
166	WFM	(처장조모(妻丈祖母))	할매	
167	WF	장인	장인어른	

168	WM	장모	장모님	
169	WFBe	(처백부)	처백부님	
170	WFBeW	(처백모)	처백모님	
171	WFBy	(처삼촌)	처삼촌	
172	WFByW	(처숙모)	처숙모님	
173	WFZ	(처고무)	처고무님	
174	WFZH	(처고무부)	처고무부	
175	WBe	(큰)처남	(큰)처남/성님	
176	WBeW	처남으떡	처남으떡/처수씨(妻嫂氏)	
177	WBy	(작은)처남	(작은)처남	
178	WByW	처남으떡	처남으떡	
179	WZe	처형	처형	
180	WZeH	(큰)동서	성님	
181	WZy	처제	치제	
182	WZyH	(작은)동서	동서/성+서방	

(5) 사돈관계(査頓關係)

183	SWF/DHF	(배껏)사돈	사돈	
184	SWM/DHM	(안)사돈	사돈/사안떡이	
185	SWFF/DHFF	사돈어른	사돈어른	
186	SWFM/DHFM	사돈어른	사돈어른/사돈어른할무이	
187	SWFB/DHFB	(게)사돈	사돈	
188	SWFBW/DHFBW	(게)사돈	사돈/사안떡이	
189	SWB/DHB	(사돈총각)	사돈	* 여기서 ( )속의 지칭은 정형화된 지칭 형태가 아님 * 혼인 전의 호칭은 '사돈총각' 임
190	SWZ/DHZ	(사돈처녀)	사돈	* 혼인 전의 호칭은 '사돈처녀' 임

2) 친척용어의 주요 특색

물론 조사지에서도 친척용어의 사용은 개인에 따라 부분적인 변이상을 보인다. 특히 한자어 친척지칭의 사용에서 그러한 모습이 관찰되는데, 일반적으로 말하여, 유교식 예법에 보다 친숙한 사람일수록 한자어 친척지칭을 더 많이 사용하고, 또 여성보다는 남성이 한자어 친척지칭을 더 많이 사용하는 경향을 보인다. 위에서 정리한 친척용어의 목록은 대체로 한자어 친척지칭의 사용에 그리 익숙하지 않은 보통 화자들의 용어 목록을 중심으로 한 것이다.

위의 용어 목록에 대한 본격적인 분석은 또 다른 작업을 필요로 할 것이다. 여기서는 우선 위의 목록에서 나타나는 이 지역의 특이한 친척지칭 및 호칭의 형태들에 대한 간략한 검토를 하도록 하겠다.

(1) 15 FFZ의 지칭인 '왕고무'(王姑母)와 16 FFZH의 지칭 '왕고무부'(王姑母夫)는 이 지역에서 일반적으로 쓰이는 한자어 지칭 형태이다.

(2) 25 FZ와 26 FZH에 대한 호칭 및 지칭 형태인 '고무 엄마'와 '고무 아부지', 99 MZ와 100 MZH에 대한 호칭 및 지칭 형태인 '이모 엄마'와 '이모 아부지'는 주로 아이들이 사용하는 형태이긴 하지만, 특이한 호칭 및 지칭 형태들이 될 것이다. 아마도 '고무'와 '이모'(그리고 그 배우자)에 대한 정의적인(affectionate) 호칭 사용법의 예가 될 것이다. 그러나 조사지의 모든 아이들이 어려서 이 형태의 용어들을 배워 쓰는 것은 아니다.

(3) 친척 범주의 구분 면에서 흥미로운 호칭 사용의 예는 27 FFBS>F와 33 FFFBSS>F 등을 '큰아부지'로 부르고, 28 FFBS(>F)W와 34 FFFBSS(>F)W 등을 '큰엄마'로 부르는 호칭 방식일 것이다. 그러나 이들 친척형에 대비되는 29 FFBS<F와 35 FFFBSS<F 등은 '아재씨'로 부르고,

30 FFBS(<F)W와 36 FFFBSS(<F)W 등은 '아지매'로 부른다. 뿐만 아니라 부계친(夫系親)의 범주에서 동일한 대상인 131 HFFBS와 133 HFFFBSS 등은 '아재씨'로 부르고, 132 HFFBSW와 134 HFFFBSSW 등은 '아지매'로 부른다.

따라서 전체적으로 보면, 이 '큰아부지'와 '큰엄마'의 사용은 제한된 맥락에서만 일어나는 것이 될 것이다. 그러나 어쨌든 이 친척호칭의 사용법은 이 지역 특유의 방식으로 보이는데, 물론 앞으로 다른 지역에서의 그것과 체계적인 비교가 필요할 것이다.

(4) 48 ♂ZyH 및 64 ♂FBD(<e)H 등에 대한 지칭의 대표형은 '제매(弟妹)'이고, 그것은 또 호칭으로도 쓰인다. 물론 이 지역에서도 '매부'이 형태가 쓰이기는 하지만, '제매'의 형태가 주로 쓰이는 대표형이 된다.

(5) 54 ♀ZeH와 56 ♀ZyH 등을 부르는 호칭 형태 '아재'는, 아마도 이들 친척형에 대한 한자어 지칭 즉 '형부' 및 '제부'가 유입되기 이전의 고유의 용어 형태인 것으로 보인다.

(6) 135 HBe와 137 HBy는 그것을 가리키는 지칭에서는 서로 구분되지만, 부르는 호칭에서는 구분되지 않는다. 즉 두 친척형 모두에게 '아주부이'라는 단일한 호칭 형태를 사용한다. 여기서 미혼의 HBy를 부르는 말인 '데름'은 '도련님'의 방언형일 것이다.

(7) 그러나 대비되는 친척형인 140 HZeH와 142 HZyH에 대한 호칭 형태는, '아주부이'와 '아재' 등으로 구분되어 사용된다.

(8) 141 HZy의 혼인 전의 호칭형태인 '애싸'는 '아가씨'의 방언형인 것으로 보이지만, 그것의 형태 구조는 명확하지 않다. '애싸'는 호격 조사가 포함된 형태로 보이고, 때로는 음절 끝음 ㄱ이 탈락하지 않은 '액싸'로 실현되기도 한다.

(9) 176 WBeW에 대한 호칭인 '처수씨'(妻嫂氏)는 아마도 근래에 발달한 형태로 보이는데, 어쨌든 해당 친척형에 대한 존칭의 호칭 형태로 제

법 널리 쓰이는 표현이다.

(10) 184 SWM/DHM 등을 부르는 '사안땍이'는 이 지역 특유의 호칭 형태인데, 아마도 '사돈댁'의 방언형인 것 같다. 여자들이 주로 사용하는 것이긴 하지만, 남자들도 때로 사용하는 형태이다. (가령 한 여성 제보자는 자신이 친정을 갈 때마다, 돌아가신 시아버지가 언제나 "사안땍이한테 안부 해라이."라는 말을 빠뜨리지 않았음을 회고하였다.) 그리고 187 SWFB/DHFB 등을 가리키는 '(게)사돈'은 '곁사돈'의 방언형인 것으로 보인다.

(11) 마지막으로 위의 목록에는 들어있지 않지만, 조사 과정에서 '지신아재'라는 흥미로운 용어 형태를 접하였다. 지금은 노인 화자들도 거의 사용하지 않는 과거의 친척용어인데, 최소한 '형부'(즉 54 ♀ZeH)를 가리키고 부르던 말인 것은 확인되었다. 그러나 이 용어 형태가 유사한 관계에 있는 다른 친척형, 즉 '제부'(56 ♀ZyH)나 나아가 '시누부남편'(140 HZeH 및 142 HZyH) 등에게도 쓰였는지 여부는 명확하지 않다. 그리고 여기서의 '지신'의 의미가 무엇인지에 대해서도 제보자들은 분명한 설명을 해주지 못하였다. (다음에서 기술할 '계모'의 이곳 말이 '다신어마이'이다. 즉 '다시 온 어마이'일 것이다. 이 형태와 관련지어, 이 '지신아재'의 '지신'도 혼인으로 맺어진 즉 '지은' 작(作)의 뜻이 아닐까 추측해보지만, 그 실상은 이제 알 수가 없다.)

3) 기타 친척 관련 어휘 및 표현

조사지에는 주로 노인들이 쓰는 몇 가지 흥미로운 친척 관련 어휘가 있었는데, 가령 '다신어마이'는 '계모'를 가리키는 말로 아마도 '다시 온 어머니'에 상응하는 말일 것이다. 또 '바리동생'은 '바리[바로] 밑의 동생'을 가리키는 축약 표현이다. '달모지'는 중부 지역어로 하면 '달맏이'의 형태가 되는데, 나이는 같지만 태어난 달이 앞선 형(兄)을 가리키는 말이다. 즉, 이 말은 연(年)이 아닌 월(月), 일(日)을 기준으로 형과 아우가 정해질 때 쓰는 말이다.

조사지에서도 '딸'과 '아들'을 귀엽게 이르는 말인 '딸내미'와 '아들내미'를 흔히 쓴다. 그러나 이 두 말의 사용 방식은 대체로 제한적인 것으로 보인다. 즉, 이 두 말은 가족 간에는 거의 사용하지 않고 주로 남과의 관계에서 사용하는데, 일반적으로 친구나 어느 정도 가까운 동급의 사람에게 자신의 자식을 가리킬 때에 쓰는 말이다. 가령 친구에게 자신의 딸이나 아들을 소개시길 때에, "우리 딸내미다.", "우리 아들내미다."와 같이 쓴다.

마찬가지로 남이 이 말을 쓸 때에도, 친구의 자식이나 어느 정도 가까운 동급인 사람의 자식을 가리켜, 주로 '좋은' 말을 할 때, '(그 집) 딸내미', '(그 집) 아들내미'와 같이 쓴다. 또 가까운 사이에서 "오늘 딸내미(또는 아들내미) 뎉고[데리고] 어데[어디] 가네."와 같이 정의적인 인사말로 쓰기도 한다.

전체적으로 이 '딸내미'와 '아들내미'는 좁게는 친구 간에서 그리고 넓게는 연령이 비슷하면서도 어느 정도 가까운 사이에서, 서로 간의 친밀감 또는 가까운 느낌을 전달하기 위해 '딸', '아들' 대신에 사용하는 정의적인 용어 형태로 이해할 수 있겠다.

이 지역에서도 '일가'와 '집안'은 구분되어 사용되는데, 전자는 대체로 동성동본(同姓同本)의 부계친(父系親) 중 같은 파(派)에 속하는 친족 범주 정도를 가리키는 말이다. 이에 비해 후자는 '일가' 중 가까운 범위 즉 대체로 10촌 이내의 부계친 범주를 가리키는 말이다. '일가'나 '집안'이 아니면서도 남이 아닌 관계, 특히 가까운 촌수에 있지 않은 관계는, 흔히 '척(戚)이 있다', '척이 된다', 또는 '척간(戚間)이 된다'라는 식으로 표현한다.

자녀의 혼인과 관련하여서는, 딸을 출가시키는 것을 '딸 치운다', '(딸) 시집 보낸다'라고 표현하고, 아들 장가보내는 것은 '(아들) 장개 보낸다', '(아들) 장개 들인다'라고 표현한다. 그러나 남이 말할 때는 이들 표현보다는 '(그 집/누구) 메늘 본다', '(그 집/누구) 사우 본다'라는 표현을 주로 사용한다.

조사지의 방언으로 홀아비는 '호불애비'이고, 홀어미는 '호불에미'이다. 그런데 이혼을 일반적으로 '넘[남] 댄다[된다]'라고 표현하는데, 특히 여성의 시각에서는 이혼을 '산이별 한다'라고 말한다. 아마도 이 표현이 함의하는 바는, 전통 사회에서 부부간의 관계는 한 쪽이 죽어서만 '이별'을 하게 되는데, 이혼은 예외적으로 살아서 이별을 하는 것이라는 의미일 것이다. 또 여성이 재혼하는 것은 '살러간다'(또는 '살러왔다') 라고 표현한다.

또 친척과 관련되는 표현 중, '돌림자'는 항렬자(行列字)를 가리키고, '붙임이'는 남의 족보에 붙여 들어온 사람 즉 투탁(投託)한 사람을 가리킨다.

또 조사지의 흥미로운 표현 중에 '손 아픈 자리'라는 말이 있다. 이 말은 친척관계뿐만 아니라 비친척 관계에서도 널리 사용하는 말인데, '어렵고 조심스러운 자리' 또는 '가깝지만 (어떤 부탁 같은 것을 하기에는) 거북한 자리'를 가리키는 말이다. 가령 사돈관계 같은 것이 이 '손 아픈 자리'의 대표적인 예가 된다. 이 말은 여성들이 더 많이 쓰기는 하지만, 남녀 모두가 사용하는 표현이다.

마지막으로 친척관계를 가족 단위로 가리키는 명칭인 '집 이름'을, 이 지역에서는 대체로 다음과 같은 말로 표현한다.

〈집 이름의 구분〉

1. 우리집: 친가(親家)
2. 외갓집: 외가(外家)
3. 처갓집: 처가(妻家)
4. 시집: 시가(媤家)
5. 친정집 또는 친가집: 친정(親庭)
6. 고무집: 고모가(姑母家)
7. 이모집: 이모가(姨母家)
8. 누부집 또는 자형집: 손위 누이의 집
9. (여)동성집 또는 제매집: 손아래 누이의 집
10. 사돈집: 사가(查家) 즉 딸의 시가 및 며느리의 친정
11. 딸네집 또는 사우집: 10 '사돈집'에서 분가한 또는 '사돈집'을 계승한 딸의 집

4. 친척용어체계 Ⅱ

1) 친척용어의 형태 분화와 사용 방식

고유어 친척용어의 체계적인 형태 분화에 대해서는, 경남 함양군 개평리(介坪里)의 사례를 중심으로 한 자세한 보고(왕한석 2000b, 2001)가 이미 나와있다. 간단히 말하여, 중부 지역어를 중심으로 한 한국어는 고유어 친척용어가 그것이 함의하는 존대의 정도에 따라 평칭('아버지' 등), 존칭('아버님' 등), 비칭('애비' 등)의 3원체계로 구성된다. 그런데 조사지의 경

우는 관련 어휘의 분화가 좀 더 발달하여, 2 부류의 존칭, 2 부류의 비칭, 그리고 1 부류의 평칭으로 구성되는 5원체계인 것으로 나타났다.

다음의 <표 2-1>은 이 지역에서 사용해 온 핵심적인 친척용어의 체계적 형태 분화를 정리한 것이다.

표 2-1 친척용어의 형태 분화

일련번호	평칭	존칭 I	비칭 I	비칭 II	존칭 II
1	할배	할부이	해래비/핼비	할바이	할바씨
2	할매	할무이	해래미/해(ㄹ)미	할마이	할마씨
3	아배	아부이	애비	아바이	아바씨
4	어매	어무이	에미	어마이	어마씨
5	아재	·	아재비	·	아재씨
6	아지매	·	아지미	·	아지마씨
7	오라배	오라부이	오래비	오라바이	오라바씨
8	·	아주부이	·	(시)아지바이	(시)아지바씨
9	누부	누임	·	·	·
10	셍이	성님	·	·	·

물론 위 표에서 10 '셍이'는 고유어가 아닌 한자어일 것이고, 9 '누부'와 함께, 다른 종류의 형태소('-님' 또는 '-임')의 결합에 의한 '존칭 I'의 발달까지만 이루어지고 있다. 말할 것도 없이, 위 표에서 체계적인 형태 분화를 보여주는 고유어 친척 어휘는 1~8의 용어들일 것이다.

(1) 먼저 여기서의 '평칭'은 기본적으로 화자가 자신의 친척(부모 등)에게 호칭 및 지칭으로 사용하는 형태들이다. 가령 호칭으로는 존대의 말단계(speech levels)를 쓸 경우에는 호격 조사 '-요'를 붙이고(가령 FF에게 '할배요' 등), 비존대의 말단계를 쓸 경우에는 호격 조사 '-야'를 붙인다(가령 ♂Ze에게 '누부야' 등). 또 지칭으로는 '우리 할매'(FM), '우리 셍이'

(♂Be, ♀Ze 등) 등과 같이 쓰인다.

뿐만 아니라 화자가 청자의 친척(부모 등)을 지칭할 때에도, 가령 '니가배'(니거 아배) (청자의 F), '니거매'(니거 어매) (청자의 M) 등과 같이 이 평칭의 형태를 사용한다. 이 경우 화자는 청자 및 지칭자의 친척일 수도 있고, 친척이 아닌 남일 수도 있다. 친척일 경우에는 일반적으로 화자가 지칭자보다 상위자일 것이고, 친척이 아닐 경우에는 화자와 청자가 동급이든지 또는 화자가 청자보다 상위자일 것이다.

전체적으로 이 평칭의 형태는 그것의 형태 구조의 면에서 '-애' 계열의 말로 볼 수 있을 것이다. 그런데 앞의 용어 목록에서 이미 보았듯이, 3의 '아배'는 '아부지'(F)로, 4의 '어매'는 '엄마'(M)로, 그리고 7의 '오라배'는 '오빠'(♀Be)로 조사지에서는 이미 오래 전에 용어 형태가 교체된 것으로 보인다. 그리고 6의 '아지매'는 오늘날도 활발하게 쓰이지만, 5의 '아재'는 아마도 짐작컨대, 존칭형 '아재씨'로 교체됨으로써 그 사용 범위가 매우 좁아진 것으로 보인다. 특히 가까운 친척관계에서는 '아재'는 그것의 사용 영역을 거의 잃은 것으로 나타난다. 그런데 위 표에서 8의 평칭 형태가 없는 것은, HBe 및 HBy를 부르는 기본형 자체가 '아주부이'라는 존칭 형태이기 때문일 것이다. 달리 말하여, 피를 나눈 가족(consanguine) 내에서는 '아주부이'의 평칭 형태를 사용하여 부르거나 가리키는 친척형 자체가 없기 때문일 것이다.

(2) 위의 '존칭 I'은 7의 '오라부이'를 제외하면, 모두 여성 화자가 시가친(媤家親) 즉 부계친(夫系親)을 부르고 가리킬 때 사용하는 용어 형태들이다(즉, HFF '할부이', HFM '할무이', HF '아부이', HM '어무이', HBe 및 HBy '아주부이'). 따라서 며느리는 HF를 '아부이요'라고 호칭하고, 또 '(우리) 시아부지'와 함께 '우리 아부이'라고 지칭한다. 이 말을 중부 지역어로 번역하면 '아버님'이 될 것이다.

또 7의 '오라부이'(♀Be)는 9의 '누임'(♂Ze)이나 10의 '성님'(♂Be 및 ♀Ze)처럼, 각기 '오라배'(오늘날의 변화된 말로는 '오빠'), '누부', '셍이'에 대한 존칭형으로, 청자가 혼인을 하거나 청자가 나이가 들어감에 따라 화자가 해당 친척형을 높여 부르는 말들이다.

전체적으로 이 '존칭 I'의 친척용어는 그 형태의 면에서 '-우이' 계열의 말로 볼 수 있을 것이다.

(3) 위의 '비칭 I'에서 먼저 1의 '핼비'는 '해래비'의 줄임말일 것이고, 2의 '핼미' 또는 '해미'는 '해래미'의 줄임말일 것이다.

전체적으로 이 '비칭 I'의 말은 화자가 자신을 낮추는 겸양의 자칭(自稱)으로 주로 쓰는 형태이다. 그런데 이 경우 대개는 화자가 화가 나거나 무언가 마땅치 않을 때에 하위자인 청자에 대해 이 '비칭 I'의 어휘들을 쓰게 된다. 따라서 실제의 쓰임새에서는 이 말들의 사용 범위가 매우 제한적으로 나타난다.

먼저 이 용어 형태의 중심이 되는 3의 '애비'와 4의 '에미'의 사용 방식을 살펴보면, 크게 두 가지 상황에서 이 말들이 사용된다.

한 가지는 겸양의 자칭인데, 주로 화자가 화가 나거나 또는 아랫사람을 꾸짖는 경우가 많다. 가령 아버지가 아들에게 "니가 애비 말로[을] 머[뭐]로 아노!"와 같이 야단을 친다든지, 또는 시어머니가 화가 나 며느리에게 "내가 니 시에미다."와 같이 쓰는 예 등이다.

또 한 가지는 (시)부모가 아들과 며느리에게 지칭으로 쓰는 것인데, 즉 며느리에게 아들을 일러 '애비'로 말하고 아들에게 며느리를 일러 '에미'로 말하는 것이다. 동일한 상황에서 또 아들과 며느리도 (시)부모에게 남편을 일러 '애비'로 말하고 아내를 일러 '에미'로 말한다. 이 경우에도 (시)부모가 화가 나거나 아들, 며느리를 꾸짖는 상황이 주가 된다. 그런데 이러한 '애비', '에미'의 사용법은 친부모 자식 간에만 이루어지지, 숙질간(叔姪間) 즉 백숙부모와 조카 간에는 이루어지지 않는다. (숙질간에서는 다음의 '비칭Ⅱ'에 속하는 '아바이'와 '어마이'의 형태가 사용된다.)

1의 '해래비'와 2의 '해래미'는 겸양의 자칭 외에는, 나이든 노인을 '욕할' 때에(이곳 말로는 '헌단'(險談)할 때에) 이 형태가 주로 사용되는 것으로 보인다. 가령 화자가 지칭 대상의 가족이든 아니든 간에, 흔히 상대방이 보이지 않는 곳에서, "문딩이[문둥이] 겉은[같은] 해래비/핼비 지랄 대애[되게] 한다." 또는 "문딩이 겉은 해래미/핼미/해미 지랄 대애 한다."와 같은 용례로 쓰인다.

5의 '아재비', 6의 '아지미', 7의 '오래비'도 위와 같은 겸양의 자칭으로 쓰이는데, 이 중 '아재비'의 경우에는 숙질간의 가까운 정의적인 대화에서도 흔히 자칭으로 사용된다. 가령 가까운 조카에게 농담조로 "니 아재비 무서운 줄 모르나?"와 같은 용례에서이다.

6의 '아지미'는 예외적으로 통상적인 호칭 및 지칭으로도 사용된다. 가령 촌수가 조금 떨어지는 방계친의 고모뻘에게, 상대방이 화자보다 나이가 많으면 '고무' 또는 '아지매'라고 부르고 가리키지만, 화자와 비슷한 나이이든지 또는 연하일 경우에는 흔히 '아지미'로 부르고 가리킨다. 이 경우 '아지미'는 '아지매'의 낮춤말이 될 것이다.

전체적으로 이 '비칭Ⅰ'의 친척용어는 그 형태의 면에서 '-이' 계열의 말로 볼 수 있을 것이다.

(4) 조사지에서 특징적으로 나타나는 친척용어의 비칭 형태는 다음의 '비칭Ⅱ'이다. 이 중에서도 특히 '아바이'와 '어마이'는 지금도 널리 그리고 활발하게 사용되는 이 지역 특유의 친척용어 형태이다.

전체적으로 이 '비칭Ⅱ'의 의미 값은 앞의 '평칭'과 '비칭Ⅰ'의 중간 정도가 될 것이다. '평칭'보다는 좀 낮추는 말이 되고, '비칭Ⅰ'보다는 덜 낮추는 말이 된다. 그리고 중심적인 사용 맥락은 주로 지칭의 맥락이다. 뿐만 아니라 그 형태의 면에서 이 '비칭 II'의 용어 집합은 '-아이' 계열의 말로 볼 수 있을 것이다.

먼저 복잡한 양상을 보이는 3의 '아바이'와 4의 '어마이'의 사용 방식의 개요에 대해 기술하기로 하겠다.

① 먼저 친척관계에서 상위자인 화자가 하위자인 청자의 부모(이 경우 지칭 대상인 청자의 부모도 화자의 하위자임)를 일컬어 이 말을 쓴다. 가령 조부모가 손자녀에게 자신의 아들, 며느리를 가리켜, '니가바이'(니거 아바이), '니거마이'(니거 어마이) 또는 그냥 '아바이', '어마이' 등으로 자신의 아들, 며느리를 가리켜 일컫는다. 가령 "니가바이 안주[아직] 안 왔나?", "어마이는 어데 갔노?"와 같은 표현에서이다. 마찬가지로 방계의 종조부모(從祖父母) 등도 종손자녀(從孫子女) 등에게 자신의 조카, 조카며느리 등을 가리킬 때에 이 말을 쓴다.

② 다음으로 (시)부모가 며느리에게 아들을 일러 그리고 아들에게 며느리를 일러, '지가바이'(지거 아바이), '지거마이'(지거 어마이) 또는 그냥 '아바이', '어마이'로 가리켜 일컫는다. 가령 "지가바이 밭에 갔나?", "어마이 장에서 안 왔나?" 등과 같은 표현에서이다. 마찬가지로 아들과 며느리도 (시)부모에게 자신의 아내 및 남편을 일러, '지가바이', '지거마이' 또는 '아바이', '어마이'로 가리켜 일컫는다. 가령 "지거마이 어데 갔는교?", "아바이 밭에 갔임더." 등과 같이 쓴다. 그러나 동일한 상황에서, 앞에서 간략히 언급하였듯이, (시)부모가 화가 나거나 심리적으로 언짢은 경우에는, '아바이', '어마이' 대신에 '애비', '에미'를 주로 쓰고, 아들과 며느리도 이에 맞추어 '애비', '에미'로 답하게 된다.

위의 부모 자식 간의 상황과 마찬가지로, (시)백숙부모도 조카며느리에게 자신의 조카를 일러 그리고 조카에게 조카며느리를 일러, '지가바이', '지거마이' 또는 '아바이', '어마이'로 가리켜 일컫는다. 마찬가지로 조카 및 조카며느리도 (시)백숙부모에게 자신의 아내 및 남편을 일러 동일한 표현을 사용한다.

③ 위의 남편이나 아내를 일러 웃어른에게 '지가바이', '지거마이' 또는 '아바이', '어마이'를 사용하는 방식은 동일 항렬 내에서도 그대로 적용된다. 가령 형이 아우에게 제수(♂ByW)를 찾을 때에도 아우는 '지거마이' 또는 '어마이'로 자신의 아내를 지칭하여 답하고, 또 시숙(HBe)이 제수에게 아우를 찾을 때에도 제수는 '지가바이' 또는 '아바이'로 자신의 남편을 지칭하여 답한다. 물론 두 경우 모두에서 처음의 화자인 형이나 시숙은 (자신의 제수나 아우를 가리켜) '어마이'나 '아바이'와 같은 낮춤의 지칭어를 사용할 수 없다.

심지어는 동일 항렬 내에서 윗사람이 아랫사람에게 자신의 아내를 낮추어 '니거 형수' 대신에 '어마이'를 쓰기도 한다. 연구자가 직접 관찰한 사례로는, 원촌의 형이 원촌의 아우에게 자신의 아내를 일러 "어마이가 잠시 나갔다.", "어마이는 아아들[아이들] 보러 가고 여어[여기] 없다." 등과 같이 썼다. 그런데 이와 거꾸로 인 경우, 즉 원촌의 형수가 원촌의 시동생에게 자신의 남편을 일러 '아바이'라고 지칭하는 것은 사용 빈도의 면에서 조금 떨어질 것 같은데, 이는 아마도 부부간의 지위 차이 때문일 것으로 여겨진다.

④ 뿐만 아니라 (시)부모는 아들, 며느리에게 직접적인 호칭으로도 이 '아바이', '어마이'를 쓴다. 가령 "아바이야 내 좀 보자.", "어마이야 물 좀 줄래?"와 같은 용례에서이다. 마찬가지로 백숙부모도 조카, 조카며느리에게 '아바이', '어마이'를 호칭으로 사용하는데, 그러나 이 경우에는 주로 '아이 이름 + 아바이', '아이 이름 + 어마이'의 형태를 취하게 된다.

⑤ 마지막으로 아버지가 자식들에게 자신의 아내를 가리킬 때에도, "니거마이 어데 갔노?"와 같이 '어마이'를 쓴다. 그러나 그 반대의 경우에는, 즉 어머니가 자식들에게 남편을 가리킬 때에는, '아바이'를 잘 쓰지 않는 것 같다. 말할 것도 없이 부부 사이의 지위 차이 때문일 것이다. 이 경우에는 주로 평칭인 "니가부지(니거 아부지) 어데 갔노?"의 형태가 쓰이는 것으로 보인다.

비친척 관계에서의 '아바이', '어마이'의 사용법은 위의 친척관계에서의 모형을 자연스레 확대 · 적용하여 이루어진다.

따라서 ① 이웃 어른이 하위자인 지칭 대상의 자녀들에게 '니가바이/니거마이 어데 갔노?'로 묻는다. 물론 친척관계에서처럼 이에 대답하는 자녀들은 '우리 아바이/어마이'가 아니라, 평칭인 오늘날의 용어 형태로는 '우리 아부지/엄마'로 답할 것이다.

② 이웃 어른이 하위자인 청자의 남편이나 아내에게 그 청자의 아내나 남편을 가리켜, '지거마이/지가바이 어데 갔노?' 또는 '어마이/아바이 어데 갔노?'로 묻는다. 이에 대한 대답 또한 '지가바이', '지거마이' 또는 '아바이', '어마이'로 자신의 남편이나 아내를 가리켜 지칭한다. 그러나 부모 자식 간이 아닌 이러한 비친척 관계에서는 '애비', '에미'라는 '비칭 I'의 말은 쓸 수가 없는데, 아마도 예외적으로 '애비 없는 호로 자식'과 같은 정형화된 욕을 사용하는 상황 같은 데서만 이 '애비', '에미'라는 말이 쓰일 것이다.

③ 친척관계에서의 동일 항렬처럼 지위 즉 연령 차이가 그리 크지 않은 동급 관계에서는, 물론 윗사람은 아랫사람에게 그 남편이나 아내를 일러 '아바이', '어마이'를 사용할 수가 없다. 그러나 아랫사람은 윗사람에게 자신의 남편이나 아내를 일러, '지가바이', '지거마이' 또는 '아바

이', '어마이'를 사용한다. 가령 연구자보다 남편의 나이가 조금 아래인 이웃의 한 부인은, 연구자와의 면접 과정에서 "아바이는 무식해 가지고 이런 거[것]를 잘 몰라예[요]."라고 답하였다.

또 빈도의 면에서는 이보다 조금 떨어지겠지만, 윗사람이 나이든 아랫사람에게 자신의 남편이나 아내를 일러, '지가바이', '지거마이' 또는 '아바이', '어마이'를 사용하기도 한다.

④ 또 이웃 어른이 자식뻘의 청자에게 직접적인 호칭으로 '아바이', '어마이'를 쓰기도 하는데, 이 경우에는 물론 '아이 이름 + 아바이야', '아이 이름 + 어마이야'의 형태를 취하게 된다.

⑤ 마지막으로 조사지에서는 일반적인 지칭어로 즉 지칭 대상이 없는 상황에서, '그 집 아바이', '그 집 어마이'와 같은 표현도 흔히 사용된다. 나아가 동일 형식의 표현인 '그 집 시아바이', '그 집 시어마이' 같은 말도 흔히 사용된다. 이러한 용법의 '(시)아바이', '(시)어마이'는, 일반적으로 말하여, 지칭 대상을 조금 낮추어서 가리키는 지칭 형태가 될 것이다. 특히 <표 2-1> 상의 '존칭Ⅱ'에서의 대응되는 형태인 '그 집 (시)아바씨', '그 집 (시)어마씨'와 비교하면, 확연한 낮춤의 느낌을 주는 표현들이다.

이제 '비칭 Ⅱ'에 속하는 다른 용어 형태들을 간략히 살펴보도록 하겠다.

먼저 7의 '오라바이'는, 가령 상위자가 하위자인 청자에게 청자의 '오라배'를 가리켜 (이 경우 물론 지칭 대상도 화자의 하위자일 것임), '니거 오라바이' 식으로 표현한다. 또 '그 집 오라바이' 같은 말도 흔히 듣는 표현이다.

8의 '(시)아지바이'는 엄격히는 '시아지바이'로만 실현된다. 이 말은 청자 또는 제3자의 '아주부이'에 대한 낮춤의 지칭으로만 사용되기 때문에,

'사'자가 항시 결합된 '시아지바이'로 사용되는 것 같다. 가령 할머니가 출가한 손녀에게 손녀의 시숙을 언급하는 상황 같은 데서, '니거 시아지바이' 같은 표현이 사용된다.

이 '비칭 II'의 용어 형태들 중에서 상대적으로 의미가 좀 더 하락한 것으로 느껴지는 어휘는, 1의 '할바이'와 2의 '할마이'인 것 같다. 이 두 표현은 앞의 '아바이', '어마이'와는 달리 지칭 및 호칭으로 잘 사용되지 않는데, 아마도 이 두 말이 나이가 상당히 든 노인을 가리키기 때문일 것이다. 따라서 뒤에서 기술할 부부간의 특이한 호칭 및 지칭 상황을 제외하면, 대체로 상대방에 대한 욕이나 또는 상대방에 대한 천시(賤視)의 태도를 전달하는 상황에서, 이 두 말이 주로 사용되는 것 같다. 가령 "아이 문딩이 겉은 할마이.", "저 문딩이 같은 할바이."와 같은 욕에서나, 또는 "그 할마이/할바이 바보 아이가?"와 같은 상대방에 대한 경멸적 표현에서 주로 사용된다. 따라서 이 두 표현은, 그것의 기원 즉 형태적 특성과는 무관하게 현재의 시점에서는, '비칭 II'의 목록 중에서 상대적으로 '비칭 I'의 의미 값에 좀 더 가까이 가 있는 용어 형태가 될 것이다.

(5) 마지막 부류인 '존칭 II'는 앞의 '비칭II' 만큼 빈번히 사용되는 용어 형태는 아니다. 그러나 이 '존칭 II'도 명백히 조사지 특유의 친척 용어의 집합이 될 것이다.

전체적으로 이 '존칭 II'는 그것의 의미 면에서 '평칭'과 '존칭 I'의 중간 정도에 속할 것이며, 따라서 '존칭 I'보다는 덜 높이는 말이 된다. 그리고 그것의 사용 맥락은 앞의 '비칭 II'처럼 주로 지칭의 맥락이 된다. 말할 것도 없이 이 '존칭 II'는 그 형태 면에서 존경의 접미사 '-씨'를 포함하는 '-아씨' 계열의 말로 볼 수 있을 것이다.

먼저 3의 '아바씨'와 4의 '어마씨'의 사용 방식부터 살펴보기로 하겠다.

과거에는 이 두 말이 어떻게 쓰였는지 그 실상을 잘 알 수가 없지만, 현재의 시점에서는 주로 여성 화자가 쓰는 여성어로서의 특성을 갖는다.

그런데 존칭으로서의 '아바씨', '어마씨'의 특성은 먼저 다음 예에서 잘 드러난다. 가령 동일 연령대의 두 사람 간의 접촉에서 화자가 청자 부모의 안부를 물을 때에, 두 사람이 친한 친구 사이이면 일반적으로 '니가부지'(니거 아부지), '니검마'(니거 엄마)와 같은 오늘날의 평칭 형태를 사용한다(예를 들어, "니가부지는 어떻노?"). 그러나 두 사람이 친한 친구 사이가 아니면 일반적으로 '니거 아바씨', '니거 어마씨'를 사용하게 된다(예를 들어, "니거 어마씨는 잘 자시나?"). 즉 두 사람 간의 사회적 거리(social distance)가 어느 정도 있을 경우, 청자의 부모를 보다 높여 가리키는 말인 '아바씨', '어마씨'를 쓰는 것이다. 이 경우 청자도 마찬가지로 '우리 아바씨', '우리 어마씨'로 화자에게 답을 하게 된다(예를 들어, "우리 어마씨 아직 잘 계신다.").

또 일상 대화에서 흔히 들을 수 있는 말에 "아바씨, 어마씨는 다 계시요?"와 같은 표현이 있다. 주로 노인 화자가 중년의 부인에게 친정 부모가 아직 살아 계시는지를 묻는 말인데, 이 경우에도 두 사람 사이는 그리 가깝지 않은 관계가 일반적이다.

또 제 3자를 지칭하여, '그 집 아바씨/어마씨'(가령, "그 집 아바씨가 건강했는데 요새 누웠[웠]단다."), '이름 + 아바씨/어마씨'(가령, "아무꺼시[아무개] 어마씨가 아직 살았단다."), 또는 '택호 + 아바씨/어마씨'(가령, "어제 반생이[반송+이] 어마씨가 돌아가싰단다.")의 형태로도 흔히 쓰인다.

오늘날 친부모를 가리키는 '아바씨', '어마씨'보다 더 빈번하게 쓰이는 형태는 시부모를 가리키는 '시아바씨', '시어마씨'인 것으로 보인다. 흔히 동급간이나 아랫사람에게 '니거 시아바씨/시어마씨' 또는 '우리 시아바씨

/시어마씨'로 말한다. 또 '그 집 시아바씨/시어마씨', '이름 + 시아바씨/시어마씨'도 활발하게 쓰이는 형태이다.

여기서 한 여성 제보자는 흥미로운 사실을 연구자에게 제보하였다. 즉, 그 제보자는 평상시에는 가령 친구에게 자신의 시부모를 지칭할 때에 '우리 아부이/어무이'라는 형태를 주로 사용하지만, 뭔가 시부모에 대해 언짢을 때에는 자신도 모르게 '우리 시아바씨/시어마씨'로 말한다고 하였다. 이 제보는, 달리 말하면, '아부이/어무이'라는 '존칭 Ⅰ'에 속하는 형태가 '아바씨/어마씨'라는 '존칭 Ⅱ'에 속하는 형태보다 존대의 정도에서 더 높이는 말이라는 사실을, 다시 한 번 확인시켜 주는 것이 될 것이다. 마찬가지로 가령 발화 상황에 있지 않은 지칭 대상을 가리키는 표현인, '그 집 시어른'이 '그 집 시아바씨/시어마씨'보다 존대의 면에서 더 높이는 말이 될 것이다.

전체적으로 이 '아바씨', '어마씨'는 '평칭'인 '아배', '어매'(또는 오늘날의 형태로는 '아부지', '엄마')보다는 지칭 대상을 더 높이는 말이고, '존칭 Ⅰ'의 '아부이', '어무이'보다는 지칭 대상을 덜 높이는 말이 될 것이다.

다음으로 1의 '할바씨'와 2의 '할마씨'의 사용 방식을 검토해 보기로 하겠다. 동래야류(東萊野遊) 대사에는 말뚝이가 자신의 조상 자랑을 하면서, "우리 오대조 할아바시…우리 삼대조 할아바시…우리 사대조 할아바시…우리 할아바시…"(이두현 1997: 404-405)라고 자신의 직계 조상을 높여 지칭하는 장면이 나온다. 그러나 오늘날 이 지역에서는 '할아바씨'보다는 '할바씨'의 형태를 주로 사용하는 것으로 보인다.

이 '할바씨'와 '할마씨'도 가령 다음과 같은 쓰임, 즉 "그 집 할바씨가 옛날에 선부[선비]였다." 또는 " 그 집에 시할마씨도 기싰[계셨]다." 등과 같은 용례에서는 분명히 존칭일 것이다. 그러나 이러한 분명한 존칭으로서의 사용법은 지금은 거의 사라진 듯하다. 앞에서 기술한 '그집(또는 이름+) 아바씨/어마씨'에 대응하는 '그 집(또는 이름+) 할바씨/할마씨'의 형태는 거의 사용되지 않고, 대신 이 경우에는 거개 '그 집(또는 이름+) 할배/할매'의 평칭 형태가 사용된다.

다시 말하여, 이 '할바씨', '할마씨'가 형태상으로는 '-아씨' 계열의 말이지만, 지금은 그것의 의미가 크게 하락한 것으로 보인다. 그리하여 일반적 용례로는 높임의 느낌을 별반 주지 않고, 대신 '비칭 Ⅱ'의 '할바이', '할마이'와 거의 유사한 등급의 말로 지각된다. 그러나 지금도 이 '할바씨', '할마씨'가 그 대응 짝인 '할바이', '할마이'보다는, 물론 존대의 축에서 조금 더 높은 의미 값을 가질 것이다.

한 여성 제보자는 과거 며느리가 시부모와의 갈등으로 화가 난 상태에서, 자신의 시아버지와 시어머니를 가리켜 '할바씨'와 '할마씨'로 낮추어 지칭하는 것을 보았다고 하였다. 물론 며느리 혼자서 분을 삭이는 혼잣말의 상황이었다. 오늘날도 흔히 자식이 친한 친구에게나 또는 다른 형제들에게 웃으며 농담을 하는 상황에서는, 자신의 노모(老母)를 가리켜 '할마씨'라고도 말한다. 그러나 이 경우에도 '할마씨'는 가능하지만, '할마이'는 일반적으로 사용할 수가 없다.

앞에서 예를 든 이 지역의 전형적인 여성들의 욕, 즉 "아이, 저 문딩이 겉은 /   / 지랄 대애[되게] 한다." 라는 틀(frame)에서, /   / 속에 '비칭 Ⅰ'의 '해래비/해래미'는 당연히 들고 또 '비칭 Ⅱ'의 '할바이/할마이'도 들어갈 수 있다. 그러나 이 '할바씨/할마씨'는 일반적으로 들어갈 수 없는 것으로 판단된다. 다시 말하여 이 '할바씨', '할마씨'의 의미가 근래에 들어 크게 하락은 하였지만, 그러나 아직은 '비칭'의 형태들과 공기(co-occur)하는 위의 욕의 틀과는, 공기 또는 상응관계에 있지 않음을 의미할 것이다.

다음으로 5의 '아재씨'와 6의 '아지마씨'는 지칭 뿐 아니라 호칭으로도 널리 사용된다. 오늘날의 기준으로 하면 '집안'과 같은 가까운 친척관계의 숙항(叔行)에게는, 거의 '아재씨'가 사용된다. 물론 화자보다 나이 적은 숙항에게는 아직도 '아재'가 부분적으로 사용된다. 비친척 관계에서는 아직도 '아재'가 널리 쓰이는 편인데, 자신의 부모뻘에게는 당연히 '아재씨'를 쓰지만, 나이 차이가 그리 크지 않은 자리에는 일반적으로 '아재'를 많이 쓴다. 따라서 이 '아재씨'는 '아재'의 높임말로 기능할 것이다.

'아지마씨'는 오늘날은 그리 널리 쓰이지 않는 형태이다. 그러나 이는 '아지매'의 높임말로, '아지매'라고 부르기에는 나이가 더 많은 자리에 일반적으로 사용한다. 가령 "아지마씨 어데 갔던교?"와 같은 용례에서이다. (또 '아지매'라고 부르기에는 지위 차이가 그리 크지 않은 자리에는 흔히 낮춤말인 '아지미'를 씀은 앞에서 이미 기술하였다.)

마지막으로 7의 '오라바씨'와 8의 '(시)아지바씨'(이 경우에도 '시아지바씨'라는 형태로만 실현됨)도, 화자・청자・지칭자의 관계에 따라 '니거 오라바씨', '니거 시아지바씨' 또는 '우리 오라바씨', '우리 시아지바씨'와 같이 지칭으로 주로 쓰인다. 여기서 물론 '니거 오라바씨/시아지바씨'의 형태가 '니거 오라바이/시아지바이'에 비해 존칭이 되고, 또 '우리 오라바씨/시아지바씨'의 형태가 '우리 오라부이/(시)아주부이'에 비해서는 지칭 대상을 덜 높이는 존칭 형태가 됨은 말할 필요가 없겠다.

2) 부부간의 특이한 호칭 및 지칭

앞에서 기술한 평칭, 존칭, 비칭의 용어 형태들이 부분적으로 부부간의, 특히 노인 부부간의 호칭 및 지칭에서 사용된다. 여기서는 이러한 부부간의 특수한 친척용어의 사용과, 이 지역 특유의 관련 어휘들을 간략히 기술하도록 하겠다.

나이 들어 바뀌는 부부 사이의 새로운 호칭법은 아마도 상대방을 손자녀를 기준으로 하여 부르는 방식이 될 것이다. 그리하여 조사지에서는 흔히 부인은 남편을 '할배요'라고 부르고, 남편은 부인을 '할매요'라고 부른다. 이 둘은 모두 앞의 <표 2-1>에서의 '평칭' 형태로 손자녀가 자신들을 부르는 친척호칭이다. 또 손자녀에게 남편이나 부인을 가리켜 말할 때에도 당연히 동일한 형태를 사용한다. 가령 "오늘 할매 없다."든지 "오늘 할배 안 기[계]신다."와 같이 말하게 된다.

노인 부부는 또 두 사람 간의 격의 없는 장난조의 대화 상황에서는 '비칭 II'의 '할바이', '할마이'를 서로 간의 호칭 및 지칭으로 사용하기도 한다. 가령 "할마이 오늘 어데 가노? 절에 가나?"라든지, "할바이 오늘 또 한 잔 했네. 집 좀 보소."와 같이 사용한다. 그런데 여기서 '할바이'와 거의 같은 의미로 '영감쟁이'를 사용하기도 한다(가령 "영감쟁이 오늘 또 한 잔 했네."). 뿐만 아니라 동일한 말이 지칭으로도 사용된다. 가령 "오늘 우리 할마이 절에 갔심더." 또는 "오늘 우리 할바이 없임더 볼 일 보러 갔심더."와 같은 용례에서이다. 물론 '할바이' 대신에 상대방에 따라 '영감' 또는 '영감쟁이'도 사용된다.

비슷한 상황에서 또 노인 부부는 '존칭 II'의 '할바씨', '할마씨'를 쓰기도 한다. 그리하여 "할마씨 오늘 어데 가노?", "할바씨 오늘 또 한 잔 했네."에서처럼 '할마씨', '할바씨'가 '할마이', '할바이'를 대체하여 쓰이기도 한다. 물론 이 경우 '할마씨', '할바씨'가 상대방을 조금 더 대접하는, 좀 더 '나은' 표현이 될 것이다. (일반적으로 말하여, 남편을 남에게 가리키는 지칭의 상황에서 '할바씨'의 의미 값과 '영감'의 의미 값이 거의 같은 것으로 보인다.)

조사 지역의 언어목록(linguistic repertoire)에는 '이핀'[이녁]이라는 특이한 2인칭 대명사가 있다. 가령 수영야류(水營野遊)의 대사에도 할미가 영감에게 하는 다음과 같은 말이 있다. "으휴, 아이고 그래. 그 돈 한 돈 팔

푼은 이핀 떠날 적에 하도 섭섭해서 청이[청어] 한 뭇 사서 당신 한 마리 내 아홉 마리 안 먹었능기요."(이두현 1997: 388).

오늘날도 이 '이핀'은 계속 쓰이는데, 그러나 그것은 부부간에 주로 부인이 남편에게 사용하는 말이다. 다시 말하여 이 '이핀'은 부인이 남편에게 주로 쓰는 특수한 여성 대명사로서의 성격을 가지고 있는 것이다. 그런데 그것의 사용 맥락은 뭔가 '안 좋은' 일을 말할 경우, 즉 항의를 한다거나 따진다거나 하는 경우가 많다. 예를 들어, "이핀이 잘 했소?", "이핀이 그래 놓고 안자[인제] 와서 딴 소리 하는교?", "이핀 오늘 와[왜] 그래 정신없는 소리를 하는교?" 등과 같은 용례에서이다.

또 남편에 대한 지칭어로 '아재씨'가 있다(오늘날의 발음으로는 거의 '아저씨'임). 가령 "우리 아재씨 오늘 집에 없심더."처럼 부인이 남에게 자신의 남편을 가리켜 '우리 아재씨'로 흔히 표현한다. 이 경우 대체로 화자와 청자는 그리 가깝지 않은 사이이다. 또 남의 남편에 대해서도 이 말을 쓰는데, 흔히 친구 사이에서 "니거 아재씨는 말이 좀 이상하다."와 같이, 상대방의 남편을 가리킬 때에 쓰기도 한다.

또 다른 남편에 대한 흥미로운 지칭어는 '주인'이다. 흔히 부인이 남편과 관련이 있는 남에게, 가령 "오늘 우리 주인 어데 갔는교?"와 같이 쓴다. 이 말은 명백히 일본어 shuzin(主人)의 차용어로 보이는데, 아마도 부산 지역이라는 특수한 역사적·지리적 배경과 관련되는 일본어의 차용어일 것이다.

또 조사지에서는 남의 아내를 가리켜 '오감사'라는 흥미로운 표현도 쓴다. 이 말 또한 일본어 okami-san(御上)의 차용어인데, 이 말도 부산 지역이라는 역사적·지리적 특수성과 관련되는 과거의 차용어일 것이다.

뿐만 아니라 조사 지역에서는 주로 남의 아내를 일러 '댁내', '안덜'(아낙)이라는 표현도 흔히 쓰는데, '댁내'는 존대의 정도 면에서 대체로 중립적이지만 '안덜'은 존대의 수준이 낮은 말이다. 드물게는 '안덜'을 남편이 부인에게 쓰기도 하고 또 부인이 남편에 대해 스스로를 가리켜 쓰기도 하지만, 두 경우 모두 무언가 언짢은 상황에서 주로 쓰게 되는 말이다.

5. 호칭체계

이제 비친척 관계에서 사용되는 호칭 및 지칭체계의 일반적 양상에 대해 기술하도록 하겠다. 조사지에서의 비친척 호칭의 주요 형태는 의사친척용어(fictive kinship terms)와 택호(宅號)가 그 중심이 되는데, 여기서도 택호는 젊은 세대에 의해 이제는 계승이 되지 않고 있다. 또 조사지 특유의 몇몇 흥미로운 호칭어들의 사용 모습도 발견된다.

1) 지위 구분의 민속 모형

비친척 관계에서 상대방과의 사회적 관계를 규정하는 으뜸 요인은 조사지에서도 당연히 연령 요인이다. 상대방과의 연령 관계에 따라, 나이가 많은 사람은 '웃사람'(또는 '웃어른')으로 범주화되고, 나이가 같은 연령층은 '동무' 또는 '친구'로 범주화된다. 그리고 나이가 적은 사람은 '아랫사람'으로 범주화된다. 아마도 '웃사람', '동무', '아랫사람'으로의 연령에 따른 세 범주로의 구분법은 한국 사회의 일반적 구분법일 것이다.

위의 3범주로의 구분법은, 다시 친척 모형(kinship model)의 은유적 확대에 의해, 7범주의 사회적 관계로 이차적인 구분이 이루어진다. 바로 다음의 <표 2-2>가 친척 모형에 기반한 지위 관계의 이차적 구분의 민속 모형(folk model)이다.

표 2-2 지위 구분의 민속 모형

지위 구분	대체적 규정 조건	행동 규범
할배빨	자기 '할배'의 동급 이상 또는 노인 세대	조부모 대접
아부지빨	대체로 15세(10~20세) 이상 연상자	부모 대접
성님빨	2, 3~15세 연상자	'성님' 대접
동무/친구	1, 2세 연상자에서 1, 2세 연하자까지	동급 대접
동성빨	2, 3~15세 연하자	'동성' 대접
자식빨	대체로 15세 이상 연하자	자식 대접
손지빨	자신의 '손지' 연령 또는 아이들	'손지' 대접

위에서 '아부지빨'은 때로 '아재씨빨'로 불리기도 한다. 제보자들은 '동무'가 될 수 있는 연령 조건과 관련하여, "객지 벗은 10년꺼정[까지] 한다."라는 말이 있지만, 이는 고향에서는 전혀 통하지 않는 말이라고 하였다. 즉 이 지역의 전통적 규범으로는 동일한 지위를 갖는 동무 관계가 매우 좁은 범위에서만 이루어짐을 위 표에서 볼 수 있다. 70대 초반의 한 제보자는, '한 동네 사람끼리는 2살 차이만 나도 벗하기가 어렵다'고까지 하였다.

사회적 관계의 산정(算定)에서 연령 요인을 중시하는 모습은 다른 행동의 영역에서도 잘 나타나는데, 가령 이 지역 특유의 말에 '나만 사람'이 있다. '나이 많은 사람'의 줄임말일 터인데, 노인 즉 '나이 많은 어른'을 가리키는 말이다. 그런데 이 말이 마치 하나의 단어처럼 일상적으로 널리 사용된다. 가령 "나만 사람 찾아바[봐]야지.", "나만 사람 먼저 대접해야지."와 같은 용례에서이다. 이 '나만 사람'의 반대말은 '젊은 사람'으로,

주로 청장년층을 가리킨다.

또 '수상'(壽上), '수상 대접'이라는 말도 흔히 쓰이는 표현이다. 어떤 모임에서 모인 사람들 중 나이가 가장 많은 사람을 일컫는데, 그 '수상'을 상석(上席)에 앉게 하고 그에 합당하게 행동 예절을 지키는 것이 바로 '수상 대접'이다. 노인층의 경우에는 심지어 친구들끼리의 계모임에서도 수상을 가려 가운데 자리에 앉히기도 한다.

2) 의사친척호칭의 사용

조사시에서는 위의 시위 구분 방식에 따라 상대방에게 적절한 호칭어를 사용하게 되는데, 오늘날 그 중심이 되는 호칭 형태는 '의사친척호칭'과 '이름'이다. 물론 이름은 기본적으로 미성(未成)의 하위자에게 주로 사용하는 호칭 형태일 것이다.

먼저 다음의 <표 2-3>은 남성 화자가 면식 관계에서, 주로 마을 내의 주민들과의 상호작용에서 사용하는 의사친척호칭의 일반적 모형이다.

표 2-3 의사친척호칭의 사용Ⅰ (남성 화자)

<table>
<tr><th rowspan="2">지위 구분</th><th colspan="2">청자</th></tr>
<tr><th>남성</th><th>여성</th></tr>
<tr><td>할배빨</td><td>할배</td><td>할매</td></tr>
<tr><td>아부지빨</td><td>아재씨/아재</td><td rowspan="2">아지매</td></tr>
<tr><td>성님빨</td><td>성님/셍이</td></tr>
<tr><td>동무/친구</td><td rowspan="4">이름</td><td rowspan="2">아지매/∅</td></tr>
<tr><td>동성빨</td></tr>
<tr><td>자식빨</td><td>∅/이름</td></tr>
<tr><td>손지빨</td><td>이름</td></tr>
</table>

위 표에서 먼저 '아부지빨'에서, '아재씨'와 '아재'의 선택은 상대방과의 연령 차이에 의해 주로 이루어진다. 말할 것도 없이 연령 차이가 크면 '아재씨'를 쓰지만, 연령 차이가 그리 크지 않으면 '아재'를 쓴다. 그런데 조사지에서는 일반적으로 '아재씨'와 '아재'의 구분을 상대적으로 강하게 인식하는 것으로 보인다. 즉, '아재씨'의 형태를 '-씨자를 붙이는' 것으로 생각하고, 좀 더 나이가 많은 자리 그리고 좀 더 높여야 하는 자리에는 꼭 '-씨자가 붙은' '아재씨'를 써야 하는 것으로 지각한다.

또 같은 '아부지빨'에서, 연령이 높은 여성 상위자에게는 '아지매' 대신 '아지마씨'를 쓰기도 하지만, 오늘날에 와서는 이 '아지마씨'의 사용은 매우 제한적으로만 나타난다.

'성님빨'에서 존칭형인 '성님'(물론 오늘날의 발음은 거의 '형님'으로 교체되었음)과 평칭형인 '셍이'의 사용도, '아재씨', '아재'의 선택처럼, 주로 연령 차이에 따라 이루어진다. 그리고 '성님빨'의 여성 청자 중 한 동네에서 함께 자란 친밀한 사람에게는, 말할 것도 없이, '누임' 또는 '누부'의 형태를 사용하게 된다. 또 '아지매'로 부르는 '성님빨'의 부인들 중에서 개인적으로 가까운 자리에는 '아지매' 대신 '형수씨'를 쓰기도 한다.

남성 화자는 자신의 동급(즉 '동무/친구') 및 하위자 모두에게 원칙적으로 이름을 사용한다. 그런데 이 경우 상대방의 지위에 따라 이름 뒤에 붙이는 호격 조사에서 차이가 난다. 즉 청자가 성인이거나 혼인을 하였으면 일반적으로 '-이'를 붙이지만(예, '한석 + 이'), 아직 성인이 아니면 '-아/야'를 붙이게 된다(예, '한석 + 아'). 다시 말하여 상대방의 성인 지위 여부에 따라 상이한 호격 조사를 이 지역에서도 구분하여 사용하는 것이다.

그런데 '동성빨'의 청자가 나이가 들었을 경우, 이름도 쓰지만 흔히 '동성'이라는 상대방을 보다 대접해 주는 지칭형 호칭어를 쓰기도 한다.

또 이보다는 드물게 나타나지만, '자식빨'의 청자에게도 나이가 든 상대방을 보다 대접하기 위해 이름과 함께 '조캐'라는, 이 역시 지칭형인 호칭어를 쓰기도 한다.

다음으로 여성 청자에게 사용하는 ∅ 형태, 즉 '영형(zero form) 호칭(어)'이란 의도적으로 호칭어 사용을 하지 않거나 또는 할 수 없는 경우를 의미한다. 동급 이하의 가깝지 않은 기혼 여성들과는 많은 경우 호칭어 없이 간단한 대화만을 주고받는데, 이는 말할 것도 없이 내외(內外)의 규범에 따른 언어적 상호작용의 모습일 것이다. 또 '자식빨'의 여성 청자 중 혼인해 들어온 젊은 부인들에게는 주로 영형 호칭어를 선택하지만, 아직 미성인 동네 처녀들에게는 어릴 때부터 불러온 이름을 계속 사용할 것이다.

전체적으로 의사친척호칭의 사용은 토박이들(또는 '원주민') 사이에서는 자연스럽게 그리고 당연하게 이루어진다. 그러나 조사지의 말로 '들온[들어온] 사람'(또는 '외지인')에게는, 물론 개별 토박이 화자에 따라 다소간 차이가 있겠지만, 의사친척호칭이 그렇게 널리 사용되지는 않는 것 같다. 이는 기본적으로 의사친척호칭의 사용이, 친척관계를 은유적으로 상정하는, 심리적인 가까움(psychological closeness) 또는 친밀성(intimacy)을 전제로 하는 것이기 때문일 것이다.

'들온 사람'에 대해서는 일반적으로 의사친척호칭 대신에, '직위명'(가령, (어떤 모임의) '회장님', '총무님', 또는 '통장님' 등)이나 또는 직위명이 없다면 '성 + 사장(님)'이라는 오늘날의 일반적인 존칭의 호칭어를 흔히 사용한다. 그리고 그 부인들에 대해서는 부분적으로 '아지매'와 같은 의사친척호칭을 사용하기도 하지만, 많은 경우 앞서 언급한 영형 호칭(어)을 사용한다.

결국 조사지의 경우, 과거의 촌락 공동체 시절에는 기본적으로 모두가

'친밀'의 사회적 의미(social meaning)를 전달하는 의사친척호칭으로 서로를 부르고 가리켰다. 그러나 도시화에 의해 많은 '외지인'들이 들어와 사는 오늘날의 변화된 상황에서는, 토박이들끼리는 아직도 '가까움'의 의사친척호칭을 사용하지만, 토박이들이 '들온 사람'과의 접촉에서는 '사회적 · 심리적 거리'를 상징하는 일반 호칭어를 쓰는 경향이 강한 것으로 보인다. 달리 말하여, 오늘의 시점에서 연구 대상 언어공동체에서는 의사친척호칭의 사용이 '토박이'인 '우리'와 '들온 사람'인 '남'을 구분 짓는, 언어 표지체(linguistic marker)로서의 기능을 수행하고 있는 것으로 볼 수 있을 것이다.

마지막으로 다음 <표 2-4>는 여성 화자의 입장에서 의사친척호칭 및 다른 호칭 형태를 사용하는 일반적 모형이다.

표 2-4 의사친척호칭의 사용 Ⅱ (여성 화자)

<table>
<tr><th rowspan="2">지위 구분</th><th colspan="2">청자</th></tr>
<tr><th>남성</th><th>여성</th></tr>
<tr><td>할배빨</td><td>할배</td><td>할매</td></tr>
<tr><td>아부지빨</td><td rowspan="2">아재씨/아재</td><td>아지매</td></tr>
<tr><td>성님빨</td><td>성님</td></tr>
<tr><td>동무/친구</td><td>아재씨/아이이름+아부지/∅</td><td rowspan="2">아이이름+엄마/(큰)아이이름</td></tr>
<tr><td>동성빨</td><td>아이이름+아부지/∅</td></tr>
<tr><td>자식빨</td><td>아이이름+아부지/이름</td><td>아이이름+엄마/이름</td></tr>
<tr><td>손지빨</td><td>이름</td><td>이름</td></tr>
</table>

위 표에서 '성님빨'의 남성 청자 중 개인적으로 가까운 자리에는 '아주부이'를 쓰기도 하고, 또 한 동네에서 함께 자란 친밀한 사람에게는 '오빠'를 쓰기도 한다.

'동무' 및 '동성빨'의 남성 청자 중에서 그리 가깝지 않은 자리는 일반적으로 '영형 호칭(어)'를 쓴다. 또 가까운 자리에는 '아이 이름 + 아부지'라는 종자명호칭(teknonym)을 쓰기도 하는데, 일반적으로 말하여, 종자명호칭은 노인 세대보다는 중장년 세대에서 더 많이 쓰고, 그리고 남성 화자보다는 여성 화자가 더 많이 쓰는 것으로 관찰된다. 아마도 근래에 조사지에서 일어난 호칭어의 변화, 즉 종자명호칭의 확산이라는 호칭어 변화의 흐름을 부분적으로 반영하는 양상일 것이다.

'동무' 및 '동성빨'의 여성 청자 중 가까운 친구이거나 또는 가까운 손아랫사람(이 경우는 말을 낮추어서 하는 자리임)에게는, 일반적으로 상대방의 '큰아이 이름'을 부른다. 말할 것도 없이, 택호가 사라진 세대에서는, 성인인 상대방의 이름은 부를 수가 없으므로 대신 '아이 이름'으로 상대방을 부르는 것일 게다. 그런데 이렇게 '큰아이 이름'을 부르는 경우, 상대방에 대한 지칭으로는 '아이 이름 + 네'의 형태를 주로 사용한다.

또 동일한 '동무' 및 '동성빨'에서 '아이 이름 + 엄마'의 형태를 사용하는 경우는, '(큰)아이 이름'을 사용하는 경우보다 서로의 관계가 조금 더 먼 사이가 될 것이다.

'자식빨'에서 '아이 이름 + 아부지/엄마'라는 종자명호칭은 기혼의 성인에게, 그리고 그냥 이름은 아직 미성인 사람에게 주로 사용하는 호칭 형태가 될 것이다.

3) 택호의 사용

조사지에서 택호는 다른 지역보다 좀 더 일찍 없어지기 시작한 것 같은데, 이는 아마도 부산 지역의 이른 도시화와 관련이 있는 것 같다. 어쨌든 현재의 시점에서 대체로 70대 이하의 여성들은 거의 택호를 가지고 있지 않다. 그러나 노인층의 화자들은 아직도 특히 지칭의 맥락에서는 택호를 활발하게 사용하는 것으로 보인다.

조사지에서도 택호의 지역명은 모두 해당 부인의 출신지명, 즉 주로 마을 이름이 사용된다. 남자의 입장에서는 자신이 '출읍'(出入)한 곳의 동네 이름이 될 것이다. 아직도 대충 스무 개 이상의 택호가 사용되는 것으로 보이는데, 몇 예만 들면, '고촌땍이', '남산땍이', '달북땍이', '목골땍이', '반송땍이', '분깨땍이', '삼오땍이', '신천이땍이', '여구땍이', '재송땍이' 등이다. 모두들 과거의 자연 촌락 명칭에서 유래한 택호들이다. 그러나 조금 더 먼 곳에서 시집을 왔을 경우에는, 당연히 마을 이름 대신에 고을 이름이 택호로 사용된다. 가령 '경주땍이', '언양땍이' 등과 같은 예이다.

그런데 이 지역에서 흥미로운 택호명 한 가지는 '고데땍이'라는 택호명이다. 한 동네 또는 바로 이웃한 동네에서 시집을 온 사람에게 붙여주는 택호인데, 이는 '지 곧에[제 곳의] 사람'이라는 뜻에서 '곧에(고데)땍이'라고 부른다고 한다. 즉 동네 혼인을 한 경우이다.

택호는 일차적으로 해당 부인을 호칭 및 지칭할 때 쓰인다. 가령 택호가 '달북땍이'이면, 그 부인을 '달북땍이'로 부르고 가리킨다. 그런데 직접 부르는 호칭의 경우는, 화자가 남성이면 윗사람이어야 하고, 여성이면 윗사람 또는 동급의 지위여야 한다. 그러나 윗사람인 남성 화자도 "달북땍이 보(이)소."에서처럼, 택호는 그대로 부르지만 말은 높여서 한다.

조사지에서 한 가지 흥미로운 택호의 사용법은 해당 부인의 남편을 부르는 경우이다. 즉, 윗사람 또는 동급의 지위에 있는 남성 화자가 그 남편을 부를 경우, '택호지명 + 이'의 형태를 사용한다. 즉 부인의 택호가 '달북땍이'이면 '달북이', '반송땍이'이면 '반생이' 등으로 부르는 것이다. 여기서의 '-이'는 바로 성인의 이름 뒤에 붙이는 호격조사 '-이' (가령, '한석 + 이')이다. 이 '택호지명 + 이'의 형태는 물론 지칭으로도 사용된다.

또 택호는 친척관계에서도 '택호지명 + 친척호칭'의 형태로 쓰이지만, 비친척 관계에서도 마찬가지로 '택호지명 + 의사친척호칭'의 형태로 활발하게 쓰인다. 아마도 택호와 의사친척호칭의 결합형은, 현재까지의 연구 보고로는, 비교적 드문 호칭 형태에 속할 것이다. 물론 앞으로 다른 지역에서의 연구 결과들과 체계적으로 비교·검토될 필요가 있을 것이다.

비친척 관계에서 사용되는 '택호 + 의사친척호칭'의 구체적인 형태는, 해당 부인에게는 '택호지명'에 '할매', '아지매', '성님' 등을 결합시키고, 그리고 그 남편에게는 '할배', '아재씨', '성님' 등을 결합시켜 이루어진다. 다시 말하여, 나이 많은 어른에게는 '택호지명 + 할매', '택호지명 + 할배'의 형태가, '아부지빨'의 어른에게는 '택호지명 + 아지매', '택호지명 + 아재씨'의 형태가, 그리고 '성님빨'에게는 '택호지명 + 아지매'(남성 화자), '택호지명 + 아재씨'(여성 화자), '택호지명 + 성님'(남성 및 여성 화자)의 형태가 호칭 및 지칭의 상황 모두에서 활발하게 사용된다.

이러한 의사친척호칭과 결합된 실제의 택호 사용법을 예로 들면, 가령 '할배빨'에게는 "목골 할매요.", "목골 할배 보(이)소." 등으로, '아부지빨'에게는 "신천이 아지매 보(이)소.", "신천이 아재씨요." 등으로, '성님빨'에게는 "여구 아지매요."(남성 화자), "여구 아재씨요."(여성 화자), "여구 성님 보소."(남성 및 여성 화자) 등으로 쓰인다. 물론 동급 및 하위자에게는 "남산땍이(요)."(여성 화자), "남산땍이 보소."(남성 화자), "남산이 보래"(남성 화자) 등으로 쓰인다.

4) 특이 호칭어

위에서 기술한 호칭 형태들 외에도, 조사 지역에는 몇 가지 흥미로운 특이 호칭어들이 사용되어왔다.

먼저 한 가지는 성 뒤에 붙이는 '장아'(실제 발음은 '자아'임) 즉 '성 + 장아'의 호칭 형태이다. 이 호칭어는 남성 노인에 대한 존칭으로 쓰이는데, 가령 '김 장아', '이 장아', '박 장아' 등으로 상대방을 높여 부르는 말이다. 그런데 이 '장아'는 과거 동래·부산 지역의 유일한 서원이었던 안락서원(安樂書院)에서 장의(掌議)를 지낸 사람, 즉 장의천지(掌議薦之)를 받은 사람에 대한 존경의 호칭이었다고 한다. 따라서 '장아'는 '장의'란 말에서 연원하였을 것이다.

그런데 이 '장아'가 장의를 지낸 사람뿐만 아니라 그 자식도 존대하여 '장아'로 부르는 것이 과거의 관행이었다고 하는데, 종내에는 이 말이 노인을 존대하여 부르는 오늘날과 같은 일반 호칭어로 확대된 것으로 보인다. 앞의 지명(산 이름)에서 나온 '손장아맷동'('손씨네 묘소'의 뜻)도 바로 이 '손 + 장아'의 호칭 및 지칭 형태가 들어가 있는 산 이름이 된다.

조사지에는 또 성 뒤에 붙이는 '도오사' 즉 '성 + 도오사'라는 호칭 형태가 있다. 가령 '이 도오사', '왕 도오사' 등으로 부르고, 또 그 집을 가리킬 때는 '이 도오사네', '왕 도오사네' 등으로 불렀다. 여기서의 '도오사'도, 위의 '장아'처럼, 안락서원에서 도유사(都有司)를 지낸 사람에 대한 존경의 호칭어였다고 한다. 따라서 '도오사'는 '도유사'의 변음일 것이다.

이 '도오사'라는 존칭도 도유사를 지낸 당사자뿐만 아니라 그 자식에게도 위세(prestige) 또는 존대의 호칭으로 사용되었는데, 그러나 이 '도오사'는 '장아'와는 달리 일반 호칭어로는 확대되지 않았다.

다음으로 조사지에는 또 성 뒤에 붙이는 '시온'이라는 호칭어가 있다. 즉 '성 + 시온'의 형태로 사용되었는데, 주로 남의 집 머슴살이를 하거나 또는 머슴과 같이 노동일을 하는 사람을 일반적으로 부르고 가리키는 호칭어였다. '김 시온', '이 시온', '박 시온' 등과 같이 쓰였다. 단 이 '시온'으로 불리는 사람은 혼인을 한 남자이다.

여기서의 '시온'은 경남 함양군 개평리에서의 '샌' 그리고 중부 지역에서의 '생(生)'에 대응하는 말이 될 것이다(왕한석 2000a 참조). 즉 '생원님'에서 '-원님'을 떼어낸 '생', 그리고 '샌님'에서 존경 접미사 '-님'을 생략한 '샌'의 지역 방언형이 될 것이다.

위의 '시온'과 유사하게, 남의 집 머슴살이나 고용살이를 하는 사람을 또한 '대룡'[도령?]으로도 불렀다. 즉 '성 + 대룡'의 형태로 사용되었는데, '홍 대룡', '강 대룡' 등으로 부르고 가리켰다. 그런데 이 '대룡'으로 불리는 사람은, '시온'과는 달리, 아직 혼인을 하지 않은 노총각인 경우였다.

마지막으로 조사지에는 성 뒤에 붙여 쓰는 '상' 또는 '상아'(실제 발음은 '사이'임)가 있다. 즉 '성 + 상/상아'의 호칭 형태인데, '전 상', '남 상아', '염 상아' 등으로 쓰였다. 이 '상/상아'의 형태는 명백히 일본어 san(様)의 차용어로 보인다. 따라서 일제 강점기 시절의 유습(遺習)이 될 것이다. 그러나 이 호칭 형태도 일반적으로 쓰였던 것이 아니라, 주로 노동일을 많이 하는 사람 또는 외지에서 들어온 사람에게 적용되었던 호칭어이다. 따라서 해당 사람을 조금 낮추어서 부르고 가리키는 사회적 의미(social meaning)를 전달하는 호칭어였다. 그러나 '시온'보다는 조금 더 널리 쓰임으로써, '시온'보다는 상대방을 조금 더 높여주던 말로 생각된다.

이상의 다섯 가지 특이 호칭어 즉 '장아', '도오사', '시온', '대룡', '상/상아'는 지금은 거의 사라져가는 옛 호칭 형태들이지만, 모두가 조사지에서 과거 계급(class)적 함의를 지녔던 호칭어들로 이해할 수 있을 것이다.

6. 존댓말의 체계

조사지에서의 존댓말도 근래 표준어와의 증가된 접촉으로 인해 상당한 수준의 변화 과정을 겪은 것으로 보인다. 그러나 아직도 토박이 화자들 간의 상호 접촉에서는 과거의 방언 어형들이 폭넓게 사용되고 있다. 일반적으로 말하여, 과거 말씨의 보존율의 면에서 존댓말의 영역이 친척용어의 영역보다 훨씬 더 높은 것으로 보인다.

아래에서 정리하는 것은 이 지역에서 과거부터 사용해 온 존댓말의 구조 및 사용 측면에 대한 대체적인 개요이다.

1) 존댓말에 관한 민간 명칭

조사지에서는 존대 표현의 여러 양상들을 가리키는 민간 명칭 또는 표현들(folk terms 또는 expressions)이 그리 잘 발달하지 않은 것으로 나타난다. 가령 특정한 말단계(speech level)의 사용을 가리키는 표현인 '해라 한다', '하소 한다'와 같은 비교적 널리 분포하는 민간 명칭들도 이 지역에서는 사용되지 않는다.

대신 상대방에게 높임말이나 낮춤말을 사용하는 것을 일반적으로 가리키는 표현들이 주로 사용되는데, 가령 높임말을 쓰는 것을 '존칭(尊稱) 쓴다', '존대(尊待) 한다', '말 높인다', "예(禮?) 바친다, '예(禮)말(을) 한다' 등으로 표현한다. 여기서 높임말의 사용을 가리키는 이 지역 특유의 표현은 아마도 '예 바친다'와 '예말(을) 한다'가 될 것이다. 이 중 특히 '예 바친다'는 이 지역에서 가장 흔히 사용되는 높임말의 사용을 가리키는 일반적 명칭이다.

낮춤말을 쓰는 것은 흔히 '말 놓는다', '말 낳[놓]아 한다' 등으로 표현한다. '반말 한다'라는 표현도 사용되지만, 일반적인 낮춤말의 사용을 가리키는 의미로서의 '반말 한다'는 아마도 최근의 용례인 듯싶다. 또 상대방에게 확실하게 말을 낮추어서 하는 것을 일러 흔히 '탕탕 (말) 놓는다'라고 표현한다.

친구 간에 스스럼없이 말을 낮추어 주고받는 것을, 이 지역에서도 '니나들이[너나들이] 한다'라고 부른다. 또 아랫사람이 윗사람에게 예법을 지키지 않고 함부로 말하고 행동하는 것을 일러 '막묵는다'[맞먹는다]라고 하는데, 이 말의 실제 사용 예는 매우 제한적이고 또 부정적이다. 가령 말의 예법을 지키지 않는 아랫사람에게 윗사람이 흔히 화를 내며 힐난조로 "니가 내한테 막묵나!" 라는 식으로 표현한다.

조사지에서는 과거의 '반말' 즉 좁은 의미에서의 '반말'에 대한 인지는 대체로 명확하지 않은 편이다. 그러나 이 과거의 반말 개념과 분명히 맥이 닿아 있는 표현에 '세[혀]가 빼드러졌다'라는 말이 있다. 흔히 존대어를 써야 할 자리에 제대로 된 '예말'을 쓰지 않고 마치 상대방에 대해 '막묵는'듯한 버릇없는 낮춤의 말씨를 쓰는 것을, 노인 제보자들은 '반말'로 인지한다. 그런데 이 경우 그러한 말씨를 쓰는 사람을 비꼬아서 흔히 '세가 빼드러졌다'라고 표현한다. 가령 그런 사람을 일러 "세[혀]를 다 안 굴리고 와[왜] 저라노? 세가 빼드러졌나?" 라는 식으로 말한다.

2) 말단계의 조직과 사용 양상

박지홍(1977)의 앞선 연구에서는 부산 지역의 존대법이 "이끌음" 즉 청유형을 제외하고는, '아주 높임', '예사 높임', '예사 낮춤', '아주 낮춤'의 4단계로 구성되는 것으로 보고한다(청유형은 '예사 낮춤'이 없는 3단계임). 그러나 조사지에서의 전통적인 말단계의 구분은 대체로 3단계인 것으로 나타나고, 또 각 말단계를 구성하는 대표적인 어미도 위의 보고와는 부분적으로 다른 것으로 나타난다.

먼저 '일 하다'라는 어구를 중심으로, 지시적 의미(referential meaning) 상으로는 동일하지만 청자에게 전달하는 존대의 정도 면에서는 서로 다른, 이곳의 대표적인 일상 표현을 정리하면 다음과 같다.

〈명령형〉

1a: 그라몬[그러면] 일 하시이소.
1b: 그라몬 일 하이소.
2: 그라몬 일 하소.
3: 그라몬 일 해라.

〈의문형〉

1a: 안죽[아직] 일 하시닌교? 일 다 하싰닌교?
1b: 안죽 일 하는교? 일 다 했는교?
2: 안죽 일 하요? 일 다 했소?
3: 안죽 일 하나? 일 다 했나?

〈서술형〉

1: 집안 일 합니더. 논 일 다 했심더.
2: 집안 일 하요. 논 일 다 했소.
3: 집안 일 한다. 논 일 다 했다.

〈청유형〉

1: 일 새로 하입시더.
2: 일 새로 합시더.
3: 일 새로 하자.

위 예문에서 1a 또는 1이 가장 높이는 표현이고 3이 가장 낮추는 표현이다. 말할 것도 없이, 1a의 가령 '하시이소'의 '-시-'는 문법적으로는 주체 존대의 선어말어미일 것이다. 제보자들은 명령형과 의문형에서 1a의 표현이 1b의 표현보다 상대방을 더 높이는 말임은 쉽게 동의하였다.

그러나 1a의 표현이 항상 가능하고 자연스럽게 발화되는 것은 아니다. 다음의 두 종류의 예문은 '앉다'라는 말과 '나[놔]두다'라는 표현을 중심으로, 다시 지시적 의미 상으로는 동일하지만 그것이 전달하는 존대의 정도 면에서는 서로 다른 이곳의 일상 표현들이다. 여기서 *는 자연스럽지 않은 발화를 가리키는 표시인데, 발화의 '자연스러움' 여부에 대한 판정은 물론 제보자들의 의견을 따른 것이다. 또 아래의 예문은 조사지에서 사용되는 존대 표현의 좀 더 다양한 예들을 보여줄 것이다.

〈명령형〉

1a:	*이리 아랫목에 앉으시이소.
1b:	이리 아랫목에 앉으이소.
2:	이리 아랫목에 앉으소.
3:	이리 아랫목에 앉아라.

〈의문형〉

1a:	*와[왜]	그어	앉으시닌교?	*자리	앉으싰닌교?
1b:	와	그어	앉는교?	자리	앉았는교?
2:	와	그어	앉소?	자리	앉았소?
3:	와	그어	앉노?	자리	앉았나?

〈서술형〉

1: 내 저어 앉심더. 저 쪽에 앉았심더.

2: 내 저어 앉소. 저 쪽에 앉았소.

3: 내 저어 앉는다. 저 쪽에 앉았다.

〈청유형〉

1: 같이 앉으입시더.

2: 같이 앉읍시더.

3: 같이 앉자.

〈명령형〉

1a: *그어 나[놔] 두시이소.

1b: 그어 나 두이소.

2: 그어 나 두소.

3: 그어 나 두라.

〈의문형〉

1a: *저어 나[놔] 두시닌교? *그거 어데 나 두싰닌교?

1b: 저어 나 두는교? 그거 어데 나 둤는교?

2: 저어 나 두요? 그거 어데 나 둤소?

3: 저어 나 두나? 그거 어데 나 둤나?

〈서술형〉

1: 여어 나[놔] 둡니더. 그거 저어 나 둤심더.

2: 여어 나 두요. 그거 저어 나 둤소.

3: 여어 나 둔다. 그거 저어 나 둤다.

〈청유형〉

1: 그양[그냥] 나[놔] 두입시더.
2: 그양 나 둡시더.
3: 그양 나 두자.

이상을 정리하면, 1a형 즉 '하시이소' 형태는 제한적으로만 사용되는 것으로 나타난다. 즉 '하시이소', '하시닌교' 외에, 대표적으로 '오다', '가다' 등에도 결합되어 사용되는데, 가령 "어서 오시이소.", "어데[어디] 갔다 오시닌교?", "빨리 가시이소.", "장에 가시닌교?" 등과 같이 쓰인다. 아마도 청자를 높이는 주체 존대 어미 '-시-'의 사용은 그리 오래지 않은 시기에 조사 지역으로 도입되었고, 따라서 그것은 아직 제한적으로만 분포하는 것으로 짐작된다.

또 위의 예문들에서 보듯이, 조사지에서는 '하게'체가 거의 발달하지 않았다. 물론 개인 화자에 따라 '하게'의 말씨를 쓰는 사람들도 있지만, 짐작컨대 바깥 지역에서 배워 온 말씨로 생각된다. 왜냐하면 토박이 화자들 간의 상호작용에서는 '하게'체를 거의 쓰지 않기 때문이다. 뿐만 아니라 '하게'의 말씨를 쓰는 소수의 사람들도 명령형 어미 '하게'나 서술형 어미 '하네' 정도만 대체로 사용하지, 의문형 어미 '하는가'나 청유형 어미 '하세'는 거의 사용하지 않는다. 아마도 이 사실도 조사지에서의 '하게'체의 저발달에 대한 또 다른 방증 자료가 될 것이다('하게'와 공기하는 2인칭 대명사 '자네'의 사용에 대해서는 뒤에서 다시 기술할 것임).

뿐만 아니라 조사지에서는, 앞에서도 부분적으로 언급하였듯이, 독립된 말단계로서의 '반말'은 물론이고 특이한 말씨(speech style)로서의 '반말'에 대한 인식도 명확하지 않다. 따라서 여기서 소위 반말을 구성하는 '-아/-어' 형태는 말단계의 구성에서 별다른 위상을 차지하지 못할 것이다.

위의 예문에서 나타나는 대표적인 종결어미를 중심으로, 이곳의 말단계의 구성을 정리하면 다음 <표 2-5>와 같을 것이다. 물론 위 예문 상의 "논 일 다 했심더.", "내 저어 앉심더.", "저 쪽에 앉았심더.", "그거 저어나 둤임더."에서의 '-심더'는 '-심니더'의 축약형으로 보아야 할 것이다. 실제로도 좀 더 격식적인 상황에서는 '-심더'보다는 '-심니더'의 형태를 더 많이 사용하는 것으로 관찰된다.

또 아래의 2 등급의 말씨에서, 의문형 어미 '-요/-소'와 서술형 어미 '-요/-소'는 실제의 발화에서 그리 높은 빈도수로 실현되지 않는 특색을 가진다. 다시 말하여 이 어미들이 동일 등급의 명령형 어미 '-으소'와 청유형 어미 '-읍시더'와 의미상의 공기관계를 이루는 것은 분명하지만, 실제의 언어사용에서는 동일 등급의 명령형 및 청유형 어미에 비해 상대적으로 제한적인 쓰임새를 가지는 것으로 관찰된다.

표 2-5 말단계의 구분과 대표적 종결어미

	명령형	의문형	서술형	청유형
1	-으이소	-는교	-읍니더/ -심니더	-으입시더
2	-으소	-요/-소	-요/-소	-읍시더
3	-어라	-나	-은다/-는다	-자

앞서 이미 언급하였듯이, 조사지에서는 위의 세 등급으로 구분되는 개별 말단계에 대한 민간 명칭은 가지고 있지 않다. 그러나 기술의 편의를 위해 여기서 1 등급의 말씨는 '하이소'체로, 2 등급의 말씨는 '하소'체로, 그리고 3 등급의 말씨는 '해라'체로 부를 수 있을 것이다. 말할 것도 없이 '하이소'체와 '하소'체는 존대의 말씨이고, '해라'체는 비존대 또는 하대의 말씨이다.

가장 높임인 '하이소'체는 부모나 어른과 같은 윗사람들에게 쓰는 말씨이고, 낮춤인 '해라'체는 동급인 친구 간이나 아랫사람에게 쓰는 말씨이다. 두 번째 높임의 등급인 '하소'체는 좀 제한적인 사용 범위를 갖는데, 대표적으로 (1) 부부 사이에, (2) 윗사람이지만 '서로 말 놓는 자리'가 아닌 '경(輕)한 윗사람'(대체로 5살 이내 정도 연상인 사람)에게, 그리고 (3) 상대방이 친구나 아랫사람이지만 이제는 나이가 들어 대접해 주어야 할 자리인 경우 등에 주로 쓰인다.

위의 (3)과 관련하여, 이 지역에서는 서로 '해라' 말씨를 주고받는 동무 관계가 매우 좁은 연령 차이에서만 이루어짐을, 앞의 5절 '호칭체계'에서 이미 기술하였다. 대신 이 지역의 관행으로는, 화자가 나이가 들어서는 친구간이나 또는 나이 차이가 그리 크지 않은 아랫사람에게 '예말'을 쓰는 경향이 강하다. 다시 말하여, 대체로 50대 후반 또는 환갑 나이를 넘어서면, 친구나 나이든 아랫사람에게 흔히 '하소'체를 씀으로써 상대방을 예우하는 경향이 널리 퍼져 있는 것으로 관찰된다. (일상적으로도 이런 모습을 많이 볼 수 있지만, 가령 필자의 경우, '성님빨'의 10세 전후 연상의 '형님들'에게 서울에서 전화를 할 경우, 많은 분들이 필자에게 소위 '예말'을 써서 이제는 나이가 들어가는 필자를 대접해 주고는 한다.)

조사지에서도 '하이소'체를 써야 할 자리에 '하소'체를 쓰면 당연히 그 화자는 '버릇없고' '건방진' 사람으로 지각된다. 흔히 이러한 화자를 보고 "절마[저놈아이] 저기[게] 세[혀]가 짜르나 말로[을] 머[뭐] 저래 하노!"와 같은 반응을 보인다. 그리고 그러한 말씨의 사용은 일반적으로 '버릇없는 말'로 표현되고, 대신 예의 바른 언행을 하는 사람에게는 흔히 "그 집 아[애] 댔[되었]더라."라는 칭찬이 은연중에 전해지게 된다.

마지막으로 조사지에서도 주체 존대의 형태소 '-시-'는 과거부터 사용되어 왔다. 가령 "서원에[의] 그 어른시[어르신]가 몸져 누우싰단다.", "중리 할배가 돌아가싰단다.", "오늘 달북골에[의] 아재씨가 댕기[다녀]가싰다." 등과 같은 용례에서이다. 그러나 전체적으로 사용 빈도의 면에서는 중부 지역처럼 그리 활발하게 사용되지는 않은 것 같다. 그러나 연구자의 기억으로는, 일상적으로 접촉하지 않는 다른 동네나 바깥의 어른들에 대한 언급에서는, 과거 분들도 쉽게 주체 존대의 '-시-'를 썼던 것으로 기억된다.

3) 인칭 대명사 및 기타 존대 표현

조사지에서의 1인칭 대명사는 '나'와 '지'[저]이고, 복수형은 '우리'와 '지거'이다. 그런데 때로 '지'와 같은 겸양의 표현으로 '이 사람'을 쓰기도 한다. 주로 여성들이 사용하는 것인데, 가령 "이 사람이 그랬심더.", "이 사람이 저질렀심더.", "이 사람이 잘못했심더."와 같이 웃어른 (많은 경우 시부모)에게 자신을 낮추어서 말할 때에 쓴다.

2인칭 대명사로는 '니'(복수형 '니거'), '자네', '당신' 외에, 앞 4절의 '부부간의 특이한 호칭 및 지칭'에서 기술한 '이핀'이 있다.

그러나 '하게'체가 발달하지 않은 조사지에서는 '자네'의 사용도 그리 잘 이루어지지 않는다. 아마도 이곳의 토착 언어목록(linguistic repertoire)에는 '자네'-'하게'의 말씨가 없었던 것으로 보아도 무방할 것 같다. 이를 반영하기라도 하듯이, 이곳의 제보자들은 '자네'의 용법이 주로 손윗사람이 손아랫사람에게 쓰는 것으로만 인지함으로써, 동급 간에 사용하는 '자네'의 용법에 대해서는 제대로 인지하지 못하는 특색을 보여준다. 그러나 '자네' 대신 '이 사람아' 같은 표현은 이곳에서도 자주 사용된다.

'당신'은 여기서도 부부 간에 존칭으로 주로 사용된다. 그러나 부부 사이가 아닌 남에게 쓰일 때는, 조사지에서도 부정적인 함의를 지니는 2인칭 대명사이다. 가령 "당신이 이랄[이럴] 수가 있소?", "당신이 그거를 해야지 와[왜] 내보고[한테] 야단이요!"에서처럼, 서로 싸우거나 감정적인 언사를 주고받을 때에 주로 쓰인다.

또 '이핀'처럼 여성들이 주로 쓰는 대명사적 표현에, '집에는'이라는 말이 있다. 이 말은 혼인한 여성들끼리의 대화에서 상대방을 가리키는 여성어적 표현인데, 서로간의 연령대는 비슷하면서도 그리 친하지 않은 관계에서 주로 사용된다. 가령 "집에는 아들이 공부를 잘한다 카데.", "집에는 요새 벨[별] 일 없는교?"와 같이 쓰인다.

상대방을 부르는 일반 호칭어 또는 넓은 의미에서의 호출어(summons)로는, 상대와의 지위 관계에 따라, '여 보래'(또는 '여 바라'), '여 부 수', '여 보이소' 중의 하나가 선택·사용된다. 이들 호출어는 앞서 기술한 말단계의 등급 구분과 정확히 일치하는데, '여 보래'는 '해라'체에, '여 보소'는 '하소'체에, 그리고 '여 보이소'는 '하이소'체에 각기 대응할 것이다.

'이', '그', '저'라는 지시 관형사와 '사람'을 가리키는 명사들의 결합으로 이루어지는 소위 3인칭 대명사는 조사지에서도 활발하게 사용된다. 중칭(中稱)인 '그'를 기준으로 예를 들면, '가아[그 애]', '그 사람', '그 양반', '그 어른' 등으로 분화된다. 물론 '가아'가 지칭 대상을 가장 낮추는 말이고, '그 어른'이 가장 높이는 말이다. '그 양반'의 의미 값은 대체로 '그 분'의 의미 값과 거의 동격인 것으로 인지된다. 아마도 중부 지역어와의 차이점은 가장 높이는 인칭 대명사로 '그 어른'이 쓰이는 것과, '그 이'라는 표현이 이곳에서는 쓰이지 않는 것이 될 것이다.

지칭 대상을 욕의 수준(vulgar level)에서 가리킬 때에는 '그 놈', '그 새끼', '그 자슥[자식]', '그 거[것]' 등과 같은 표현을 쓴다. ('그 놈'에 대응하는 '그 년' 즉 '이 년', '그 년', '저 년'의 표현은 주로 여성 화자들이 많이 쓰는 말이다.) 그런데 이 욕의 수준의 말과 가장 낮춤의 표현인 '가아' 사이에, '글마'라는 인칭 대명사가 있다. 형태상으로는 '그 놈 아이'에 대응하는 말(최명옥 1991참조)로, 다른 지시 관형사와 결합하여서는 '일마', '절마'의 형태를 이룬다.

이 '일마', '글마', '절마'는 친한 사이에서는 농담조의 반 욕으로도 쓰지만(가령, "글마 그거 오늘 안 비[보이]네."), 일반적으로는 동급 관계나 아랫사람에게 뭔가 잘못한 것을 추궁조로 말할 때에 주로 쓴다(가령, "일마야 니 와 그랬노? 니가 잘못한 거 아이가?" 또는 "그거 절마가 안 저질렀나." 등). 아마도 존대의 정도에 따른 의미 값으로는 서울말의 '녀석'에 거의 상응할 것으로 보인다. 그런데 이 '일마', '글마', '절마'는 조사지에서 주로 남성 화자들이 사용하는 말이다.

마지막으로 앞의 4절 '친척용어체계 II'에서 이미 기술하였듯이, 호칭어 뒤의 호격 조사는 말단계의 구분과 공기관계(co-occurrence relationships)에 있다. 즉 '-아/-야'는 '해라'체와 공기하고(가령, "셍이야 어서 온나.", "야야 빨리 해라."), '-요'는 '하이소' 및 '하소'체와 공기한다(가령, "할배요 어서 오이소.", "성님요 어서 오소."). 그리고 상대방에 대한 '대답 말'은 중부 지역어와 동일 구조(즉, '예', '응', '오냐')인데, 단 '예'의 이곳 방언형은 '야'이고, '오냐'의 이곳 방언형은 '오야'이다. (그런데 '응'과 함께 '오'도 부분적으로 쓰이는데, 가까운 '자식빨' 이하의 아랫사람에게 이따금씩 쓰는 표현이다.)

7. 말의 주요 범주와 특수한 상황변이어

이제 조사지에서 사용하는 말(speech)에 관한 민간 명칭 및 표현들과, 몇 가지 특수한 상황변이어들(register)을 기술하기로 하겠다. 존댓말에 관한 민간 명칭은 앞에서 이미 소개하였으므로, 여기서는 나머지 일반적인 명칭 및 표현들을 정리하기로 하겠다. 그리고 아래에서 기술되는 특수한 상황변이어는 대표적으로 아기말(baby talk), '짐승을 부르는 말(animal calls)' 등이다.

1) 말에 대한 민간 명칭 및 표현

짧은 조사 과정을 통해 제법 많은 숫자의 이 지역에서 사용하는 말의 장르(speech genre), 말 행위(speech act) 또는 말 사례(speech event), 말씨(speech style), 그리고 여타 언어행동과 관련되는 민간 명칭 및 표현들을 접할 수 있었다. 이들 중 대다수는 대체로 다른 지역에서도 사용하는 표현들일 것으로 여겨진다. 아래에서는 개별 명칭들을 간략히 그 개념을 중심으로 정리하도록 하겠다.

(1) 거짓말: 여기서도 거짓말을 잘하는 사람은 '거짓말쟁이'이다.

(2) 경사(京辭) 씬다[쓴다]: 서울말의 말투를 쓰는 것을 가리킨다. 그러나 과거에는 서울말을 제대로 쓰는 것이 아니라 거개 억지로 억양을 흉내 내어 쓰는 것이므로, 이 표현 속에는 부정적인 함의가 담겨 있다. 가령, "그 집 할배는 술 자시면[면] 경사 씬다 아이가!" 등이다.

'경사'와 관련하여, 또 조사지에는 '웃[윗]녘말'이라는 표현이 있다. 대체로 말하여, 경상도 말이 아닌, 경상도 위쪽의 (충청도를 포함하는)중부 지방 말씨를 가리킨다. 마찬가지로 중부 지방 출신인 사람은 '웃녘사람'이라고 부른다. 가령 "그 사람 웃녘 사람인가 웃녘 말 쓰던데?"와 같이 사용한다.

(3) 고담(古談) 또는 옛날 이바구[이야기]: 전설이나 민담과 같은 '옛날이야기'를 가리킨다.

(4) 꼬치[고추] 무운[먹은] 소리: 상대방에게 거부감이 오는 말을 성가실 정도로 반복해서 하는 것, 즉 '안 좋은' 말을 하고 또 하고 또 하는 것을 가리킨다. 이러한 말 행위는 '꼬치 무운 소리 한다'라고 표현한다. 가령 "그 양반 내[나]한테 무슨 안 좋은 마음이 있는지 엊저녁에 꼬치 무운 소리를 그래(그렇게 많이) 하더라."와 같이 쓰인다. (아마도 고추를 먹었을 때 그 매움을 언어적 또는 비언어적으로 반복 표현하는 모습과, 이러한 말 행위의 부정적인 반복 표현 모습간의 유사성에서 연원한 말 같으나, 확실한 유래는 알 수 없다.)

(5) 넝구치기: 형태상으로는 서울말의 '넘겨짚기'가 될 것이다. 말을 직접적으로 하지 않고 돌려서 상대방의 의중을 떠보는 말, 즉 넘겨짚는 말이다. 이러한 말의 행위는 '넝구치기 한다'라고 표현한다. 가령 "니가 내한테 넝구치기 하나?", "넝구치기를 살짝 해 보이깐에[보니까]…" 등으로 쓰인다.

이보다 좀 더 일반적으로 상대방의 의중을 탐색하는 행위, 즉 상대방의 생각을 간접적으로 확인하려고 하는 시도는, 흔히 '간 떠 본다'라고 표현된다. 여기서의 '간'은 음식물의 짠 정도를 가리키는 '간'이다.

(6) 농담: 여기서도 '농담'과 (14)의 '우시개소리'의 구분법은 다른 지역과 거의 동일하다.

(7) 댄[된]소리: 큰소리 즉 고성(高聲)을 가리킨다. 큰소리치는 것을 '댄소리 한다'라고 말한다. 이곳의 속담 중에 "담 넘어 댄소리가 넘어와야 그 집구석이 잘 댄[된]다."라는 말이 있다. 즉 집안에서 고함소리가 나

는 것이 듣기는 싫지만, 그래도 그것이 제대로 굴러가는 사람살이의 모습이라는 뜻이다.

(8) 무릎맞이: '무릎맞춤'의 방언형이다.

(9) 뭇댄말: 무식하고 예법 없는 말 또는 말씨를 가리킨다. "우리 여[여기]는 말이 뭇댄[된]말 아이가." 또는 "우리 여는 뭇댄 데가 대[돼] 가지고 말도 안 뭇대나." 등과 같이 쓰인다. 그러나 이 표현의 반대어 즉 예법이 발달한 유식한 말씨를 가리키는 토속 표현은 없는 것으로 보인다.

(10) 사담(私談): 개인적인 좀 비밀스런 이야기를 가리킨다. 흔히 "이 사람아 내 사담이 좀 있다."와 같이 쓰인다.

(11) 상소리: 넓게는 (13) '욕'과 같은 뜻으로도 쓰이지만, 좁게는 주로 성(性)과 관련된 표현들을 가리킨다. 따라서 '음담패설'이나 '육도문자(肉頭文字)를 쓰는 것'과 유사한 범주로 이해된다 "온갖 상소리를 다 한다."는 말은 여기서도 흔히 듣는 일상 표현이다.

(12) 악다구: 형태상으로는 '악다구니'에 대응하는 말이다. 주로 아이들의 세계에서 쓰는 말로, 윗사람(형이나 누나 또는 언니 등)의 말에 수긍하지 않고 아랫사람이 자꾸 말대답을 하며 자신의 주장을 내세우는 행동을 가리킨다. '악다구 한다'라고 말한다. '악다구'를 하는 아랫사람에게 윗사람이 화가 나면, 흔히 "저 새끼 저 거 참 볼가졌대이. 대가리 처 들고 내한테 악다구 한다이!"와 같이 반응하게 된다.

(13) 욕: 조사지에서 사용되는 대표적인 '욕'은 뒤(8절 '언어예술')에서 따로 기술하기로 하겠다.

(14) 우시개소리: '우스갯소리'의 방언형이다. 그러나 이 지역에서는 유사한 범주의 표현인 '만담'(漫談)이나 '재담'(才談) 등은 사용되지 않는다.

(15) 우앳말: 형태상으로는 서울말로 '이윗말'이 된다. 원래 없던 내용을 새로이 만들어서 부풀리거나 또는 있던 말에 사실이 아닌 것을 덧붙여 좀 더 부풀리는 말을 가리킨다. '우앳말 한다'라고 표현한다. 가령 작은 예를 들면, 야근을 하고 11시에 귀가한 사람을 두고 술을 먹고 12시에 들어왔다고 소문을 낸다면, 그 화자는 두 가지 면에서 '우앳말'을 한 것이 될 것이다. 흔히 "그 사람 그 거 와 씰[쓸]데 없이 우앳말을 하노?"와 같이 쓰인다.

(16) 잔소리: 다른 지역에서의 사용법과 같다.

(17) 접[겹?]말: 이미 한 말을 불필요하게 반복하여 자꾸 하는 것을 가리킨다. 가령 "한 말을 와 또 하노? 그 말이 그 말 아이가. 와 자꾸 접말 하노?"와 같이 쓰인다.

(18) 헛소리: 여기서도 이 말은 두 가지 다른 뜻을 가진다. 즉 이치에 맞지 않는 미덥지 않은 말의 뜻과, 심하게 아픈 사람이 정신을 잃고 무의식적으로 중얼거리는 말의 두 가지 뜻이다.

전자와 관련하여, '헛소리'보다 조금 약한 표현에 '질정 없는 말'이라는 표현이 있다. 말의 앞뒤가 맞지 않고 믿기 어려운 말을 자꾸 할 때, 그것을 '질정 없는 말' 또는 '말이 질정 없다'라고 표현한다.

위의 명칭 또는 표현들과는 달리 아래의 두 예는 '혀'와 관련한 합성어들로, 두 명칭 모두 특정한 또는 정상과는 조금 다른 발음상의 특성들을 묘사하는 말이다.

(19) 세뻔디기 소리: 여기서의 '세뻔디기'란 말 그대로의 의미는 아마도 '혀가 뻔은(그리하여 뻣뻣한) 사람'이라는 뜻인 듯하다. 간단히 말하여, 유아의 단계를 지난 나이의 아동(가령 5~6세 또는 그 이상의 나이)이 어

리광을 피우는 유아 투의 말을 계속 쓸 때, 그러한 아동을 조롱조로 일러 즉 부정적인 함의를 가지고, '세뻔디기'라고 부른다. 그리고 그러한 아동이 쓰는 유아 투의 말씨를 '세뻔디기 소리'라고 부르고, 그러한 말씨를 쓰는 것을 '세뻔디기 소리 한다'라고 표현한다.

'세뻔디기 소리'의 대표적인 언어적 특질은, 구개음(palatal)이 아닌 소리(가령 치음(dental)이나 치조음(alveolar)인 소리)를 구개음에 가깝게 조음하는 음성적인 측면과, '어리광 말투' 특유의 억양 및 다른 부차 언어적(paralinguistic) 자질들로 이루어지는 것으로 보인다. 한마디로 정상적인 언어 습득이 이루어진 뒤에도 유아 투의 어리광을 피우는 말씨를 계속 쓸 때, 바로 그 말씨를 조사지에서는 '세뻔디기 소리'로 부르는 것이다.

(20) 세짜래기 소리 또는 세짜래기 말: '혀짜래기 소리'의 방언형이다. 발음이 명확치 않아 흔히 말의 뒤 끝이 끊기거나 흐린 듯한 느낌을 주는 말씨를 가리키는데, 이러한 명확치 않은 발음의 원인으로 해당 화자의 '혀가 짧은 것'으로 예부터 지각한 데서 만들어진 표현일 것이다. 조사지에서는 그러한 화자를 '세짜래기'로, 그리고 그러한 화자의 언어수행을 '세짜래기 소리/말 한다'라고 표현한다.

다음의 표현들은 '말' 또는 '입'이라는 명사에 여러 동사나 형용사를 붙여, 특정한 언어행동을 가리키는 민간 표현의 예들이다.

(21) 말 덮는다: 더 이상 발설(發說)을 하지 않는 것을 가리킨다. 비밀스럽거나 사적인 이야기를 '덮을' 수도 있고, 또 위의 (17) '접말'을 계속할 경우 "이 사람아 그만 말 덮어라이. 말 덮고 인자[이제] 정침(停寢) 해라이."라고 할 수도 있다.

(22) 말 돌린다: 시간이나 상황에 따라 다른 말을 하는 것, 즉 '말 바

꾸는 것'을 가리킨다.

(23) 말 맞춘다: 흔히 이해 당사자들끼리 미리 말을 짜 맞추는 것을 가리킨다.

(24) 말이 틘다[튄다]: 일반적으로 사실을 좀 왜곡시키는 말투를 가리킨다. 흔히 자기의 주장을 조금 많이 함으로써 서로 간에 잘 알고 있는 사실을 부분적으로 왜곡시킬 때 사용하는 표현이다.

(25) 입 막는다: 말을 못하게 하는 것으로, 흔히 안 좋은 것에 대해 발설을 못하게 하거나 또는 어떤 사안에 대해 부정적인 의견을 표명하지 못하게 할 때 쓰는 말이다.

(26) 입이 무겁다: 언행이 신중하여 알고 있는 사실을 함부로 발설하거나 남에게 옮기지 않는 것을 가리킨다.

(27) 입이 싸다 또는 입이 개굽다[가볍다]: 들은 말을 참지 못하고 남에게 쉽게 잘 옮기는 것을 가리킨다.

(28) 입이 야물다: 상대방의 말에 대해 참지 않고 쌀쌀맞게 할 말을 다하는 태도를 가리킨다. 조사지에서는 흔히 "넘[남] 말 떨어지기 전에 (말을) 받아넘기는" 사람을 일러 '입이 야물다'라고 부정적으로 평가한다.

2) 아기말의 목록

다음은 조사지에서 사용해 온 전통적인 아기말 어휘의 목록이다. 간략히 그것의 의미 및 사용 방식을 정리하도록 하겠다.

(1) 이비: 위험한 것 또는 무서운 것을 가리키고, 따라서 그러한 것에 가까이 가지 말라는 뜻이기도 하다. '이비', '이비야', '이비다', '이비이비' 등으로 쓰인다. 그런데 반복어 '이비이비'는 일반적으로 '이비'보다 더 강한 뜻을 전달하므로, 주로 아기의 행동을 급하게 또는 강하게 제재할 때 쓰는 형태이다.

(2) 지지: 더러운 것 또는 지저분한 것을 가리키고, 따라서 그러한 것에 가까이 가지 말거나 만지지 말라는 뜻이 된다. '지지', '지지야', '지지다' 등으로 쓰인다.

(3) 디 또는 디디: 뜨거운 것 또는 불을 가리키고, 따라서 그러한 것에 가까이 가지 말거나 만지지 말라는 뜻이 된다. '디야', '디디', '디디야', '디디다' 등으로 쓰이는데, 그러나 이 말은 소수의 제보자만이 사용한 것으로 보고하는 형태이다.

(4) 패 또는 애패: 주로 깨끗하지 못한 것을 입에서 뱉어내게 하는 말인데, 여기서 나아가 깨끗하지 못한 것을 입 속에 넣지 못하게 하는 말로도 쓰인다. '패', '패야', '패 해라', '애패', '애패야', '애패 해라' 등으로 쓰인다.

(5) 아야(하다): 아픈 것을 가리키는데, 동시에 아픈 것의 원인이 되는 다치는 것과 그리고 다칠 위험성이 있는 대상에 가까이 가지 말라는 뜻이 되기도 한다. '아야', '아야 한다', '아야 하나?' 등으로 쓰인다.

(6) 호(오)(하다): 두 가지 구분되는 의미를 가지는 것으로 보인다. 한 가지는 고추 같은 매운 것을 가리키고 따라서 그러한 것을 먹지 말라는 의미가 된다. 그런데 또 한 가지는 살을 베거나 다쳤을 때 상처 난 곳 또는 아픈 곳을 입김으로 불어 심리적으로 낫게 해 주는 행위를 가리킨다. '호(오)', '호(오)다', '호(오) 한다', '호(오) 하자' 등으로 쓰인다.

(7) 맘마: 밥 또는 먹을 것을 가리킨다. '맘마', '맘마 먹자' 등으로 쓰인다.

(8) 빠빠: 위의 (7)과 같은 뜻이나 주로 밥을 가리키는 것으로 보인다. 즉 조사지에서는 아기가 밥을 먹기 이전의 단계 다시 말하여 암죽과 같은 초기 이유식을 먹을 때는 주로 (7) '맘마'를 쓰지만, 아기가 보다 성장하여 밥을 먹을 때는 '맘마'보다 이 '빠빠'를 더 많이 쓰는 것으로 보고

된다. 이 말은 '빠빠', '빠빠 먹자' 등으로 쓰인다.

(9) 찌지: 젖 또는 젖 먹는 것을 가리킨다. 그런데 조사지에서는 '찌지'가 예부터 쓰던 말이 아닌 중간에 새로 생긴 말로 보고된다. 아마도 '찌지'는 일본어 chichi에서 차용된 말로 보인다.

(10) 암: 물을 가리킨다. '암', '암 먹자' 등으로 쓰인다.

(11) 까까: 과자를 가리킨다. 그런데 조사지에서는 '까까'는 예부터 쓰이던 말이 아닌 것으로 기억되는데, 말할 것도 없이, 이는 오늘날의 과자가 우리 사회에 보급되기 시작한 것이 그리 오래지 않았다는 사실과 바로 연관될 것이다. '까까', '까까 먹자' 등으로 쓰인다.

(12) 자장자장, (13) 잠마잠마: 아기를 재울 때 등을 두드리며 어르는 말인데, 또 잠자는 것 자체를 가리키기도 한다. '자장자장', '자장자장 하자', '잠마잠마', '잠마잠마 하자' 등으로 쓰인다.

(14) 넨네: 잠 또는 '자장자장'의 의미를 가진다. '넨네', '넨네 하자', '넨네넨네' 등으로 쓰이는데, 이 말도 그리 오래된 말이 아닌 것으로 기억된다. 아마도 이 '넨네'도 일본어 nenne에서 최근에 차용된 말로 보인다.

(15) 시(이): 오줌 또는 오줌 누는 것을 가리킨다. '시(이)', '시(이) 하자', '시(이) 해라' 등으로 쓰인다.

(16) 애 또는 애애: 똥 또는 똥 누는 것을 가리킨다. '애', '애애', '애 하자', '애애 하자', '애 해라', '애애 해라' 등으로 쓰인다. (그런데 이 '애' 또는 '애애'의 실제 발음은 비음(nasal)에 가깝다.)

(17) 흥(하다): 코 푸는 것 즉 막힌 코를 풀도록 콧속으로 힘을 주는 동작을 가리킨다. '흥', '흥하자', '흥해라' 등으로 쓰인다. (그런데 이 '흥'의 발음도 실제로는 공기가 콧속으로 강하게 밀려 나오도록 하는 경우가 많다.)

(18) 아(아)(하다): 무얼 먹기 위해서 또는 다른 행동을 하기 위해 입

을 크게 벌리게 하는 동작을 가리킨다. '아(아)', '아(아) 해라', '아(아) 하자' 등으로 쓰인다.

(19) 고까: 새 옷을 포함하여 입는 옷을 가리킨다. '고까', '고까 입자', '고까 입어라' 등으로 쓰인다.

(20) 속속: 옷을 입자는 뜻과 옷을 입게 팔 다리를 내밀라는 뜻을 모두 가진다. '속속', '속속 하자', '속속 해라' 등으로 쓰인다.

(21) 숙숙 또는 술술: 옷을 벗자는 뜻과 옷을 벗게 팔 다리를 내밀라는 뜻의 말이다. '숙숙', '술술', '숙숙 하자', '술술 하자', '숙숙 해라', '술술 해라' 등으로 쓰이는데, 그러나 이 말은 소수의 제보자만이 보고하는 형태이다.

(22) 까꿍: 아기를 장난스럽게 놀래주는 말 또는 어르는 놀이의 말이다. 조사지에서는 흔히 어른이 아기 앞에서 두 손으로 눈을 가렸다 풀거나 또는 얼굴이나 몸을 잠시 숨겼다 내밀면서, 아기와 함께 눈을 맞추고 웃으면서 이 말을 쓴다. '까꿍', '까꿍까꿍', '까꿍 하자' 등으로 쓰인다.

(23) 뽀뽀: 서로 입을 맞추거나 볼에 입을 맞추는 것을 가리킨다. 그런데 조사지에서는 이 말도 중년에 새로 생긴 말로 기억하는데, 다시 말하여, 과거에는 아기와 입을 맞추는 육아의 관행이 없었던 것으로 보고된다. '뽀뽀', '뽀뽀 하자', '뽀뽀 해라' 등으로 쓰인다.

(24) 따찌 또는 애찌: 손바닥으로 아기나 다른 상대방의 몸을 살짝 때리는 것을 가리키는데, 이 뜻이 확대되어 두 손으로 손바닥을 치면서 무엇(가령 파리 등)을 잡는 행위까지 가리키기도 한다. '따찌', '애찌', '따찌 한다', '애찌 한다', '따찌 하자', '애찌 하자' 등으로 쓰인다.

(25) 맴매: 매 또는 매로 때리다의 뜻이다. 이 말도 과거부터 쓰던 말이 아니라 중년에 새로 생긴 말로 기억된다. '맴매', '맴매 한다', '맴매 하자' 등으로 쓰이는데, 때로는 위의 (24)와 결합하여 '맴매 따찌'로 쓰이

기도 한다.

(26) 앙(하다): 입으로 물다의 뜻이다. 주로 짐승이 무엇을 무는 것을 가리키지만, 사람이 무는 것 즉 장난스럽게 아기의 팔 등을 무는 것도 가리킨다. '앙', '앙 한다', '앙 하자' 등으로 쓰인다.

(27) 어부바, 부바 또는 어빠: 등에 업다의 뜻이다. '어부바', '어부바 하자', '부바', '어빠', '어빠 하자' 등으로 쓰인다.

(28) 어(어)(가다): 밖으로 놀러가다 또는 멀리 놀러가다의 뜻이다. '어(어) 가자', '어(어) 간다' 등으로 쓰이는데, 위의 (27)과 결합하여 '어부바하고 어(어) 가자'는 흔히 쓰이는 표현이다.

(29) 띠띠: 차 또는 차를 타다의 뜻이다. '띠띠', '띠띠 가자', '띠띠 간다' 등으로 쓰이는데, 근래에는 젊은 세대에 의해 '띠띠 뽀뽀'란 형태가 새로 쓰이기도 한다.

(30) 쭉쭉: 아기가 자고 난 후나 기저귀를 갈아준 후 아기의 다리를 곧게 펴고 아래위로 주물러 줄 때 쓰는 말이다. 다시 말해 아기의 다리를 주물러 주는 동작을 가리키는 말이다. '쭉쭉', '쭉쭉 하자' 등으로 쓰인다.

(31) 엉금엉금: 아기가 기는 것을 배울 때에 기라는 뜻으로 그리고 잘 기도록 격려하는 말로 쓰인다. '엉금엉금', '엉금엉금 하자' 등으로 쓰인다.

(32) 도래도래: 아기가 앉거나 안긴 채로 고개를 좌우로 계속 돌리게 하는 말이다. '도래도래', '도래도래 하자' 등으로 쓰인다.

(33) 쪼막쪼막: 아기가 주먹을 쥐었다 폈다 하게 하는 말이다. '쪼막쪼막', '쪼막쪼막 하자' 등으로 쓰인다.

(34) 짝짜꿍(짝짜꿍): 아기가 손뼉을 치게 하는 말이다. '짝짜꿍', '짝짜꿍 짝짜꿍', '짝짜꿍 하자' 등으로 쓰인다.

(35) 진진: 아기가 둘째손가락 끝으로 다른 쪽 손바닥을 (주로 바른 손 검지 끝으로 왼손 손바닥을) 치게 하는 말이다. '진진', '진진 하자' 등으로 쓰인다.

(36) 헐레헐레: 아기가 팔에 힘을 빼고 두 손과 팔을 흔들게 하는 말이다. '헐레헐레', '헐레헐레 하자' 등으로 쓰인다.

(37) 불미불미: 어른이 아기의 겨드랑이 밑을 잡고 아기를 좌우로 흔들어 줌으로써, 아기가 한 번은 왼쪽 다리를 들고 오른쪽 방향으로 몸을 기울이고 또 한 번은 오른쪽 다리를 들고 왼쪽 방향으로 몸을 기울이게 하는 놀이를 가리킨다. '불미붊미', '붊미붊미 하자' 등으로 쓰인다.

(38) 섬마섬마 또는 섬바섬바: 일어서라는 뜻이다. 조사지에서는 주로 어른이 아기를 도와 즉 아기의 두 팔을 잡고 아기로 하여금 일어서게 할 때 사용하는 말이다. '섬마섬마', '섬바섬바', '섬마섬마 하자', '섬바섬바 하자' 등으로 쓰인다.

(39) 따리[따로]섬마(따리섬마) 또는 따리섬바(따리섬바): 아기가 혼자서 일어서게 하는 말이다. '따리섬마 따리섬마', '따리섬바 따리섬바', '따리섬마 하자', '따리섬바 하자' 등으로 쓰인다.

(40) 꼰지꼰지: 어른의 손바닥(주로 왼쪽 손바닥) 위에 아기를 일으켜 세울 때 쓰는 말이다. '꼰지꼰지', '꼰지꼰지 하자' 등으로 쓰인다.

(41) 걸음마(걸음마): 걸으라는 뜻으로, 아기를 혼자서 걷게 하거나 또는 혼자서 걷는 것을 격려하는 말이다. '걸음마 걸음마', '걸음마 하자' 등으로 쓰인다.

(42) 멍멍: 개를 가리킨다. '멍멍', '멍멍 가자', '멍멍 온다' 등으로 쓰인다.

(43) 엄마(아): 소를 가리킨다. '엄마(아)', '엄마(아) 가자', '엄마(아) 온다' 등으로 쓰인다.

(44) 꿀꿀: 돼지를 가리킨다. '꿀꿀'. '꿀꿀 가자', '꿀꿀 온다' 등으로 쓰인다.

(45) 아웅: 고양이를 가리킨다. '아웅', '아웅 가자', '아웅 온다' 등으로 쓰인다.

(46) 꼬꼬: 닭을 가리킨다. '꼬꼬', '꼬꼬 가자', '꼬꼬 온다' 등으로 쓰이는데, 조사지에서는 유사한 표현인 '꼬꼬댁'은 닭의 울음소리를 가리키는 말로 사용된다.

(47) 매(애) 또는 음매(애): 염소를 가리킨다. '매(애)', '음매(애)', '매(애) 가자', '음매(애) 가자', '매(애) 온다', '음매(애) 온다' 등으로 쓰인다. (여기서의 '매(애)' 또는 '음매(애)'의 발음도 실제로는 거의 비음이다.)

위의 모두 47개의 아기말 어휘 목록은, 의미 범주(semantic categories)의 구분 면에서 대체로 다음과 같은 7부류의 범주들로 나눌 수 있을 것이다.

1. (1)~(6)의 6개 어휘는 대체로 아기에게 위해(危害)가 되는 것을 조심시키고 아기를 보호하려는 말이 될 것이다.

2. (7)~(11)의 5개 어휘는 모두 먹을 것과 먹는 행동에 관한 말일 것이다.

3. (12)~(18)의 7개 어휘는 기본적인 신체적 기능과 관련되는 말일 것이다.

4. (19)~(21)의 3개 어휘는 옷과 그것을 입고 벗는 행동에 관한 말일 것이다.

5. (22)~(29)의 8개 어휘는, 물론 (28)과 (29)의 경우 구분이 모호하겠지만, 대체로 아기와의 신체적 접촉에 관한 말이 될 것이다.

6. (30)~(41)의 12개 어휘는 모두 아기의 신체적 발달을 촉진시키는 훈련 및 놀이에 관한 말일 것이다.

7. 마지막으로 (42)~(47)의 6개 어휘는 일상적으로 접촉하는 가축 즉 동물에 대한 명칭들일 것이다.

3) '짐승을 부르는 말'

앞의 아기말이 어머니를 비롯한 보육자(caregivers) 또는 성인들이 아직 언어 습득을 하지 못한 아기들과의 의사소통에서 사용하는 특수한 상황변이어(register)라면, 여기서의 '짐승을 부르는 말'은 말을 하는 인간이 말을 하지 못하는 동물과의 의사소통에서 사용하는 특수한 상황변이어일 것이다. 물론 이 때의 동물 즉 짐승이란 거개가 집안에서 키우는 그럼으로써 사람들이 일상적으로 접촉하게 되는, 가축의 범주에 속하는 것들이나. 따라서 비교적 단순한 명령 지시어들만 주로 쓰이는 것으로 나타나는데, 그러나 소의 경우는 전통적인 농경에서의 중요한 역할 때문에 여러 가지 구체적인 행동이나 움직임을 명령・지시하는 말들이 상당한 정도로 발달해 있는 것으로 나타난다.

다음의 목록은 조사지에서 짐승 즉 가축을 부르거나 그것에게 특정한 행동을 지시할 때 사용하는 언어적 표현들의 전체 목록이다.

(1) 소

① 이라: 앞으로 가라
② 이라이라: 빨리 (앞으로) 가라 (재촉의 의미임)
③ 워-: 서라, 멈추어라
④ 이라로-: (180도로) 돌아라 (그러나 소는 항시 오른쪽으로 꺾어서 도는 것으로 훈련이 되어 있다고 함)

⑤ 어디어디: 오른쪽으로 꺾어라

⑥ 자라자라: 왼쪽으로 꺾어라

⑦ 물러물러: 뒤로 물러서라

⑧ 저발저발: '이까리'[고삐]가 소의 발 사이로 들어갔을 때 '이까리'를 바로 하기 위해 발을 들라는 말

⑨ 발발: 소의 짚 신발을 신길 때 신발을 신기기 위해 발을 들으라는 말

⑩ 묵어묵어[먹어먹어]: 소에게 여물이나 밥을 먹일 때 그것을 먹으라는 말

*그러나 소의 경우 위의 ①~⑦의 명령어를 사용할 때, 말 뿐만 아니라 '이까리'를 적절히 당기면서 신체적인 자극도 함께 주어, 부리는 사람의 명령이라는 전언(message)을 전달한다.

⑵ 소안치[송아지]

① 워어미: 어미 소 가까이로 오라

⑶ 개

① 워리워리: 이리 오라

② 유개유개 또는 이개이개: 저리 가라 또는 저리로 가라는 '훝는'[쫓는] 말

⑷ 강생이[강아지]

① 오요오요: 이리 오라

② 때로는 숨을 빨아들이는 휘파람 소리로 '이리 오라'는 전언을 전달한다.

(5) 개냉이[고양이]

① 살찐아 살찐아: 이리 오라

(6) 대지[돼지]

① 똘똘똘똘: (주로 먹이를 주는 상황에서) 이리 오라

(7) 달[닭] 또는 '달구새끼'

① 구구구구: (주로 모이를 주는 상황에서) 이리 오라

② 조오(－조): 저리 가라

③ 홰애－(소리를 높여 길게 외치는 소리임): 솔개나 매 등의 맹금류(猛禽類)가 공중에 보일 때 닭 특히 '삐가리'[병아리] 더러 빨리 숨으라는 뜻의 말 신호임.

(8) 오리

① 오리오리: (주로 모이를 주는 상황에서) 이리 오라

(9) 거이[거위]

① 깩깩깩깩: 이리 오라

(10) 새

① 후이여: 논밭의 새 떼를 흔히 긴 장대를 함께 사용하면서 '훑는' 소리

위의 명령 지시어 외에도, 소나 다른 짐승에게 상황에 따라서는 간단한 언어 표현을 하게 되는데, 이 동물과의 의사소통이란 특수한 상황에서 흔히 채택되는 언어 표현의 중심 특색은 소위 비어(卑語, vulgar terms)의 사용이다. 물론 동물에게 항시 비어만을 사용하는 것은 아니지만, 많

은 경우 비어를 자연스럽게 사용한다. 가령 집에서 키우는 가축이 조금만 성가시게 하여도, 흔히 '저놈의 소 새끼', '저놈의 개 새끼', '저놈의 개냉이 새끼', '저놈의 대지 새끼'. '저놈의 달구 새끼', '저놈의 오리 새끼'와 같은 '(이/저)놈'과 '새끼'가 붙는 욕 수준의 비어 표현을 자연스럽게 하게 된다.

위의 비어 사용의 묵시적 규범은 소나 다른 짐승의 신체 부위를 가리킬 때에도 똑같이 적용된다. 따라서 흔히 입은 '주딩이'[주둥이]로, 머리는 '대가리'로, 눈은 '눈까리'[눈깔]로, 배는 '배애지'[배때기?]로 표현된다. (조사지에서 소 등의 꼬리는 '꼬랑대기'로 불리는데, 이 말이 여기 언어로 비어인지 여부는 분명하지 않다.) 뿐만 아니라 짐승의 행위와 관련하여서도 똑같이 비어 표현이 사용되는데, 가령 먹는 것은 흔히 '처묵다'[처먹다]로 표현된다. 따라서 가령 소에게는 논이나 밭을 갈다가 "저놈으[의] 눈까리 어데로[를] 보노!" 라든지, 여물을 주고난 후 "빨리 처무우라!"와 같이 말하는 것을 흔히 듣게 된다.

짐승에게 그리고 짐승에 관해서 말을 할 때에 비어 수준의 표현을 사용하는 것은, 물론 의무적인(obligatory) 언어사용의 규범은 아닐 것이다. 그러나 자연 담화(natural discourse)에서 짐승에게 통상적으로 비어를 사용하는 것은, 경향 또는 빈도의 면에서 조사지의 특징적인 언어사용 규범의 한 부분을 이루는 것으로 보인다.

짐승에게 비어 표현을 사용하는 관행은 또 다른 동물의 범주인 물고기(魚)에도 그대로 적용된다. 물론 물고기에게는 직접적인 명령 지시어나 넓은 의미에서의 호칭 및 지칭 표현이 일반적으로 사용되지 않는다. 그러나 물고기의 신체 부위를 가리킬 때는 유사한 비어 수준의 말들이 채택되는데, 입은 '아가리'이고, 머리는 '대가리', 그리고 배는 '배애지'이다. 물고기의 경우 꼬리 부분은 '꽁지'로 불리는데, 이 말도 '꼬랑대기'처럼 이곳 지역어에서 비어인지 여부는 명확하지 않다. 조사지에서는 소나 돼지, 개, 염소 등의 꼬리는 '꼬랑대기'로 부르지만, 닭이나 물고기의 꼬리(부분)는 '꽁지'로 부른다.

참고로 조사 지역에서도 과거 '물고기'를 가리키는 말은 그냥 '개기'였다. 상황에 따라서는 '물'자를 붙여 '물개기'로도 불렀다. 이 '개기'는 다시 '멩물{민물} 개기'와 '바닷 개기'로 나뉘었는데, '바닷 개기'는 때로 '갱물{갯물} 개기'로도 불렀다. 그런데 '바닷 개기'든 '멩물 개기'든 배 쪽의 볼록 튀어나온 부분 즉 흔히 칼을 대어 먼저 가르게 되는 부분의 명칭은, 이곳 지역어로 '배퐁'이다. 따라서 '(물)고기'를 손질할 때 흔히 "배퐁 먼저 짤{잘}라라."라는 말을 듣게 된다.

4) 의례 언어와 '관용 표현'

종교적인 의례 상황에서 사용되는 특수한 말씨 즉 의례 언어(ritual speech)는 사실은 복잡한 영역이고, 본격적인 관찰과 분석이 필요한 중요한 연구 영역일 것이다. 그러나 여기서는 조사지에서 행해지는 제사나 명절 차례와 같은 가정 내의 일반적인 조상 숭배 의례에서 나타나는 특수한 표현들의 개요에 대해서만 간략히 기술하기로 하겠다.

먼저 차례를 포함하는 제사의 상황에서는 제례(祭禮)의 절차 또는 제사의 여러 단계들에 대한 명칭들이 발달해 있는데, 이 명칭들은 물론 모두가 한자어로 이루어져 있다. 조사지의 경우 일반적으로 분향(焚香), 세잔(洗盞), 참신(參神) 등으로 시작하여, 사신(辭神)으로 끝을 맺는다. 그런데 이곳에서는 계반삽시(啓飯揷匙)의 단계를 그냥 '개두'(開頭?) 또는 '삽시개두'(揷匙開頭?)라고도 하는데, 아마도 밥뚜껑(여기 말로는 '개뜨벵이' 또는 드물게는 '밥 뜨껭이')을 연다는 의미에서 '개두'라는 명칭을 쓰는 것 같다. 또 독축(讀祝)의 단계는 흔히 '축 읽는다'라는 우리말 표현도 사용되며, 헌다(獻茶)의 단계는 거의 항상 헌다라는 한자어보다는 '숭늉 올린다'라는 우리말 표현이 사용된다.

제사의 과정에서 관찰되는 보다 흥미로운 언어적 표현은 제사 시에만 사용하는 특수 어휘일 것이다. 달리 말하여 동일한 지시물에 대해 평상시의 표현과는 다른 특수한 어휘를 사용하는 예는 아마도 두 가지인 것으로 보인다. 한 가지는 밥을 제사 시에는 '메' 또는 '멧밥'으로 말하는데, 이는 제사 시에만 사용하는 특수 표현이다. '메(또는 멧밥) 짓는다', '메(또는 멧밥) 올린다'와 같이 사용한다. 또 한 가지는 수저(숟가락과 젓가락)를 '제분'으로 표현하는 것이다. "(제상에) 제분 낳[놓았]나?", "제분은?"과 같이 사용한다.

물론 여기서의 '메'(또는 '멧밥')와 '제분'은 조상신 즉 신위(神位)에게 올리는 밥과 수저를 가리킨다. 그러나 이 '메'와 '제분'은 살아있는 사람에게는 일절 사용하지 않음으로써, 초자연적 존재(supernatural being)에게만 사용하는 조사지 내의 특수한 종교적 어휘가 될 것이다.

제례의 절차가 지역에 따라 조금씩 다르듯이, 준비하여 차리는 제수(祭需)도 지역에 따라 심지어는 개별 가정에 따라서도 조금씩 다를 것이다. 조사 지역에서는 바다가 가까운 곳이라 일반적으로 제사 시에 많은 해산물을 쓰는 특징을 보인다. 그런데 다른 의례 즉 혼례(혼례 뒤의 '상을 보내는' 과정까지 포함하여)나 환갑연 같은 생일잔치 그리고 상례 시에는 준비하지 않는, 제례 시에만 준비하는 특이한 음식은 '탕'(湯) 즉 '탕국'인 것으로 보인다. 이 탕은 조사지에서는 기제사(忌祭祀)와 묘사(墓祀) 그리고 명절 제사에서만 쓰는 제례 특유의 음식인 것으로 나타난다. 그런데 이 탕(국)의 이곳 토착 표현은 '빼끼'인데, 그 어원은 알 수가 없다. 그리고 제사 시에도 꼭 쓰지만 일상적으로도 흔히 먹는 두부의 이곳 토착 표현은 '조포'임을 부기해 둔다.

다음으로 우리가 흔히 '관용 표현'(formulaic expressions)이라고 부르는, 대체로 정형화되고 의례적으로 사용하는 발화 즉 '일상 표현들'(routines) 중, '인사말'에 대해 간략히 기술하도록 하겠다. 말할 것도 없이 일상적인 인사나 명절, 의례 시의 인사말 모두 최근 들어 급격하게 바뀐 것은 아마도 조사지만의 일은 아닐 것이다. 다음은 노인 제보자들이 과거에 사용하던 그리고 지금도 토박이들끼리는 서로 주고받는 대표적인 인사말의 예이다. 그런데 조사지의 경우 인사말이 그리 크게 발달한 것으로는 보이지 않는다.

먼저 일상적으로 만나게 되는 동네 어른들에 대한 인사말은 만남의 시간에 따라 달라졌는데, 대체로 다음과 같이 구분되어 사용되었다.

아침 식전: "잘 주무싰닌교?"
아침 때 이후: "아침 자싰닌교?"
점심 때 이후: "점심 자싰닌교?"
저녁 때 이후: "저녁 자싰닌교?"
밤 시간: "잘 주무이소."

물론 상황에 따라 다른 종류의 인사말, 가령 "어데 가시닌교?", "어데 댕기[다녀] 오시닌교?", "잘 댕기 오이소.", "밤질[길] 조심해 가이소." 등과 같은 표현들도 당연히 쓰였지만, 통상적인 조우(遭遇)에서 흔히 하게 되는 대표적인 인사말은 위와 같은 것이었다. 물론 인사를 받은 상위자는 인사를 한 하위자에게 유사한 형식의 그러나 낮춤말의 인사 답을 하였다.

다음으로 비일상적인 인사말의 경우, 아마도 대표적인 예는 명절 인사가 될 것이다. 먼저 설에는 웃어른에게는 "과세(過歲) 편히 싰[쇠었]는교?"

의 형태가 가장 널리 쓰였다. 대신 웃어른은 아랫사람에게 몇 가지 다른 인사말을 하였는데, "과세 잘 싰나?", "제오(祭位?) 잘 모싰[셨]나?", "모시고 설 잘 싰나?" 등이었다. 위에서 "모시고 설 잘 싰나?"는 주로 미성의 아이들에게 하는 인사 답이었는데, '부모나 어른 모시고 설 잘 싰나?'라는 말의 줄임 표현이 될 것이다.

추석의 경우에는 웃어른에게는 "절새(節祀) 잘 싰닌교?"의 형태가 가장 널리 쓰였다. 인사를 받은 웃어른은 아랫사람에게 흔히 "절새 잘 싰나?", "제오 잘 모싰나?" 등으로 답하였다. 아마도 설과 추석의 명절 인사에서 '제오 잘 모시다'라는 표현은 조사지에서 윗사람이 아랫사람에게 주로 쓴 인사말 같다.

초상(初喪) 시 상주에게 하는 문상 인사로는 '애원(哀怨)' 또는 '애석(哀惜)'이라는 단어를 주로 썼다. 그리하여 "아이고 애원하겠심더." 또는 "아이고 애석하겠심더."가 주로 쓰였다. 환갑의 경우에는 "장수(長壽) 하이소."가 주로 쓰였다고 한다.

아마도 이 지역의 특이한 인사말 한 가지는 '애 쓴다' 또는 '고생 한다'에 해당하는 '욕 본다'라는 말일 것이다. 아직도 많이 쓰이는 이 표현은, 과거 초상 시의 상주에게, 혼례 시의 혼주 등에게 "욕 봅니더.", "욕 보겠심더.", 또는 "욕 봤[보았]심더." 등의 형태로 널리 쓰였고 지금도 쓰인다. 물론 의례 상황이 아닌 일상적 상황에서도 이 인사말은 널리 쓰인다.

'욕 본다'와 관련하여, 감사를 표현하는 '고맙다'라는 말이 이 지역에서는 좀 더 넓게 쓰이는 것으로 보인다. 가령 대학을 합격하거나 어려운 시험에 붙은 젊은이에게 이웃의 어른이 흔히 "욕봤다. 그래 참 고맙다이."로 인사를 하고, 건강이 좋지 않아 입원을 하였다가 완쾌하여 돌아온 이웃 노인에게 "아재씨요 욕 밨심더. 고맙심더. 참 고맙심더."라고 이웃의 부인이 인사말을 전한다. 또 어려운 환경에서 좌절하지 않고 올곧게 사는 젊은 사람을 두고, "그 사람 참 고맙지 고마버[워]."라고 칭찬의 말을 표하기도 한다. 일반적으로 말하여, 가까운 상대방이 기대에 어긋나지 않는 어떤 바람직한 성취를 이루었을 때, 조사지에서는 일종의 감정이입적 동일시(emphatic identification)의 시각에서, 이 '고맙다'라는 인사말을 널리 쓰는 것으로 생각된다.

8. 언어예술

현지조사의 과정에서 언어예술(verbal art)의 영역에 대한 특별한 자료는 모으지 못하였다. 지명과 관련한 전설 한 편은 앞의 1절 '지명'에서 이미 소개하였고, 이슬비 및 가랑비와 관련한 말놀이 한 사례는 2절 '생태 환경의 어휘적 구분'에서 또한 소개하였다.

여기서는 조사 과정에서 자연스럽게 듣게 된 속담 및 그에 준하는 여러 '관용적 표현들'과, 이 지역에서 사용해 온 전통적인 욕 및 그것과 관련되는 동물 은유(animal metaphor)의 부정적인 표현들을 정리하기로 하겠다.

1) 속담 및 관용적 표현

다음의 목록은 조사 과정에서 연구자가 기록한 이곳의 속담 및 관용적 표현들의 예이다. 전체 숫자는 많지 않지만, 그래도 절반가량은 이 곳 특유의 표현인 것으로 보인다.

1. 개냉이[고양이]가 물어다 놓고 눈물을 흘리고 돌아선다: 이는 낭태(浪太)(또는 양태)란 바닷고기의 먹을 것 없음을 비유하는 말이다. 이 고기는 아귀와 그 모양이 흡사한데, 아가리는 크고 살이 없으며 등에서부터 온통 침이 솟아 있다. 그리하여 생선을 좋아하는 고양이가 몰래 먹으려고 훔쳐 왔다가 침이 많고 살이 없어, 종내 먹어보지도 못하고 눈물을 흘리며 돌아선다는 재미있는 표현이다.

2. 개똥(밭)에 구불러도[굴러도] 이승이 낫다

3. 개 보름 시[쇠]듯이 쉈다: 기대했던 행사를 하는 둥 마는 둥 치룬 것을 가리킨다. 즉 정월 보름날 소의 경우는 따로 보름 밥을 차려주고 잘 대접하지만, 개의 경우에는 아무런 특별한 대접도 없이 그냥 지나가는 데서 연원한 말이다. 흔히 자식들이 연세든 부모의 생일 같은 것을 제대로 챙겨주지 않고 그냥 지나갈 때, 나이든 어른들이 자신의 섭섭한 감정을 이 말을 빌려 표현한다.

4. 남구[나무]에도 돌에도 댈[기댈] 데가 없다: 아무 데도 기댈 곳 즉 의지할 곳이 없는 어렵고 고단한 처지를, 이 세상에서 가장 흔한 자연물인 나무와 돌을 빌려 비유하는 말이다.

5. 담 넘어 댄[된] 소리가 넘어와야 그 집구석이 잘 댄[된]다: 집안에서 시끄러운 고함 소리가 나면 듣기는 싫지만, 그래도 그것이 제대로 굴러가는 사람살이의 모습 또는 사람 사는 집의 모습이 된다는 뜻이다.

6. 등드리[등] 뿔난 사람이 조상 찾는다: 여기서 '등드리 뿔난 사람'은 '(등에) 지게를 지는 사람'의 은유적 표현이다. 따라서 등에 지게를 지고 농사를 짓는 못 배운 후손이 역설적으로 조상을 더 잘 섬긴다는 의미가 될 것이다. 즉 이 말은 최근의 잘못된 세태를 풍자하는 흥미로운 표현일 것이다. 아마도 이 말은 오래지 않은 최근에 생긴 표현 같은데, 따라서 또 한 면으로는 속담 생성의 강한 생명력을 느끼게 해주는 흥미로

운 사례가 될 것이다.

7. 막 묵[먹]는 거는[것은] 가을 송칭[충]이다: 이 말의 표면적 의미는 가을철의 송충이는 위아래 구분 없이 마구 다 긁어 먹는다는 뜻이다. 그러나 이 말은 일종의 말놀이(speech play)의 상황에서 사용되는 웃음의 표현인데, '마구 먹는다'는 뜻의 '막 묵는'과 '맞먹는다'는 뜻의 '막묵는'은 조사지의 언어로는 동음이의어(homonym)이다. 따라서 장난스런 농담의 상황에서, 윗사람이 아랫사람에게 "니가 내한테 막묵나?" 또는 "이러다가 안자[이제] 막묵겠다이."라고 웃음의 항의를 하면, 이 항의를 받은 아랫사람이 흔히 "막 묵는 거는 가을 송칭이요."라고 동음이의어를 이용한 웃음의 대답을 하고는 빠져나간다.

8. 밥에 미[니]다 또는 쌀에 미다: '미' 즉 '니'는 껍질이 안 벗겨진 쌀을 가리키고, 따라서 '밥에 미' 또는 '쌀에 미'는 귀한 것, 흔치 않은 것을 가리키는 은유적 표현이다. 이 지역에서 흔히 쓰는 관용적 표현으로, 가령 "그 시절에는 잘 사는 집이 밥에 미다."와 같이 쓴다.

9. (사람은) 복장(腹臟)이 발라야 한다: '(사람은) 정직해야 한다'는 뜻의 말이다. 가령 "그 사람은 복장이 안 바르이[니] 어데 가서 신부를 못 한다 아이가!" 와 같이 쓰인다. (여기서의 '신부'는 신임을 얻는다는 뜻의 이 곳 방언형인데, 한자로는 어떻게 쓰는지 명확하지 않다.)

10. 사람이 죽고 나먼[면] 영장[송장]은 썩은 짚단카만[보다] 못하다: 사람이 죽은 후의 남은 육신 즉 '영장'은 만지면 부스러지는 썩은 짚단보다도 못하다는 말이니, 달리 표현하면, 사람은 죽으면 그것으로 끝이고 아무런 값어치도 남아있지 않게 된다는 뜻의 말이다.

11. 사람 팔자 시간 문제다: 사람의 팔자 즉 일생의 운수는 수시로 바뀐다는 말이다. 그런데 아마도 이 속담은 그리 오래된 것은 아니고, 중년(中年)에 널리 쓰이게 된 말 같다.

12. 선부[선비] 밑에는 무식이 나온다: 선비 다음 대에는, 선비가 글만 읽고 일을 하지 않음으로써 경제적 궁핍으로 인해 흔히 자식 공부를 제대로 못 시키게 되고, 따라서 글 공부를 못한 무식자가 나오게 된다는, 세상살이의 일반 이치를 기술하는 말이다.

13. 5대가 한 지붕 밑에 산다: 여기 말로 '고손'(高孫) 즉 현손(玄孫)을 보았을 경우에 사용하는 말이다. 즉 고손을 보게 되면, '고조 할배', '징조 할배', '할배', '아부지'의 4대에다가, 새로 태어난 아기 즉 '고손'까지의 5대가 모두 한 지붕 밑에서 살게 될 것이다.

14. 조딩이[조둥이]가 칼날 걸[같]다: 앞의 7절의 '말의 민간 명칭'에서 기술한 '입이 야물다'와 비슷한 표현이지만, 그보다는 훨씬 강한 표현이다. 흔히 상대방이 말을 다 맺기도 전에 이에 대꾸하고 받아치는 모습을 일러, '조딩이가 칼날 겉다'라고 표현한다. (여기서 '조딩이'는 빨리 말하면 흔히 '조디'로 발음한다.) 주로 철 안 난 어린아이나 미성의 아이들을 보고, "조 놈 조딩이가 칼날 겉다.", "조 예식[여식]아 조딩이가 칼날 겉다."라고 말한다('여식(女息)아'는 이곳 말에서 서울말의 '계집애'에 일반적으로 대응하는 표현임).

15. 지[제] 앞만 씨는[쓰는] 사람: '자기 앞만 (빗자루로) 쓰는 사람' 즉 '제 앞만 가리는 사람'을 가리킨다. 흔히 "지 앞만 씨는 사람" 또는 "그 사람 지 앞만 살살 씰고…" 등으로 쓰인다.

16. 집안에 잔소리꾼이 있어야 (그)집안이 잘 댄[된]다: 잔소리하는 것은 옆에서 듣기는 싫지만, 그러나 집안이 바로 되려면 그 집의 누군가는 잔소리를 하고 일을 챙겨야만 한다는 사람살이의 이치를 기술하는 말이다.

17. 천층 만층 구만층이다: 갈래가 복잡하게 많음을 가리키는 수사적 표현이다. 흔히 까다롭고 어려운 상황을 우회적으로 가리킬 때 쓴다.

가령 "사람 마음이 다 똑같나? 이 세상 사람이란 기[게] 천층 만층 구만층 아이가!"와 같이 쓴다.

18. 콩을 퐅[팥]이라 해도 곧이 듣는다.

19. 하나 딸 잘 사는 거[것] 밨[봤]나?: '하나 딸' 즉 외동딸은 "어지어지 키워"(어리광을 피우도록 귀하게 키워) 세상 물정을 잘 모르고 또 참을성이 없어서, 흔히 시집을 가서는 잘 못 사는 경향이 있음을 가리키는 말이다. 때로 "하나 딸 못산다."라는 평서문으로 쓰기도 하지만, 거개는 "하나 딸 잘 사는 거 밨나?"와 같이 의문형 형태로 사용한다.

20. 하내이[한사람] 보굴[곰] 깜[감] 댄[된]다: '한 사람 보굴 체올(곧 올릴 즉 약 올릴) 감이 된다'의 뜻이다. 흔히 '입이 야물'거나 '조딩이가 칼날 겉'은 아이를 보고, "그거 참 하내이 보굴 깜 대네."와 같이 말한다.

21. 할배 어진 기[게] 손지 거름이다: 할아버지 또는 조부모 대의 선행(善行)이 바로 다음 자식 대는 몰라도, 손자 대에는 그것이 눈에 안 보이는 밑거름이 되어 그 집에 빛을 보게 된다는(즉 가운(家運)이 일어나든지 또는 손자가 성공을 하게 된다는), 도덕적 함의를 지닌 옛말이다.

22. 행 거는[한 것은] 간 곳 없고 욕만 들[들어]온다: 세상의 인심이란, 남을 위해 해준 좋은 일 즉 공(功)에 대한 인사는 받기가 어렵고, 도리어 욕 즉 안 좋은 소리만 듣기 쉬움을 묘사하는 말이다. 흔히 "행 거는 간 곳 없고 욕만 들온다 카더이[하더니] 내 원 참 기가 차서!"와 같이 쓰인다.

2) 욕과 '동물의 은유'

조사지에서의 욕도, 말의 다른 장르(genre)와 마찬가지로, 한국 사회에서 일반적으로 쓰이는 것과 이 지역 특유의 것이 함께 섞여 있을 것이다. 다음은 조사지에서 흔히 써 온 이곳의 대표적인 욕 표현이다.

먼저 아이들에게 하는 욕으로는, 버릇이 아주 없는 남의 아이를 일러 '호로 새끼', '애비 없는 호로 새끼', '순 호로 새끼' 등과 같은 표현을 쓴다. 또 이곳의 흥미로운 욕으로는 '세[혀] 빠질 놈', '세가 만 발이나 빠질 놈'과 같은 표현이 있는데, 이 욕은 주로 엄마가 옆에서 애를 먹이는 자신의 아이들에게 쓰는 욕이다. 아마도 '혀가 빠진다'라는 표현은 사람이 죽을 때 혀가 빠지는 모습에서 연유한 것으로 짐작된다.

여자들끼리의 격한 싸움에서 사용하는 욕은 일반적으로 '호양연'[화냥년]과 '도덕연'[도둑년] 등이다. 둘 다 나쁜 행실(行實)을 원래는 가리키는 표현이 될 것이다. 이에 비견되는 여자가 남자에게 주로 하는 욕은 '잡놈'이다. 이 말도 또한 남자의 나쁜 행실을 가리키는 말일 것이다.

조사지에서도 욕은 주로 남자들 사이에서 사용하는 것이고, 남자들의 세계에서 흔히 사용하는 일반적인 욕 표현은 대략 다음과 같다.

'이 새끼', '저 새끼', '그 새끼'
'개새끼'
'빌어무울[먹을] 놈'(구걸해 먹는 거지에서 연유하였을 것임)
'야 이 씹할 놈아'
'니기미 씹할 놈', '지기미 씹할 놈'(어머니와의 근친상간(incest)을 함의하는 말일 것임)
'지랄 염병할 놈'(치유하기 어려운 두 가지 병 즉 지랄병(간질)과 염병(장티푸스)에서 연원한 말일 것임)
'병신 겉은 놈'
'또대기 겉은 놈'('또대기'는 모자라는 사람을 비하하는 말임)
'반피이'[반푼이]
'미친개이'[미치광이]

'문딩이[문둥이] 겉은 놈 자식'
등

마지막 사례는 부분적인 오해의 소지가 있을 수 있다. 즉 '문딩이 겉은 놈 자식'은 그리 심한 욕은 아니지만 그러나 조사지에서 분명히 욕으로 쓰는 표현이다. 그러나 이와 비슷한 다른 표현, 가령 '아이고 이 문딩이야!'나 '문딩이 겉은 자식!'은 친한 사이에서, 마치 '지랄한다!'와 같이, 정의적(affectionate) 또는 친교적(phatic) 표현으로 즉 긍정적인 의미를 전달하는 말로 흔히 쓰기 때문이다.

마지막으로 사람을 동물 또는 동물의 일부분에 비유하는 그러나 거개의 경우 직유법(simile)을 사용함으로써, 상대방에 대한 언어적 모욕(verbal insult)의 정도를 낮추는 흥미로운 표현들을 현지조사의 과정에서 또한 찾을 수 있었다. 다시 말하여 동물 은유(animal metaphor)에 기반하는 넓은 의미에서의 욕의 범주에 속할 관용적 표현의 목록을 정리하면, 대략 다음과 같다.

1. 개새끼(겉은 놈): 상대를 비하하는 일반적인 욕임.

2. 동넷개: 아마도 '동네를 어슬렁거리는 개'에 비유하는 말일 터인데, 행동거지가 정상을 벗어나 아무도 건드리지 않는 '내놓은 인간'을 가리킨다.

3. 소(새끼) 겉은 놈: 미련하고 우둔한 사람을 가리킨다.

4. 곰 겉은 놈: 자기 속이 없고 욕이나 해코지를 하여도 별다른 반응을 않는 사람을 가리킨다. 전체적으로 보면, 둔하고 미련한 범주의 사람에게 적용하는 말이지만, 앞의 3 '소 새끼 겉은 놈' 보다는 둔하고 미련한 정도에서 조금 약한 표현이 된다. 또 "저거 곰 아이[니]가, 곰 겉다."

라는 식으로 표현하기도 한다.

5. 대지[돼지] 겉은 놈: 욕심이 많아 남에게 베풀 줄 모르고 자기 것만 챙기는 사람을 가리킨다. 이와 관련하여 또 많이 먹는 것을 "대지 겉이 묵는다."라고 말한다.

6. 땡삐[땅벌] 겉다: 땅 속에 집을 짓고 사는 땅벌 즉 '땡삐 집'을 잘못 건드려 놓으면, 감당하기 어려울 만큼 땅벌로부터 호된 공격을 받는다. 따라서 이 말은 성격이 급하고 독하며 남에게 잘 달려드는 사람을 가리키는 표현이다.

7. 야시[여우] 겉은 년: 주로 여자들에게 사용하는 표현으로, 약삭빠르고 자신의 이익을 좇아 수단껏 행동하며 또 간사하고 좀 악랄한 기가 있는 여자를 가리키는 말이다.

8. 지[쥐]새끼 겉은 놈: 재빠르고 꾀가 많으며 일종의 '살살이 짓'을 하는 사람을 가리킨다.

9. 너구리 겉은 놈: 일반적으로 엉큼하고 자기 꿍꿍이셈이 많은 사람을 가리킨다. 또 사람 됨됨이가 '얍삭'[얄팍]하여 어떤 일을 저질러 놓고 자신은 잘 빠지는 사람을 가리키기도 한다. 이 은유는 너구리가 먹을 것을 항시 숨겨 놓고 먹는 특성에서 연유한 것으로 말해진다.

10. 늑대 겉은 놈: 사람이 능글맞고 남의 비난이나 눈총에도 꿈쩍 않으면서 자신의 실속을 잘 챙기는 사람을 가리킨다.

11. 능구리[능구렁이] 겉다: 조사지에서도 물론 '구링이[구렁이] 겉다', '구링이 겉은 놈'도 쓰지만, '능구리 겉다', '능구리 겉은 놈', "저거 순 능구리 아이[니]가!"와 같은 표현을 더 많이 쓴다. (여기서도 '구링이'는 빨리 말하면 흔히 '구리'로 발음된다.) 어감상으로는 '능구리 겉다'가 '구링이 겉다'보다 좀 더 강한 표현이 될 것이다. 음흉하고 능청스럽게 임기응변을 해대며 욕심이 많고 진실 되지 못한 사람을 비유하는 말이다.

12. 토까이[토끼] 겉은 놈: 까불고 성질이 급한 사람 또는 제멋대로 '까불락거리는' 사람을 가리킨다.

13. 고슴도치 겉은 놈: 잘 '내띠고'[나서고] '톡톡거리면서' 자기 방어에 강한 사람을 가리킨다. 이 은유는 고슴도치가 가까이 가는 다른 동물들을 침으로 찌르며 방어하는 모습에서 연유한 것으로 보인다.

14. 촉새겉다: 잘 '내띠고' 자기 말이 많으며 참을성이 없는 사람을 가리키는 말이다. 이러한 성격을 가진 여아(女兒)를 보고는 '촉새 겉은 연[년]'이라고도 하고, 말이 많으므로 입에 초점을 맞추어 '촉새 겉은 조딩이[조둥이]', '입이 촉새 겉다'라고도 한다. (촉새는 주둥이가 나온 물새의 한 종류이다.)

15. 꽁치 조딩이 겉은 놈 또는 꽁치 조딩이 겉은 예식아[여식아]: 여기서의 '꽁치'는 주둥이가 긴 '학꽁치'를 가리킨다. 이 말은 주로 어린 아이들에게 쓰는데, 잘 '내띠고' '입이 야문' 아이를 가리켜, 사내아이는 '꽁치 조딩이 겉은 놈', 계집애는 '꽁치 조딩이 겉은 예식아'로 흔히 부른다.

16. 칼치[갈치] 조딩이 겉다: 말이 많고 남에게 지지 않으려는 성격의 사람을 가리킨다. 이런 사람과의 접촉은 되도록 피하든지, 아니면 신중히 대해야 하는 부류의 사람이다. 이 말은 갈치의 이빨이 날카로워 잘못 손가락을 갈치 입에 넣었다가는 쉽게 물리거나 베이는 데서 연유한다. 즉 '칼치 조딩이 겉은 사람'에게 잘못 접근하였다가는 뜻하지 않은 낭패를 흔히 보게 됨을 우회적으로 묘사하는 말이 될 것이다.

17. 대구 아가리 겉은 놈: 입이 큰 사람을 가리키는 말이다. 겨울철에 잡히는 대구의 아가리가 큰 데서 연유한다.

18. 낭태 아가리 겉은 놈: 앞의 속담 1의 '개냉이[고양이]가 물어다 놓고 눈물을 흘리고 돌아 선다'는 낭태도 아가리가 아주 큰 생선이다. 실제로 낭태의 아가리는 대구의 아가리보다 더 크다. 따라서 이 말은 입이

아주 큰 사람을 비유하는 말이다.

19. 벵어[병어] 겉은 조딩이: 병어가 고기 크기에 비해 아가리가 아주 작은 생선이므로, 이 말은 입이 작은 사람을 비유하는 말이다.

위의 동물 은유의 표현들은 부분적으로 동물의 외양과 사람의 외양간의 유사성에 기반하기도 하지만, 거개는 동물의 행동상의 특성과 사람의 행동 또는 성격(personality)상의 특성 간의 유사성에 기반하고 있다. 그런데 위의 동물 은유의 예들은 모두가 사람의 행동 또는 성격 그리고 외양상의 부정적인 측면들을 비유적으로 묘사하는 데 그 초점이 맞추어져 있다. 조사지에서 이와는 반대의 경우, 즉 사람의 행동이나 성격 그리고 외양상의 긍정적인 측면들을 묘사하는 동물 은유의 표현들이 또한 널리 쓰이는지 여부는 매우 흥미로운 질문이 될 것인데, 물론 앞으로 보다 본격적인 연구 조사에 의해 그 실상이 밝혀질 수 있을 것이다.

제 3 장

중국 연변 조선족의 언어문화

연구의 과정

이 연구는 한국문화인류학회가 시행한 '재외동포 생활문화 조사연구'의 제 1차년도 사업인 '중국 연변 지역의 조선족에 대한 연구'(1996년도)에 필자가 연구팀의 일원으로 참가함으로써 이루어진 것이다. 구체적인 연구 대상지는 연변(延邊) 지역 내의 두 조선족 마을이었는데, 한 곳은 길림성 룡성시 지신진 장재촌(吉林省 龍井市 智新鎭 長財村) (당시 조선족 108호에 432명의 인구)이었고, 또 한 곳은 길림성 화룡시 동성진 해란촌(吉林省 和龍市 東城鎭 海蘭村) (당시 조선족 151호, 한족 5호에 570명(그러나 실제로는 730명으로 추산)의 인구)이었다.

연구팀의 전체적인 연구 과정 그리고 두 조사 대상 마을의 일반적인 촌락 구조에 대해서는 김광억 교수의 '총론'(김광억 1996)과 여중철 교수의 '촌락 구조'(여중철 1996)가 있다. 물론 연구팀 전체의 조사 결과 보고인 『중국 길림성 한인 동포의 생활문화』(한국문화인류학회 1996)는 이 두 조사 대상 마을에 대한 보다 광범하고 자세한 배경 지식을 전달해 줄 것이다.

이 연구 조사의 중심 목표는 해당 언어공동체(speech community) 내의 조선족 화자들이 사용하는 말의 문법 즉 언어구조의 면보다는, 사회문화적 맥락 속에서의 언어행동의 유형 즉 '언어생활'의 여러 중요한 측면들을 발견·기술하려는 것이었다. 대체로 노인 세대들이 사용해 온 전통적인 언어생활의 여러 양상들을 중심으로 하되, 최근의 변화된 모습 특히 '한족'(漢族)과의 문화 접변(acculturation)에 의해 야기된 언어 변화의 측면도 아울러 관찰하고자 하였다. 그러나 조사지에서의 특징적인 언어행동인 이중 언어 사용(bilingualism), 즉 조사지의 화자들이 소위 '한어'(漢語)를 다양한 맥락에 따라 선택적으로 사용하는 양상에 대해서는 조사를 거의 하지 못하였다. 전체적으로 조사 기간이 짧고 또 방언의 차이가 심해, 연구 계획 단계에서부터 만족스런 연구 결과를 기대하기는 어려웠지만, 정해진 시간 내에 조사지에서의 전통적인 언어행동의 중요 측면들을 찾아내기 위한 나름대로 최선의 노력을 경주하였다.

본 연구를 위한 현지조사는 1996년 8월 11일부터 8월 25일 사이에 이루어졌는데, 구체적으로 장재촌에서는 8월 14일부터 19일까지의 5박 6일 동안, 그리고 해란촌에서는 19일부터 23일까지의 4박 5일 동안 해당 마을에 각기 체재하면서 이루어졌다.

두 마을에서 연구자의 연구 작업을 이해하고 적극 도와준 주요 제보자의 명단은 다음과 같다.

김청금(여, 71), 현원철의 처(妻)(여, 60대), 리종순(남, 73),
림성범(남, 39), 림성범의 모(母)(여, 81), 림성범의 처(여, 34),
전기호(全基鎬)(남, 46), 전기호의 처(여, 46), 전금화(全金花)(여, 18),
전송남(全松男)(남, 16),
김팔남(남, 49), 김철봉(남, 43)
(이상 장재촌)

지중렬(池仲烈)(남, 69), 박두익(朴斗鎰)(남, 62),
길명선(吉明善)(남, 55), 길명철(吉明哲)(남, 50), 오기중(吳基鉀)(남, 43),
안금숙(安金淑)(여, 68), 한봉옥(韓鳳玉)(여, 60), 박영애(朴英愛)(여, 40),
치봉덕(治鳳德)(남, 65, 한족) 일가족
(이상 해란촌)

마지막으로 조사지에서 사용되는 방언의 음운체계는 비음(nasal sound)이 특히 발달한 것으로 관찰되었는데, 이를 표기할 마땅한 방법을 찾지 못하여 본문에서는 비음 표기를 전혀 하지 못하였음을 밝혀둔다.

1. 언어공동체의 일반적 특성

먼저 조사 대상 마을인 장재촌(長財村)과 해란촌(海蘭村)의 일반적인 언어 상황과, 두 조사지에서 발견되는 언어 표현상의 주요 특성을 어휘를 중심으로 간략히 정리하도록 하겠다.

1) 장재촌과 해란촌

연구 대상 언어공동체인 장재촌과 해란촌은 기본적으로 동일한 언어 상황에 놓여 있는 것으로 말할 수 있겠다. 두 마을의 주민들이 일상적으로 사용하는 '조선어'는 크게 함북 지역의 방언에 기반한 연변 지역에서 사용되는 한국어의 변이어(variety)이고, 또 두 마을 모두 조선어와 한어(漢語)를 부분적으로 함께 사용하는 이중 언어 사용의 상황 속에 놓여 있기 때문이다.

그런데 두 마을에서 사용되는 조선어는 전통적인 함북 방언의 하위 범주들 중에서 '사읍(四邑) 방언'에 더 가까운 것으로 생각된다. 일차적으로 두 마을 모두, 특히 장재촌의 경우는 거의 절대적으로, 함북 명천(明川) 지방 출신들이 주민의 대다수를 구성하고 있기 때문이다.

조사지에서는 함북의 육진(六鎭)(또는 육읍(六邑)) 지방 출신들을 '유비치'로 그리고 그들의 말을 '유비말'로 범주화한다. 여기서의 '유비'는 아마도 '육읍 + 이'에서 온 듯한데, 어쨌든 '유비말'의 어휘 및 문법 형태 면에서의 특이성에 대해 이곳 주민들은 대체로 명확히 인식하고 있었다.

그러나 조사지의 말이 순수한 사읍 방언 그대로인 것으로 보기는 어려울 것이다. 아마도 두 방언간의 접촉에서 부분적으로는 '육읍 방언'의 영향도 받은 것으로 생각된다. 물론 이 문제는 체계적인 방언학 연구에 의해 규명되어야 할 사항이겠지만, 대체로 말해, 조사지에서 오늘날 사용하는 방언 형태는 사읍 방언을 바탕으로 하고 그 위에 육읍 방언이 부분적으로 섞인 말이 아닌가 생각된다.

한편 장재촌과 해란촌에서 일상적으로 사용하는 말은, 보다 구체적인 수준에서는 상당한 정도의 차이를 보여 주었는데, 그것은 아마도 두 마을이 가진 사회적 특성상의 차이 때문인 듯싶었다.

먼저 장재촌의 경우, 이 마을은 지리적으로 비교적 고립되어 있고, 108호(432명)의 주민 모두가 조선족이며, 또 다수의 주민들이 비교적 오랫동안 집단적으로 거주해 온 마을이다. 따라서 이 마을에서 일상적으로 사용하는 말은 고유의 방언적 요소가 강하게 남아 있어, 외부인인 연구자가 처음에는 그들의 말을 제대로 이해할 수 없을 정도였다.

아래의 담화(discourse) 예는 여기서의 특이한 말단계인 '야야'를 주로 어떤 사람들에게 써 왔느냐는 연구자의 질문에 대한 대답인데, 제보의 내용 그 자체를 떠나서도 장재촌에서 사용하는 언어가 중부 지방의 말과 어느 정도 다른지를 보여주는 좋은 예가 될 것이다.

"아이 쪼끔 시집와서 예 지하(在下) 저기 자기 시집에 저기 시애끼[시동생]마[보다] 예 이런 또래들이람[과] 다 야야 했짐. 시애끼가랑[(들)과] 예 그래거나[그렇게 하거나], 조캐 자기 조캐라메[랑] 예 또 나이 이렇게

어지가이 크무[크면] 제 키에 다 넘어가무 응응 하기두 그렇담 말임다. 그랳다나이[그렇다 보니] 야야 하짐."(여, 34세)

이에 비해 해란촌은 도시 인근에 위치하여 외부와의 교류가 비교적 많은, 상대적으로 개방된 곳이었다. 뿐만 아니라 대다수의 마을 주민들이 원래의 토박이이기보다는 다른 지역에서 유입되어 들어온 사람들이고, 또 전체 156호(570명, 실제로는 730명으로 추산됨)의 주민들 중에서 5호는 한족(漢族)으로 이루어져 있었다. 이러한 사회적 여건 때문인지, 해란촌에서의 말은 고유의 방언적 요소가 어휘 및 성조(tone)의 면에서 훨씬 약하게 남아 있었고, 상당 부분 '표준어화' 한 말씨를 사용하고 있었다. 따라서 장재촌과는 달리, 연구자가 주민들의 말을 이해하는 데서 커다란 어려움은 느끼지 않을 정도의 언어 차이를 일반적으로 보여 주었다.

다음으로 두 조사지는 매우 피상적인 관찰이기는 하지만, 대체로 한어 사용의 빈도 면에서도 서로 제법 다른 것으로 느껴졌다.

장재촌에서는 주민들끼리 한어를 사용하여 의사소통을 하는 경우가 거의 없다고 하는데, 실제로 중년층 이상에서 한어를 제대로 하는 사람은 드문 듯하였고, 한어를 배운 젊은 세대에서도 '오래 안 쓰니 잊어버린다'는 말을 할 정도였다. 연구자는 마을 내로 물건을 팔러온 한족 장사와 몇몇 마을 사람들이 간단한 한어로써 대화하며 물건을 사고파는 장면을 목격하였는데, 아마도 장재촌에서 한어가 쓰이는 경우는 이러한 언어 상황 정도가 아닐까 추측된다.

이에 비해 해란촌에서는 한어 사용의 빈도수가 상대적으로 높은 듯하였다. 아마도 교육 수준이 좀 더 낫고, 한족들과의 접촉 기회가 보다 많기 때문인 것으로 보였다. 마을 내의 한족들과의 대화 시에도 조선족들은 주로 조선어를 사용한다고 말하지만, 연구자는 40대 초반의 여성 화자가 조선어 능력이 조금 떨어지는 젊은 한족 여성과 한어로써 이야기하는 장면을 목격하였고, 또 마을 내의 길을 걷다가 20대의 조선족 청년들끼리 한어로만, 그것도 제법 오랫동안 서로 대화하는 장면도 약간의 충격 속에서 목격하였다. 물론 '조선 사람들'끼리의 대화에서 한어를 사용하는 경우는 드물다고 말하지만, 적어도 장재촌에서 보다는 한어 사용의 빈도수가 상대적으로 좀 더 높은 것으로 짐작되었다.

2) 고유의 방언과 한어의 차용

두 연구 대상 마을에서 나타나는 구체적인 언어 차이와는 별개로, 조사지에서 사용하는 조선어는 일반적인 수준에서 한국 특히 중부 지방의 말과는 상당히 다른, 어떤 공통적인 특성을 보여 주었다. 물론 조사지에서의 언어구조상의 특성은 체계적인 문법적 연구에 의해 규명되어야 할 사항이다. 그러나 조사 기간 동안 연구자가 기록하거나 녹음한 항목들을 주로 어휘 차원에서 간략히 정리해 봄으로써, 조사지의 언어 특성을 피상적으로나마 기술하기로 하겠다.

먼저 조사지에서 관찰되는 특이한 표현들의 한 부류는 순수한 방언 차이에서 기인하는 것으로 생각된다. 대체로 다음과 같은 어휘 항목들이 이 곳 고유의 방언 어휘들인 것으로 보인다.

가매치, 가마치 : 누룽지

게사니 : 거위

낭기 : 나무

눅다 : (값이) 싸다

닦다 : (음식을) 볶다

바쁘다 : 어렵다, 바쁘다

부스깨 : 부엌

불기, 불구 : (붉은)상추

새가아 : 새 애기(?), 다 큰 처녀

싸다 : (물건을) 사다

쎄게 : 열심히, 잘, 많이

오망 : 노망

옥시, 옥수 : 옥수수

이팝 : 이밥(쌀밥)

할랄 : 하루

헗다 : 쉽다

등

다음으로 조사지에서 보다 주목을 끄는 것은 언어 접변(linguistic acculturation) 현상, 구체적으로 말하여, 한어와의 접촉에서 야기된 한어 어휘의 차용 현상이었다. 이 한어 어휘의 차용은, (1) 차용된 한어 표현을 현대 한어음 그대로 빌려 쓰는 보다 '직접적인' 것과, (2) 그것을 한국식의 한자음으로 옮겨서 빌려 쓰는 '간접적인' 것의 두 가지로 크게 나눌 수 있었다.

먼저 현대 한어음을 그대로 빌려 쓰는 한어 차용어에는 다음과 같은 예가 관찰되었다. 모두 일상적으로 빈번히 사용하는 말들이다.

땐스 : 텔레비전. 電視[dian shi]

마우재 : 러시아 사람(놈). 毛子[maozi]

빙골, 빙고르 : 빙과(얼음과자). 氷果[bing guo]

싸발하다 : 퇴근하다. 下班[xia ban]

쌍발하다 : 출근하다. 上班[shang ban]

안패받다 : 정해주는 직장을 받는 것. 按排[an pai]

피주 : 맥주. 啤酒[pi jiu]

등

또 차용된 한어 표현을 우리 식으로 읽는 한어 차용어의 예로는 다음과 같은 어휘 항목들이 발견되었다.

공작(工作)하다 : '간부질'과 같은 공공적인 일을 하다

령도(領導) : 지휘자, 책임자

면목(面目) : 안면

('면목이 있다/없다'로 표현하는데, 한어도 '有/沒有面目'으로 표현함)

빈관(賓館) : 고급 여관 즉, 호텔

성시(城市) : 도시

수평(水平) : 수준

신봉(薪俸)이 : 월급

애인(愛人) : 남편이나 아내

양만(兩萬) : 이만

양백(兩百) : 이백

양천(兩千) : 이천

참군(參軍)하다 : 군에 입대하다

필업(畢業) : 졸업

학습(學習)하다 : 학교에서 공부하다

해관(海關) : 세관

호상(互相) : 상호

등

한어 표현의 차용은 위의 두 부류로만 그치지 않는다. 가령 '전화를 거는 것'을 '전화를 친다'라고 말하는데, 이는 명백히 한어의 '打電話'{da dian hua}의 영향일 것이다. 다시 말하여, 이 예는 한어 표현을 우리말로 의역하여 사용하는 예가 될 것이다.

또 전체 구(phrase)를 단어 대 단어로 번역하여 차용함으로써 그 의미 파악이 쉽지 않은 언어 변화인 소위 '번역 차용어'(calque)의 예도 발견되었는데, 다음의 것들이다. (여기서 '일 없다'는 그 형태상으로는 번역 차용어일 것 같은데, 오늘날 북한 지역에서도 널리 사용하는 말이라 단언하기가 쉽지 않을 것이다.)

수평이 있다/없다 : 수준이 높다/낮다

(한어로는 '有/沒有水平'{you/mei you shuiping}임)

일 없다 : 괜찮다

(한어로는 '沒事'{mei shi}임)

뿐만 아니라 조사지에서는 러시아어 차용어(앞의 두 예)와 일본어 차용어(뒤의 네 예)도 부분적으로 사용되고 있었는데, 다음의 예들이다.

마선 : 재봉틀{mašina}

비지깨 : 성냥{spičhika}

다마 : 전구
다마네기 : 양파
사라 : 접시
하이야 : 택시
등

마지막으로 조사지에서는 특이한 방언적 표현으로, 다음과 같은 말이 또한 널리 사용되고 있었다.

골이 좋다/나쁘다 : 머리가 좋다/나쁘다
동삼(冬三) : 삼동(三冬), 즉 겨울
사망되다 : 사망하다
상새(喪事)나다 : (부모와 같은 어른의) 상을 당하다
-질 하다 : 어떤 일을 하다의 뜻으로 '중립적' 의미로 널리 씀
(예, '간부질 하다', '서기질 하다', '선생질 하다', '교원 질하다', '출납질 하다' 등)
등

2. 환경의 어휘적 구분

조사지에서 어휘의 분화(lexical elaboration)가 발달한 의미 영역은 상대적으로 그리 많지 않은 것으로 보였는데, 주로 생태적 환경의 영역에서 다소간의 어휘 분화가 발달한 것으로 보였다. 장재촌 및 해란촌의 두 조

사지에서 공통적으로 나타나는 어휘 목록 및 그것의 민속구분법(folk classification)을 정리하면 다음과 같다.

1) 바람, 눈, 땅의 구분법

조사지에서 방위에 따른 바람의 구분법은 매우 단순한데, 1. '동풍', 2. '서풍', 3. '남풍', 4. '북풍'의 4가지 기본적인 한자어 명칭만이 사용된다. 동일한 풍명을 가리키는 고유어 명칭은 거의 인지되지 않는다. 방위에 따른 바람의 이름 외에, 두 가지 명칭이 더 사용되는데 다음의 것들이다.

1. 돌개바람: 회오리바람
2. 칼바람: 겨울에 부는 차가운 바람

눈에 대한 명칭은 한랭한 북간도(北間島) 지역으로의 이주가 이루어진 지 이미 오랜 세월이 지났으나, 전통적인 구분법이 그대로 사용되고 있었다. 즉, 다음의 구분법이다.

〈눈의 종류〉

1. 함박눈
2. 싸락눈
3. 진눈까비

대신 눈이 오는 양의 많고 적음에 따라 다음과 같은 서술적 표현이 거의 굳어신 채로 사용되고 있었다.

1. 큰 눈: 많이 내리는 눈
2. 적은 눈: 조금 내리는 눈

비교적 어휘의 발달 및 분화가 잘 이루어진 의미 영역은 땅 또는 흙의 구분법이다. 땅은 크게 5가지 종류로 구분되는데, 그 중의 한 범주는 다시 3 하위 범주로 나누어지는 민속분류법(folk taxonomy)의 모습을 보여준다.

〈땅의 종류〉

1. 질땅: 검은 진흙땅
   1.1 (보통)질땅: 보통의 '질땅'
   1.2 참질땅: 1.1의 '(보통)질땅'보다 찰기가 더 있는 '질땅'
   1.3 검질땅: 1.1의 '(보통)질땅'보다 색깔이 더 검은 '질땅'
2. 사불이 또는 사불땅: 모래가 많이 섞인 땅
3. 봉립토: 2 '사불이'보다 더 부드러운 모래가 섞인 땅 (흔히 개천에 쌓인 가느다란 모래와 흙이 섞인 땅을 일컫는데, 논만 풀게 되면 벼농사가 가장 잘 되는 땅이다.)
4. 보인제: 마른 상태에서는 먼지가 많이 나지만 비가 오면 단단히 굳어지는 성질의 땅 (흔히 이 흙으로 집의 벽을 바른다.)
5. 썩스레땅: 쉬이 부서지는 석질의 땅

2) 소의 구분법과 관련 명칭

조사지에서 가축에 대한 명칭 분화가 일어나는 종은 대체로 소와 개뿐인 것으로 보인다. 그러나 개는 그것의 색깔 등에 따라 단순히 1. '황굿개', 2. '검정개', 3. '얼룩개' 정도로 구분되는 데서 그친다. 그러나 소의 경우에는 종류의 구분뿐만 아니라, 뿔에 대한 명칭, 연령에 대한 특수 어휘까지도 발달해 있다.

먼저 소의 종류는 두 가지 다른 방식으로 구분되는데, 한 가지는 성별 및 성장 여부에 따른 일반적인 구분법이고, 또 한 가지는 색깔 및 무늬에 따른 특수한 구분법이다.

〈소의 종류〉

1. 수소
2. 암소
3. 쇄지: 송아지

1. 검정소: 털이 검은 소
2. 황장이: 털이 누런 소
3. 열색이: 털이 붉으스럼한 소
4. 얼륵이: 누런 바탕에 흰 점이 박힌 소
5. 쓱갈이: 검은 바탕에 누런 줄이 난 소

여기서 나아가 특이한 형태상의 특성을 갖는 소를 가리키는 다음과 같은 표현도 발달해 있다.

이슬차개 : 걸음을 걸을 때 다리가 바깥쪽을 걷어차면서 걷는 소, 즉 '빠등다리' 소를 가리킨다.

그러나 이 '이슬차개'에 대조되는 소에 대한 명칭, 다시 말하여, '빠등다리' 소에 대조되는 '안디디개' 소를 가리키는 명칭은 따로 발달하지 않았다. 그러나 다리가 안쪽으로 향해 있어 두 발이 부딪히는 소의 걸음 걷는 모습은 '솔개 쓴다'라고 표현한다.

다음으로 조사지에서는 쇠뿔을 주로 그것이 향하는 방향에 따라 다음과 같이 구분한다.

〈쇠뿔의 종류〉

1. 물레뿔: 뿔이 옆으로 곧게 나오다가 앞쪽으로 향하는 것(물레 모양에서 유추함)

2. 곤디뿔: 뿔이 위로 곧게 솟아 오른 것

3. 비네뿔: 뿔이 옆으로 곧게 뻗은 것(비녀 모양에서 유추함)

4. 짝백이(뿔): 뿔이 뒤로 뻗은 것

5. 문디이뿔: 뿔이 짧고 또 단단히 박히지 않아 손으로 흔들면 흔들리는 것(문둥이에서 유추함)

마지막으로 조사지에서는 소의 이빨을 보아 그 나이를 헤아리는 체계적인 민간 지식(folk knowledge)의 발달과 함께, 소의 나이를 가리키는 특수한 어휘가 다음과 같이 발달해 있었다.

〈소 나이의 구분〉

1. 이듭 : 2살(유치가 남)

2. 사릅 : 3살(유치 2대가 빠지고 영구치 즉 큰이 2대가 남)

3. 나릅 : 4살(유치 1대가 더 빠지고 영구치가 모두 3대가 됨)

4. 다습 : 5살(유치 1대가 더 빠지고 영구치가 모두 4대가 됨)

5. 여습 : 6살(유치 1대가 더 빠지고 영구치가 모두 5대가 됨)

6. 이릅 : 7살(유치 1대가 더 빠지고 영구치가 모두 6대가 됨)

8살 이후부터는 이빨로써는 그 나이를 알 수 없으므로, 위와 같은 특수한 어휘가 더 이상 사용되지 않는다. 단 '정백이 졌다'라는 표현이 있는데, 이는 영구치가 났다는 말로 이제 '사릅'이 되었음을 의미한다. 그리고 나이를 가리키는 위의 특수한 어휘들은 흔히 동사 '잡았다'와 결합하여, 가령 '사릅 잡았다', '나릅 잡았다'와 같이 표현한다.

3) 어휘 분화와 문화적 강조

조사지에서의 어휘의 분화는 주로 땅과 소의 두 의미 영역(semantic domain)에서 발달한 것으로 정리할 수 있겠는데, 이는 이 두 의미 영역에 대한 여기서의 문화적 강조(cultural emphasis)를 일반적으로 반영하는 것으로 생각된다. 물론 땅과 소의 구분과 관련한 민간 지식은 우리 사회에서 일찍부터 발달해 왔을 것이다. 그러나 이러한 민간 지식의 중요성은 황무지를 개척해 온 연변 지역의 이주민들에게서는 특히나 더하였을 것으로 짐작된다.

그런데 여기서 특히 소에 관한 어휘가 크게 발달한 것은 조사지에서 소가 지녔던 특별한 중요성과 깊이 연관될 것으로 믿어지는데, 적어도 다음의 두 가지 사실을 이와 관련지어 생각해 볼 수 있겠다.

한 가지는 황무지의 개척에서 소가 담당하였던 귀중한 역할이다. 연변인(延邊人) 김광희(1995)는 자신의 고향인 장골(룡정시 덕신향 장동촌)의 옛 모습을 회고하는 글에서, "소는 조선족 인민들이 연변 땅을 개척한 력사에서 지워버릴 수 없는 공적을 쌓아왔다."고 말하면서, 개척 초기부터 "애비 없이는 살아도 소 없이는 못 산다."는 말이 전해져 왔다고 보고한다(p. 147). 연변 지역의 개척에서 소가 담당하였던 역할과 중요성을 한마디로 웅변하는 말일 것이다. 뿐만 아니라 그는 개척 초기의 이주민들이 소를 얼마나 정성 들여 키우고 보살폈는지에 대한 사실감 넘치는 증언을 기록으로 남기고 있다(pp. 147-150).

또 한 가지 생각해 볼 수 있는 것은 소위 함경도 식의 가옥 구조이다. 정주간과 외양간이 맞붙어 있는 전통 함경도 및 연변 지역의 가옥 구조는, 한 마디로, 소가 사람과 함께 매일을 동일한 주거 공간에서 생활하는 구조이다. 따라서 이러한 생활환경에서는 소는 다른 종의 가축들과는 문화적으로 당연히 구분되는 범주였을 것이고, 그리고 함께 사는 사람과는 심리적으로 매우 가깝고도 특별한 유대 관계를 맺어 왔을 것으로 짐작할 수 있겠다.

3. 친척용어체계

첫 조사지인 장재촌은 전주 이씨(全州李氏)와 김해 김씨(金海金氏)가 다수의 주민 구성을 이루고, 또 마을 내의 혼인으로 인한 인척(姻戚) 관계가 널리 발달해 있는 곳이었다. 이에 비해 두 번째 조사지인 해란촌은 원토박이의 숫자가 극히 적고 여러 성씨가 함께 사는 혼성촌(混姓村)이었다.

그러나 두 조사지 모두에서 친척용어(kinship terms)는 아직까지 전체적인 호칭(terms of address) 및 지칭(terms of reference)체계의 중심 부분을 이루는 것으로 보였다. 왜냐하면 친척용어는 친척관계에서 뿐만 아니라, 그것의 확대된 사용이 비친척 간의 상호작용에서도 기본적인 호칭 및 지칭 형태로 채택되고 있었기 때문이다.

본 조사에서는 노인 세대의 제보자들을 중심으로 그들이 사용해 온 친척지칭 및 친척호칭에 관한 자료를 가능한 한 넓은 범위에 걸쳐 수집하고, 또 조사지에서 근래에 일어난 친척용어상의 변화도 아울러 파악하고자 하였다.

1) 친척용어의 목록 Ⅰ(장재촌)

다음에 제시하는 친척용어의 목록은 먼저 장재촌에서 사용해 온 것들인데, 이를 5부류의 친척 범주, 즉 부계친(父系親)(아버지를 통해서 맺어진 친척), 모계친(母系親)(어머니를 통해 맺어진 친척), 부계친(夫系親)(남편을 통해서 맺어진 친척), 처계친(妻系親)(아내를 통해 맺어진 친척), 그리고 사돈관계(査頓關係)의 범주 구분에 따라 나누어 정리하기로 하겠다.

다음의 용어 목록에서 제시하는 개별 친척형(kin type)의 표시 약어는 다음과 같다.

F : father (아버지)

M : mother (어머니)

B : brother (남형제)

Z : sister (여형제)

S : son (아들)

D : daughter (딸)

H : husband (남편)

W : wife (아내)

Be : elder brother (손위 남형제)

By : younger brother (손아래 남형제)

Ze : elder sister (손위 여형제)

Zy : younger sister (손아래 여형제)

> A(e, H, or W) : elder than A(ego, ego's husband, or ego's wife etc.) (A(자신, 자신의 남편, 또는 자신의 아내 등)보다 연상)

< A(e, H, or W) : younger than A(ego, ego's husband, or ego's wife etc.) (A(자신, 자신의 남편, 또는 자신의 아내 등)보다 연하)

♂ : male speaker (남성 화자)

♀ : female speaker (여성 화자)

또 용어 목록에서 → 는 과거에 사용되던 용어 형태에서 현재의 용어 형태로의 변화를 가리킨다.

(1) 부계친(父系親)

일련번호	친척형	친척지칭	친척호칭	비고
1	FFF	노(클)아바이		* 접두어 '노(老)-'가 붙은 이 용어는 일종의 수사적 표현으로, 엄격한 의미에서의 친척지칭 및 친척호칭은 아닐 것임
2	FFM	노아매		
3	FF	아바이		
4	FM	아매		
5	FFB	큰, 둘째, 셋째 · · · + 아바이		* 3 FF와의 출생 순서에 따라 '큰-', '둘째-', '세째-' 등의 접두어를 붙임
6	FFBW	큰, 둘째, 셋째 · · · + 아매		
7	F	아배 → 아부지		* 대체로 50~60년대 경에 7, 8의 변화가 일어남
8	M	제에마 → 엄마/어마이		* '엄마'는 어려서 사용하고 성인이 된 후에는 '어마이'를 사용함
9	FBe	맏아바이		
10	FBeW	맏아매		
11	FBy	아즈바이/삼춘이		* 성혼 여부에 따른 용어상의 구분은 없으며, '삼춘이'는 최근에 들어 쓰이기 시작한 형태임
12	FByW	아즈마이		
13	FZe	맏아매		
14	FZeH	맏아바이		
15	FZy	아재		* 성혼 여부에 따른 용어상의 구분은 없음
16	FZyH	아즈바이		

* FFBS〉F, FFBS(〉F)W, FFBS〈F, FFBS(〈F)W,
FFBD〉F, FFBD(〉F)H, FFBD〈F, FFBD(〈F)H에게는
9~16과 동일한 호칭이 사용되나, 지칭으로는 앞에 '오춘-'이 붙는다. 그러나 이 범위를 벗어난 숙항의 친척형에 대해서는 정형화된 지칭이 거의 사용되지 않는다.

17	W	안까이/처(妻)/ 안해/애인(愛人)/ 로친(老親)	여보/(성+)동무	* '애인' 과 '성+동무'는 그리 널리 쓰이는 형태는 아니고, '안해'는 신혼 초에 그리고 '로친' 은 노인이 되어 주로 사용하는 지칭임
18	♂Be	형님이		
19	♂BeW	아즈마이		
20	♂By	동생	이름	* '아우' 의 형태는 사용되지 않음
21	♂ByW	제수		
22	♂Ze	누인님이/누애		
23	♂ZeH	매부		
24	♂Zy	동생/(지하)누이	이름	
25	♂ZyH	매부		
26	♀Be	오르바이 → 오빠		
27	♀BeW	형님이		
28	♀By	오래비/동생	이름	
29	♀ByW	올찌세에미		
30	♀Ze	내이 → 언니		* 26, 30에서의 변화도 7, 8의 그것과 비슷한 시기에 일어났음
31	♀ZeH	아즈바이		
32	♀Zy	동생	이름	
33	♀ZyH	새워이[생원+이]		

* ♂FBS〉e, ♂FBS(〉e)W, ♂FBS〈e, ♂FBS(〈e)W,
♂FBD〉e, ♂FBD(〉e)H, ♂FBD〈e, ♂FBD(〈e)H,
♀FBS〉e, ♀FBS(〉e)W, ♀FBS〈e, ♀FBS(〈e)W,
♀FBD〉e, ♀FBD(〉e)H, ♀FBD〈e, ♀FBD(〈e)H에게는
18~33과 동일한 호칭이 사용되나, 지칭으로는 앞에 '사촌-' 이 붙는다. 그러나 4촌을 벗어난 형제항의 친척형에 대해서는 정형화된 지칭이 잘 사용되지 않는다.

* ♂FZS〉e, ♂FZS(〉e)W, ♂FZS〈e, ♂FZS(〈e)W,
♂FZD〉e, ♂FZD(〉e)H, ♂FZD〈e, ♂FZD(〈e)H,
♀FZS〉e, ♀FZS(〉e)W, ♀FZS〈e, ♀FZS(〈e)W,
♀FZD〉e, ♀FZD(〉e)H, ♀FZD〈e, ♀FZD(〈e)H에게도
18~33과 동일한 호칭이 사용되나, 지칭으로는 앞에 '고모사촌-' 이 붙는다.

34	S	아들이	이름/아이이름+애비	* 34, 35, 36에서 아이가 생기면 '이름'이나 '각시'에서 '아이이름+애비', '아이이름+에미'로 바꾸어 부름
35	SW	메누리	각시/아이이름+에미	
36	D	딸이	이름/아이이름+에미	
37	DH	싸이		
38	BS	(배겥)조캐	·	* 38과 40, 42와 44를 구분할 경우 접두어 '배겥-'과 '안-'을 각기 붙임
39	BSW	(조캐안까이)	·	
40	BD	(안)조캐	·	
41	BDH	(조캐나그네)	·	
42	ZS	(배겥)조캐	·	
43	ZSW	(조캐안까이)	·	
44	ZD	(안)조캐	·	
45	ZDH	(조캐나그네)	·	

* 부계친(夫系親)의 HBS, HBSW, HBD, HBDH, HZS, HZSW, HZD, HZDH에게도 38~45와 동일한 지칭이 사용된다.

46	SS	손재	·	* 46과 48을 합쳐 '손군'이라는 지칭어로 부름
47	SSW	손비	·	
48	SD	손녜	·	
49	SDH	손세	·	
50	DS	외손재	·	
51	DSW	외손비	·	
52	DD	외손녜	·	
53	DDH	외손세	·	

* SSS, SSSW, SSD, SSDH에 대한 지칭은 일반적으로 알려져 있지 않다.

(2) 모계친(母系親)

54	MF	외클아바이	클아바이	
55	MM	외큰아매	큰아매	

* MFF, MFM, MFB, MFBW에 대한 지칭 및 호칭은 일반적으로 알려져 있지 않다.

56	MBe	외맏아바이	맏아바이	
57	MBeW	외맏아매	맏아매	
58	MBy	외삼춘이	아즈바이/삼춘이	* '삼춘이'는 최근 들어 널리 쓰이기 시작한 형태임
59	MByW	외삼춘댁이	아즈마이	
60	MZe	외맏아매	맏아매	
61	MZeH	외맏아바이	맏아바이	
62	MZy	외아재	아재	
63	MZyH	외아즈바이	아즈바이	
64	♂MBS〉e	외사춘형님이	형님이	
65	♂MBS(〉e)W	외사춘아즈마이	아즈마이	
66	♂MBS〈e	외사춘동생	이름	
67	♂MBS(〈e)W	외사춘제수	제수	
68	♂MBD〉e	외사춘누인님이/외사춘누얘	누인님이/누얘	
69	♂MBD(〉e)H	외사춘매부	매부	
70	♂MBD〈e	외사춘동생	이름	
71	♂MBD(〈e)H	외사춘매부	매부	
72	♀MBS〉e	외사춘오르바이 → 외사춘오빠	오르바이 → 오빠	
73	♀MBS(〉e)W	외사춘형님이	형님이	
74	♀MBS〈e	외사춘오래비/외사춘동생	이름	
75	♀MBS(〈e)W	외사춘올찌세에미	올찌세에미	
76	♀MBD〉e	외사춘내이 → 외사춘언니	내이 → 언니	
77	♀MBD(〉e)H	외사춘아즈바이	아즈바이	
78	♀MBD〈e	외사춘동생	이름	
79	♀MBD(〈e)H	외사춘새워이	새워이	

* ♂MZS〉e, ♂MZS(〉e)W ,♂MZS〈e, ♂MZS(〈e)W,
♂MZD〉e, ♂MZD(〉e)H, ♂MZD〈e, ♂MZD(〈e)H,
♀MZS〉e, ♀MZS(〉e)W, ♀MZS〈e, ♀MZS(〈e)W,
♀MZD〉e, ♀MZD(〉e)H, ♀MZD〈e, ♀MZD(〈e)H에게는
64~79와 동일한 호칭이 사용되나, 지칭으로는 '외사춘-' 대신 '이모사춘-'이 앞에 붙는다.

80	MBSS	외조캐	·	
81	MBSSW	(외조캐안까이)	·	
82	MBSD	외조캐	·	
83	MBSDH	(외조캐나그네)	·	

* MZSS, MZSSW, MZSD, MZSDH에 대한 지칭은 일반적으로 알려져 있지 않다.

(3) 부계친(夫系親)

84	HFF	(시)노아바이	노아바이	
85	HFM	(시)노아매	노아매	
86	HF	시아바이	아반님이 → 아부지/아바이	* 86, 87에서의 변화도 7, 8의 그것과 비슷한 시기에 일어났음. 그리고 '아바이', '아매'는 자신의 아이를 기준으로 하여 부르는 호칭 형태임
87	HM	시어마이	어만님이 → 어마이/아매	

* HFFF, HFFM, HFFB, HFFBW에 대한 지칭 및 호칭은 일반적으로 알려져 있지 않다.

88	HFBe	큰시아바이	맏아바이	
89	HFBeW	큰시어마이	맏아매	
90	HFBy	작은시아바이	아즈바이/삼춘이	
91	HFByW	작은시어마이	아즈마이	
92	HFZe	·	맏아매	* 92~95의 정형화된 지칭은 명확하지 않음
93	HFZeH	·	맏아바이	
94	HFZy	·	아재	
95	HFZyH	·	아즈바이	
96	H	나그네/남편/애인/영감	여보/(성+)동무/아이이름+아부지	* '애인'과 '성+동무'는 그리 널리 쓰이는 형태는 아니고, '영감'은 노인이 되어 사용하는 지칭임
97	HBe	시형이	아즈반님이	
98	HBeW	(맏)동세	형님이	

99	HBy	시애끼/시동생	새워이	* 성혼 여부에 따른 용어상의 구분은 없음
100	HByW	동세	동세	
101	HZe	(이상)시누비	헝님이	
102	HZeH	(이상)시누비남편/(이상)시누비상체	아즈반님이	
103	HZy	(지하)시누비	아기/시누비/아재	* '아기'는 혼전에 부르는 호칭이고, '아재'는 자신의 아이를 기준으로 하여 부르는 호칭 형태임
104	HZyH	(지하)시누비나그네/(지하)시누비상체	새워이	

* HFBS〉H, HFBS(〉H)W, HFBS〈H, HFBS(〈H)W,
HFBD〉H, HFBD(〉H)H, HFBD〈H, HFBD(〈H)H에게는
97~104와 동일한 호칭이 사용되나, 지칭으로는 앞에 '사촌'이 붙는다.

* 그리고 남편 즉 부(夫)의 모계친(母系親)에 대한 정형화된 지칭 및 호칭은 거의 알려져 있지 않다.

(4) 처계친(妻系親)

105	WFF	(가새아부지의아부지)	아바이/클아바이	
106	WFM	(가새아부지의어마이)	아매/큰아매	
107	WF	가새아부지	아부지	
108	WM	가새어마이	어마이	
109	WFBe	큰가새아부지	맏아바이	
110	WFBeW	큰가새어마이	맏아매	
111	WFBy	작은가새아부지	아즈바이/삼춘이	
112	WFByW	작은가새어마이	아즈마이	
113	WFZe	·	맏아매	* 113~116의 정형화된 지칭은 명화하지 않음
114	WFZeH	·	맏아바이	
115	WFZy	·	아재	
116	WFZyH	·	아즈바이	
117	WBe	(이상)처남	헝님이/처남	

118	WBeW	처남댁이	아즈마이	
119	WBy	(지하/작은)처남	이름/처남	
120	WByW	처남댁이	아즈마이	
121	WZe	처형이	아즈마이	
122	WZeH	처형이나그네/ 처형이상체	형님이	
123	WZy	처제	이름/처제	
124	WZyH	동세/(처제의 나그네)	이름/동세	

(5) 사돈관계(査頓關係)

125	♂SWF/♂DHF	(큰)사둔이	큰사둔	
126	♂SWM/♂DHM	(안)사둔님	(안)사둔님	
127	♀SWF/♀DHF	사둔이	사둔님	
128	♀SWM/♀DHM	사둔댁이	사둔댁이	
129	SWFF/DHFF	(메누리의 아바이) 등	사둔아바이	
130	SWFM/DHFM	(메누리의 노아매) 등	사둔아매	
131	SWB/DHB	(메누리의 오빠) 등	사둔	
132	SWZ/DHZ	(메누리의 언니) 등	사둔	

2) 친척용어의 목록 Ⅱ (해란촌)

해란촌에서 사용해 온 친척용어의 목록도 장재촌의 그것과 거의 동일하였다. 단 몇몇 친척형에 대한 지칭 및 호칭에서만 변이형(variants)이 발견되었는데, 대체로 다음의 것들이다.

(1) 부계친(父系親)의 30 ♀Ze에 대한 지칭 및 호칭으로 과거에 '내이'와 함께 '제세이'가 사용되었다고 한다.

(2) 또 부계친(夫系親)의 88 HFBe, 89 HFBeW, 90 HFBy, 91 HFByW에 대한 호칭으로 과거에는 '큰아반님이', '큰어만님이', '작은아반님이', '작

은어만님이'가 각각 사용되었다고 한다.

(3) 17 W와 96 H에 대한 지칭 및 호칭으로 젊은 세대에서는 '애인(동무)'과 '(성+)동무'가 널리 쓰인다. 이들 세대의 경우 지칭으로 친구가 아닌 남에게는 나의 '애인(동무)'이 쓰이고, 또 상호간의 호칭으로는 '(성+)동무'가 주로 쓰임을 여러 번에 걸쳐 직접 관찰할 수 있었다.

(4) 또 부계친(父系親)의 31 ♀ZeH와 33 ♀ZyH에 대한 지칭 및 호칭으로는 젊은 세대에서 '아저씨'와 '아즈바이'가 각기 사용되는 경향이 있다.

(5) 그리고 부계친(夫系親)의 97 HBe에 대한 호칭으로 젊은 세대에서는 '아즈바이' 또는 자신의 아이를 기준으로 하여 '만아바이'로 일부 부르기도 한다.

3) 친척용어의 주요 특색

위의 목록은 완벽하지는 않겠지만 나름대로 친척용어에 관한 중요한 자료일 것으로 생각된다. 왜냐하면 위 목록은 연변 지역의 조선족이 사용해 온 친척용어에 대한 최초의 체계적인 조사 결과일 뿐 아니라, 함경도 특히 함북 지역의 전통적인 친척용어에 대해서도 상당한 추론을 가능케 하는 자료이기 때문이다. 그러나 위 목록에 대한 본격적인 의미 및 형태상의 분석에 앞서서, 먼저 그것에 대한 개략적인 검토에서 드러나는 중요한 특성들을 간략히 정리해 보기로 하겠다.

(1) 먼저 조사지에서는 친척용어가 분포되는 범위가 매우 좁다는 사실을 지적할 수 있겠다. 대체로 말해 수직적으로는 상위 2세대에서 하위 2세대까지, 다시 말하여, 자신(ego)의 세대까지 합치면 5세대에 걸쳐서만 친척용어가 분포되는 것으로 보인다. 또 수평적으로는 그 분포 범위를 명확히 한정짓기는 어렵지만, 대체로 매우 가까운 방계친 정도로만 그

범위가 한정되는 것으로 보인다.

아마도 이 사실은 조사지의 주민들이 이주민(移住民)이라는 사실, 다시 말하여, 다양한 종류의 친척들과의 접촉이 제한되어 온 생활상의 특성과 연관될 것으로 믿어진다. 실제로 조사지에서는 친척용어에 대한 기초적인 지식을 거의 갖고 있지 않은 주민들도 상당수 있는 것으로 보였다.

(2) 여기서는 일련의 조어 규칙에 의해 체계적으로 생성되는 한자어 친척지칭이 거의 발달하지 않았고, 대신 고유어 계열의 친척용어가 상대적으로 널리 사용되고 있다. 그 결과로서 전체 친척용어의 중심이 되는 부계친(父系親)의 용어 목록에서 지칭과 호칭의 구분이 거의 이루어지지 않고 있음을 본다.

(3) 여기서의 친척용어체계가 위의 (1)과 (2)의 이유로 해서 전체적으로 비교적 단순한 형태를 취하고 있지만, 지칭을 기준으로 하였을 때 부계친(父系親)(또는 친가친(親家親)), 모계친(母系親)(또는 외가친(外家親)), 부계친(夫系親)(또는 시가친(媤家親)), 처계친(妻系親)(또는 처가친(妻家親))의 네 기본적인 친척 범주의 구분만은 명확하게 유지하고 있다. 단, 용어 형태의 면에서 모계친 및 부계친(夫系親)에 비해 처계친을 가리키는 지칭 및 호칭에서 상대적으로 한자어 용어가 적게 쓰이는 경향을 볼 수 있으며, 또 네 종류의 사촌을 각기 '친사촌', '외사촌', '고모사촌', '이모사촌'으로 부르는 특색을 지적할 수 있겠다.

(4) 여기서의 친척용어체계가 위 (2)의 특색을 가진다고 해서, 역사적으로 한자어 용어가 수용되기 이전의 고유어 중심의 친척용어체계를 그대로 유지하고 있는 것은 물론 아닐 것이다. 말할 것도 없이 현재의 용어체계는 나름의 역사적 변화 과정을 거쳐 온 결과일 것이다. 이와 관련하여 몇몇 변화의 사례를 추적할 수 있는데, 가령 21 ♂ByW, 23 ♂ZeH 및 25 ♂ZyH, 123 WZy를 각기 가리키는 지칭 및 호칭으로 '제수', '매부',

'처제' 등의 한자어 용어가 이미 사용되고 있음을 보며, 또 최근 들어 7 F, 8 M, 26 ♀Be, 30 ♀Ze, 86 HF, 87 HM과 같은 핵심 친척형을 가리키는 용어 형태에서 변화가 일어났음을 본다.

(5) 한국의 일반적인 친척용어체계와 대비하였을 때, 조사지에서 발견되는 특색 한 가지는 부모의 형제자매 및 그 배우자에 대한 구분 방식일 것이다. 즉 여기서의 용어체계는 아버지의 남형제 및 그 배우자(위 목록상의 9, 10, 11, 12) 뿐만 아니라, 아버지의 여형제 및 그 배우자(13, 14, 15, 16), 어머니의 남형제 및 그 배우자(56, 57, 58, 59), 그리고 어머니의 여형제 및 그 배우자(60, 61, 62, 63)에 대해서도 매개 친척인 F 및 M과의 연령 관계에 따라서 두 부류의 범주로 일관되게 구분하고 있다.

(6) 마지막으로 위의 목록은 현대 한어 및 사회주의 체제의 직접적인 영향을 또한 부분적으로 보여주는데, 17 W와 96 H에 대한 상호간의 지칭인 '애인(동무)'과 호칭인 '(성+)동무'가 바로 그 예일 것이다.

다음으로 일반적인 한국 친척용어의 목록에서는 잘 나타나지 않는 특이한 용어 형태들을 위 목록에서 다수 발견하게 된다. 이들 용어 중에는 형태상으로 매우 흥미로운 예들도 나타나나, 여기서는 일단 그 대체적인 목록만을 열거하기로 하겠다.

(1) 부계친(父系親)의 3 FF '아바이', 4 FM '아매', 8 M '제에마', 9 FBe '맏아바이', 10 FBew '맏아매', 11 FBy '아즈바이', 17 W '안까이', 29 ♀ByW '올찌세에미', 30 ♀Ze '내이' 및 '제세이', 33 ♀ZyH '새워이'[생원+이], 46 SS 및 48 SD의 '손군'

(2) 모계친의 54 MF '(외)클아바이', 55 MM '(외)큰아매'

(3) 부계친(夫系親)의 96 H '나그네', 99HBy '시애끼', 102 HZeH 및

104 HZyH의 '시누비상체'

(4) 처계친의 122 WZeH '처형이상체', 107 WF '가새아부지', 108 WM '가새어마이' 등.

또 용어의 형태는 일반적인 한국 친척용어의 목록에 나타나지만, 그것이 지시하는 친척형 즉 의미상으로는 차이를 보여주는 소수의 용어들이 발견된다. 아마도 다음의 예일 것이다.

(1) 15 FZy '아재' 및 62 MZy '(외)아재', 28 ♀By '오래비', 97 HBe '시헝이'.

마지막으로 일반적인 한국 친척용어체계에서는 한자어가 주로 쓰이는 친척형에 대해 여기서는 아직도 고유어 용어가 쓰임으로써, 한국 친척용어체계의 역사적 연구에 중요한 시사점을 던져줄 수 있는 몇 사례가 발견된다. 아마도 다음의 예일 것이다.

(1) 부계친(父系親)의 31 ♀ZeH '아즈바이'

(2) 처계친의 118 WBeW '아즈마이', 120 WByW '아즈마이', 121 WZe '아즈마이'.

〈붙임〉

위의 친척용어 중 29의 ♀ByW '올찌세에미'는 최근 이기갑의 연구(2007: 147 각주)에서 다음과 같이 그것의 형태 구조가 분석되었다. 즉, "또한 함경도 방언에서는 '올케'에 대해 '올지세미'가 있는데, 이것은 '올-짓어미'로 분석된다. 따라서 '올지세미'의 기원적 의미는 '오라비의 지어미'라 하겠다."

4) 기타 친척 관련 어휘

조사지에서는 혼인과 관련되는 표현으로 장가가는 것을 흔히 '서방가다'로, 또 시집가는 것을 '시가가다' 또는 '출가가다'로 말한다. 또 그리 명료한 구분은 아니지만, 흔히 '집안'과 '친척'을 전자는 동성(同姓)의 가까운 사람들을, 그리고 후자는 촌수가 좀 먼 사람들을 가리키는 말로 구분하여 사용한다. 또 '집안'이 아닌 외가친을 가리킬 때에 흔히 '외가로 된다'라는 표현을 사용한다.

마지막으로 친척관계를 가족(집단) 단위로 가리키는 명칭인 '집 이름'(왕한석 1995 참조)도 친척용어처럼 제한적으로만 분포하였는데, 다음의 비한자어 명칭이 그 전체 목록이다.

〈집 이름의 구분〉

1. 우리집 : 친가(親家)
2. 외가집 : 외가(外家)
3. 가시집 또는 처갓집 : 처가(妻家)
4. 시집 : 시가(媤家)
5. 본가집 또는 친정집 : 친정(親庭)
6. 고모네집 : 고모가(姑母家)
7. 이모네집 : 이모가(姨母家)
8. 매부네집 : 매가(妹家)
9. 사둔집 : 사가(査家) 즉 딸의 시가 및 며느리의 친정
10. 딸네집 : 9의 '사둔집'에서 분가한 딸의 집

4. 호칭 및 지칭체계

위의 친척용어체계는 친척관계에 있는 화자와 청자 간의 그리고 화자와 지칭자 간의 호칭 및 지칭체계이다. 그러나 조사지에서의 전체적인 호칭 및 지칭체계를 이해하기 위해서는, 비친척 간의 호칭 및 지칭체계를 또한 기술해야 할 것이다. 여기서는 이러한 비친척 관계에서 사용되는 호칭어 및 지칭어의 목록과 그것의 일반적인 사용 방식을 기술하기로 하겠다.

1) 지위 구분의 민속 모형

조사지에서 상대방과의 사회적 관계를 규정짓는 일차적인 원칙은 두 사람 간의 연령을 기준으로 상호 간의 지위 관계를 따지는 것이다. 즉, 자신을 중심으로 하였을 때 상호작용의 대상이 되는 모든 상대방은 '이상(분)'과 '지하(在下/己下)(사람)'의 두 범주로 크게 구분된다. 여기에 자신과 같은 지위의 친구 즉 '동미'[동무]를 포함시키면, 모든 상대방은 '이상', '동미', '지하'의 3범주 중 어느 하나에 속하게 된다. 또 조사지에서 관찰되는 사회적 행동의 특징 한 가지는 상대방과의 관계를 비교적 철저하게 위계적으로 구분하려는 태도, 다시 말하여, '이상'과 '지하'를 엄격히 따져 거기에 알맞은 행동 방식을 취하려는 경향이 상대적으로 강하다는 점이었다.

'이상'과 '지하'의 일반적인 지위 구분법은, 다시 친척 모형의 은유적 확대(metaphorical extension)에 기반하여 보다 구체적인 7범주로 세분된다. 세분되는 범주 및 그것의 대체적인 규정 조건을 정리하면, 다음의 <표 3-1>과 같은 민속 모형(folk model)이 된다.

표 3-1 지위 구분의 모형

지위 구분	규정 조건
아바이뻘	15세 이상 연상자 또는 60세 이상의 노인
삼춘이뻘	10~15세 연상자 또는 자신의 '삼춘이'의 '동미'들
형님이뻘	2, 3~10세 연상자
동미지간	2, 3세 연상자에서 2, 3세 연하자까지
동생이뻘	2, 3~10세 연하자
조캐뻘	10세 이상 연하자 또는 자신의 자식이나 '조캐' 또래들
손재뻘	일반적으로 어린아이들

위 표에서 제시한 대체적인 규정 조건은 연령 분포의 면에서 중간층에 속하는 40대 중반 정도의 화자를 기준으로 한 것이다. 그리고 지위 구분에 대한 위의 7범주의 명칭은 일차적으로 남성을 가리키는 표현이지만, 여성에게도 거의 그대로 적용되는 것이다.

2) 호칭어 목록 및 사용법 Ⅰ (장재촌)

위의 지위 구분에 대한 개념적 모형(conceptual model)은, 조사지에서의 사회적 관계의 규정이 기본적으로 친척관계를 준거 틀로 하여 이루어지는 것임을 보여 준다. 다시 말하여, 상대방과의 사회적 관계가 의사친척관계로 규정됨으로써, 조사지에서 비친척 간에 사용되는 호칭어는 의사친척용어(fictive kinship terms), 즉 친척용어의 은유적 확대 사용이 그 중심이 된다.

두 조사지 모두에서 지위 구분에 대한 모형이나 의사친척용어가 중심적인 호칭어가 되는 데서는 동일하였으나, 구체적인 호칭어의 목록 및 사용법에서는 부분적인 차이가 발견되었다. 따라서 장재촌의 호칭체계와 해란촌의 호칭체계를 구분지어 기술하기로 하겠다.

먼저 장재촌의 경우, 마을 내의 주민들이 상호간에 사용하는 호칭어를 위의 지위 구분 방식에 맞추어 정리하면, 대체로 다음 <표 3-2> 및 <표 3-3>과 같다. <표 3-2>는 남성 화자가 사용하는 호칭어의 모형이고, <표 3-3>은 여성 화자가 사용하는 모형인데, 양쪽 모두 대체로 40대 중반의 화자를 기준으로 삼은 것이다.

표 3-2 호칭어의 사용 방식 Ⅰ (남성 화자)

<table>
<tr><th rowspan="2">지위 구분</th><th colspan="2">청 자</th></tr>
<tr><th>남 성</th><th>여 성</th></tr>
<tr><td>아바이뻘</td><td>아바이</td><td>아매</td></tr>
<tr><td>삼춘이뻘</td><td>아즈바이/삼춘이</td><td rowspan="3">아즈마이</td></tr>
<tr><td>형님이뻘</td><td>형님이</td></tr>
<tr><td>동미지간</td><td rowspan="4">이름</td></tr>
<tr><td>동생이뻘</td><td>아이이름+어마이/아이이름+엄마</td></tr>
<tr><td>조캐뻘</td><td>아이이름+엄마(기혼)/이름(미혼)</td></tr>
<tr><td>손재뻘</td><td>이름</td></tr>
</table>

표 3-3 호칭어의 사용 방식 Ⅱ (여성 화자)

<table>
<tr><th rowspan="2">지위 구분</th><th colspan="2">청 자</th></tr>
<tr><th>남 성</th><th>여 성</th></tr>
<tr><td>아바이뻘</td><td>아바이</td><td>아매</td></tr>
<tr><td>삼춘이뻘</td><td rowspan="4">아이이름+아부지</td><td>아즈마이</td></tr>
<tr><td>형님이뻘</td><td>형님이</td></tr>
<tr><td>동미지간</td><td>이름</td></tr>
<tr><td>동생이뻘</td><td>아이이름+어마이/아이이름+엄마</td></tr>
<tr><td>조캐뻘</td><td>아이이름+아부지(기혼)/이름(미혼)</td><td>아이이름+엄마(기혼)/이름(미혼)</td></tr>
<tr><td>손재뻘</td><td>이름</td><td>이름</td></tr>
</table>

* 많이 쓰이는 형태는 아니나, '조캐뻘'의 남성 미혼 청자에게 '아이이름+삼춘이' 또는 '총각'도 이따금씩 쓰인다.

위 표에서 나타나듯이 장재촌에서 사용하는 호칭어의 종류는 기본적으로 (1) 의사친척용어, (2) 종자명호칭(teknonym), (3) 개인명의 세 범주이다. 화자의 성별에 따라 그리고 청자인 상대방의 성별에 따라 채택하는 구체적인 호칭어 및 호칭어의 종류는 달라지지만, 대체로 의사친척용어는 상위자에게, 종자명호칭은 동일 지위 내지는 지위 차이가 그리 크지 않은 상대방에게, 그리고 개인명은 하위자에게 각각 사용하는 것임을 알 수 있다. 이는 바꾸어 말하면, '존대'의 정도를 상대방에게 표현하는 데서, 의사친척용어가 가장 높은 수준의 존대를, 종자명호칭이 그 다음 수준의 존대를, 그리고 개인명이 가장 낮은 수준의 존대를 전달하는 것이 될 것이다.

위의 표로 정리된 호칭어의 사용법은 마을 주민들 간에 개인적인 친소 관계를 떠나 일반적으로 채택되는 모형이다. 그러나 개인적으로 친근한 관계(이곳 주민들의 표현을 빌리면, '친하고 허물없는 사이')에서는, 위의 호칭 형태들 외에 또 다른 의사친척용어가 사용된다. 대체로 다음과 같은 용어들이다.

맏아바이: 아버지보다 연상인 '삼춘이뻘'에게
맏아매: 위 '맏아바이'의 부인에게
아재
누애
오빠
제수: 흔히 친구의 아내에게

이상에서 기술한 호칭어들 외에 장재촌에서는 부분적이기는 하지만 또 다른 범주이 호칭어도 사용되는데, 그 중의 한 가지는 바로 직함명이다. 직함명은 주로 성(姓)과 결합하여 '성 + 직함명'의 형태로 사용되는데, 장재촌 내에서의 직함명의 분화는 비교적 단순한 편이다. 여기서의 대표적인 직함명으로는 '서기'(마을의 당 서기), '회계'(마을의 회계), '대장' 또는 '툰장'(마을의 반장) 등이 있다. 그런데 직함명 앞에 성이 결합되어 사용되는 방식은 부분적으로 한어의 영향인 것으로 보인다(최건 1990 참조).

또 다른 범주의 호칭어로는 사회주의 체제의 영향으로 생성된 '동무'의 사용을 들 수 있다. '동무'는 성과 결합하여 또는 그것 자체만으로, 즉 '(성+)동무'의 형태로 주로 사용되는데, 현재 장재촌에서는 남성들 사이에 그것도 주로 '동미지간'에서만 부분적으로 사용된다. 대체로 말하여, 약 10년 전과 비교하였을 때, 이 '동무'의 사용은 현저히 약화된 것으로 제보자들은 보고하고 있다.

3) 호칭어 목록 및 사용법 II (해란촌)

해란촌에서도 의사친척용어가 비친척 관계의 중심적인 호칭어를 이루지만, 구체적인 호칭어의 사용 방식에서는 장재촌과 상당한 정도의 변이상을 보여 주었다.

먼저 마을 주민들 간에 서로를 부르는 일반적인 호칭어의 사용법에서, 해란촌에서는 의사친척용어를 상대적으로 덜 쓰는 것으로 나타났다. 장재촌의 사용 방식(위의 <표 3-2> 및 <표 3-3> 참조)과 구체적으로 비교하면, 여기서는

(1) 남성 화자가 남성 청자를 부르는 데서, '아즈바이' 또는 '삼춘이', 그리고 '형님이'가 잘 쓰이지 않는다. 대신 '아이 이름 + 아부지'나 '성 + 동무'가 새로이 쓰인다.

(2) 남성 화자가 여성 청자를 부르는 데서 '성 + 동무'가 새로이 쓰인다.

(3) 여성 화자가 남성 청자를 부르는 데서도 '성 + 동무'가 새로이 쓰인다.

(4) 여성 화자가 여성 청자를 부르는 데서 '형님이'는 잘 쓰이지 않고, 대신 '성 + 동무' 그리고 ('동생이뻘' 이나 '조캐뻘'에게) '새댁' 이나 '각시'가 새로이 쓰인다.

일견 사소한 차이 같아 보이는 이 변이상은, 일반적으로 두 조사 대상지 간의 사회조직(social organization) 상의 차이를 반영하는 것으로 생각된다. 즉, 장재촌에 비해 해란촌에서 덜 쓰이는 호칭어이 종류는 의사친척용어이고, 해란촌에서 더 많이 쓰이는 호칭어의 종류는 (부분적인 용례인 '새댁'과 '각시'를 제외하면) 종자명호칭과 '성 + 동무'라는 사회주의식의 '중립적인' 호칭어이다. 다시 말하여, 해란촌에서는 대체로 [-사회적 거리(social distance)]를 함의하는 의사친척용어가 덜 쓰이고, 그것보다는 상대적으로 [+사회적 거리]를 함의하는 종자명호칭 및 '성 + 동무'의 호칭어가 더 많이 쓰이는 것이다.

호칭 사용상에서 나타나는 이러한 특성은 해란촌의 주민 구성 및 그들 간의 사회적 관계의 특성을 거의 그대로 반영하는 것으로 보인다. 즉, 토박이의 구성 비율이 상대적으로 높고 외부로부터 비교적 고립되어 있는 장재촌과는 달리, 해란촌은 주민의 많은 숫자가 다른 지역으로부터 유입되어 들어온 사람들이고 또 이웃한 룡정시(龍井市)와 같은 바깥 세계와의 왕래가 비교적 잦은 마을이었다. 따라서 해란촌의 경우에는 장재촌과는 달리, 주민들 서로 간의 친밀 관계가 그리 크게 발달해 있지 않은 것으로 관찰되었는데, 이러한 사회적 특성이 그들 간의 일상적인 호칭 사용법에도 거의 그대로 반영되어 나타난 것으로 생각된다.

해란촌에서도 개인적으로 친밀한 사이에서는, 마을 주민들을 일반적으로 부르는 호칭어들 외에 다수의 새로운 의사친척용어들이 사용된다. 가령 장재촌에서는 일반 주민들에게 사용하는 호칭인 '아즈바이' 또는 '삼촌이', 그리고 '형님이' 등이 여기서는 친근한 관계에서만 사용되고, 또 장재촌에서는 잘 쓰이지 않는 '아즈반님이', '새워이', '동세', '동생'과 같은 의사친척용어도 여기서는 친밀한 사이에서 서로 사용하는 호칭 형태인 것으로 나타난다.

다음으로 해란촌에서 비교적 널리 쓰이는 것으로 보이는 '성 + 동무'의 사용법에 대해 좀 더 자세히 살펴보기로 하자. 이 호칭 형태를 남성 화자가 남성 청자에게 사용하는 경우에는, 주로 나이 차이가 그리 크지 않은 '이상' 또는 '지하'의 사람으로서 개인적으로 그리 가깝지 않은 사이에 사용한다. 이에 비해 남성 화자가 여성 청자에게 그리고 여성 화자가 남성 및 여성 청자에게 사용하는 경우에는, 그 사용 빈도수가 그리 높지는 않지만, 주로 공식적인 자리이거나 또는 연령 차이가 별반 없는 가까운 사이에서 사용한다.

결국 사회주의 체제의 '표지'(marker)와도 같은 이 호칭법이 해란촌에서도 실상은 그리 널리 사용되는 것은 아니고, 대신 남성 화자가 남성 청자를 부를 때에 그것도 일정한 사회적 관계 내에서만 주로 사용되는 것임을 알 수 있다. 따라서 남성이 여성에게 그리고 여성이 남성 및 여성에게 사용하는 제한된 용법을 고려하지 않는다면, 이 '성 + 동무'의 호칭 형태가 전달하는 사회적 의미는 주로 [+사회적 거리]와 [+격식성(formality)]일 것으로 생각된다.

마지막으로 해란촌에서는 한어식의 호칭 형태가 특수한 관계에서 전략적으로 사용되는 흥미로운 사례를 또한 찾을 수 있었다. 이는 40대 정도의 한어를 어느 정도 잘 아는 세대에서 남성 화자가 남성 청자에게 종종 사용하는 호칭법인데, 보다 구체적으로 말하면, 2, 3세가량 연상이나 그리 가깝지 않은 상대방에게 '성 + 동무' 대신 상대의 성을 따라 한어식으로 '로표(老朴)', '로리(老李)', '로진(老金)' 등으로 부르는 것이다. 또 거꾸로 동일한 조건의 2, 3세가량의 연하자에게는 '쇼표(小朴)', '쇼리(小李)', '쇼진(小金)' 등으로 부르는 호칭법이다. 제보자들에 의하면, 이 한어식 호칭법은 상대방과의 관계를 그리 가깝지 않은 것으로 교묘히 규정하는(즉, 상대방과의 관계를 전략적으로 조작하는) 효과를 가져온다고 하는데, 전체 호칭체계 내에서 그것이 전달하는 사회적 의미는 아무래도 [+사회적 거리]의 강조일 것으로 생각된다.

아무튼 이 한어식 호칭이 마을 주민들 간에 부분적으로나마 사용되는 것은, 해란촌이 장재촌에 비해 보다 개방되어 있고 따라서 한족 문화의 영향을 보다 많이 받는 사회적 환경 속에 놓여 있음을 가리킬 것이다. 어떤 의미에서는 이 흥미로운 호칭 사용법이 해란촌 주민들의 오늘의 시점에서의 문화 접변(acculturation)의 한 수준을 보여 주는 유력한 증거일 수도 있을 것이다.

4) 지칭어의 사용법

두 조사지 모두에서 일반적으로 사용하는 지칭 형태는 종자명식의 지칭 또는 개인명이다. 다시 말해, '아바이' 또는 '아매' 앞에 '손자녀 이름 + 네'를 붙이든가(가령 '철수네 아바이') 또는 '아부지'나 '어마이/엄마' 앞에 '자녀 이름 + 네'를 붙이는(가령 '철수네 아부지') 종자명식이든가, 아니면 개인의 이름을 그냥 부르는 방식이다.

그런데 이러한 일반적인 지칭 방식을 넘어서서, 성명 뒤에 '아바이', '아매', '아즈바이', '아즈마이'와 같은 의사친척용어를 붙여 부르거나(가령 '김철수 아바이'), 또는 그냥 성 뒤에 동일한 의사친척용어를 붙여 부르는(가령 '김 아바이') 방식도 널리 사용된다. 이 '성명/성 + 의사친척용어'의 지칭 방식은 명백히 한어 지칭법의 차용으로 보이는데(최건 1990 참조), 조사지에서 이러한 지칭의 사용은 일반적으로 여성보다는 남성들에 의해서 더 많이 이루어지는 것으로 보였다. 또 호칭의 형태와 동일한 '성 + 직함명'도 지칭으로 흔히 사용되는데, 이 형태도 앞서 말한 대로 부분적으로는 한어의 영향일 것으로 믿어진다.

조사지에서 개인이 아닌 집을 가리키는 특수한 표현법은 따로 발달한 것 같지 않다. 대체로 가구주를 가리키는 지칭에다 '네 + 집'을 붙이든가(가령 '김 아바이네 집'), 또는 개인명에다 '네 + 집'을 붙여(가령 '김철수네 집') 부르는 방식을 취한다.

마지막으로 두 조사지 모두에서 마을 주민들이 여성들의 개인명을 상당히 많이 알고 있는 것처럼 보였는데, 이 현상은 분명히 한국의 전통적인 관행과는 거리가 멀 것이다. 이는 아마도 한족 문화의 영향이거나 아니면 사회주의 체제의 영향일 것으로 짐작된다.

5. 존댓말의 구조와 사용

조사지에서는 '이상'과 '지하'의 엄격한 지위 구분과 함께, 청자에 대한 언어적 존경의 표현인 존댓말의 체계도 특이하게 발달해 있었다. 여기서의 존댓말의 체계는 지금까지 보고된 다른 방언에서의 그것과 구조면에서 상당히 다를 뿐만 아니라, 사용 규칙의 면에서도 상당한 정도의 특수성이 발견되었다. 뿐만 아니라 조사지의 주민들은 그들이 일상적으로 사용하는 존댓말의 구조 및 사용 규칙에 대해 매우 명시적인 민간 지식을 가지고 있었는데, 이는 거꾸로 이곳에서의 언어사용 규범이 그만큼 엄격하고 잘 발달되어 있음을 반영하는 방증 자료가 될 것이다.

1) 말단계의 구분과 명칭

조사지에서도 '존경 한다', '하대 한다' 또는 '존경어', '보통말'과 같은 표현이 쓰이지만, 이는 전통적인 민간 명칭(folk terms)이기보다는 학교 교육의 보급 이후에 주로 쓰이게 된 말 같다. 두 조사지 모두에서 청자에 대한 존대 표현의 등급은 기본적으로 세 등급으로 나뉘는데, 이는 각각 '예예 한다', '야야 한다', 그리고 '응응 한다' 또는 '야자 한다'로 불린다. 이 세 등급의 말단계는 대체로 '예예'가 아주 높임에, '야야'가 예사 높임에, 그리고 '응응' 또는 '야자'가 낮춤말 일반에 대응하는 것이다.

그러면 지시적 의미(referential meaning) 상으로는 동일한 문장을 세 등급의 말단계(speech levels)에 따라 문법적으로 달리 표현하는 제보자들의 예문을, 명령, 의문, 서술, 청유의 문형 구분에 따라 제시해 보기로 하겠다.

〈명령형〉

예예: 갖춘 게 없어도 많이 잡숩소.
야야: 갖춘 게 없어도 많이 자시오.
갖춘 게 없어도 많이 잡소.
갖춘 게 없어도 많이 먹소.
응응: 갖춘 게 없어도 많이 먹어라.

예예: 명동 갔다 옵소.
야야: 명동 갔다 오오.
응응: 명동 갔다 오라.
명동 갔다 오너라.

〈의문형〉

예예: 룡정이 여기서 몇 리 됨두?
야야: 룡정이 여기서 몇 리 되오?
응응: 룡정이 여기서 몇 리 되니?
룡정이 여기서 몇 리 되나?

예예: 어제 날이 맑았음두?
야야: 어제 날이 맑았소?
응응: 어제 날이 맑았니?

〈서술형〉

예예: 여기 물맛이 참 좋스(ㅂ)꾸마.
야야: 여기 물맛이 참 좋소.
응응: 여기 물맛이 참 좋다.

예예: 어제 2대[2반]서 돼지 잡았으(ㅂ)꾸마.
야야: 어제 2대서 돼지 잡았소.
응응: 어제 2대서 돼지 잡았다.

〈청유형〉

예예: (빠스가 왔으(ㅂ)꾸마.) 빨리 가깁소.
야야: (빠스가 왔소.) 빨리 가기오.
응응: (빠스가 왔다.) 빨리 가자.

예예: 오늘 옥시[옥수수]르 베깁소.
야야: 오늘 옥시르 베기오.
응응: 오늘 옥시르 베자.

이제 실제의 대화에서 채록한 말단계의 사용 예를 앞의 예문과 같은 방식으로 간략히 제시하기로 하겠다.

〈명령형〉

예예: "맏아바이 잘 갑소."

"10시 반쯤 나가봅소."

야야: "고거는 다른 사람 갔다 물어보오."

"새워이 어서 들어오오."

응응: "○○(아이 이름)야 저 물으 가져오라."

"○○야 물 한 사발 떠 달라."

〈의문형〉

예예: "조선족에 왕 동무 있음두?"(한국에 왕씨 성 가진 사람이 있느냐는 뜻임)

"우ㅡ 아직도 아이 왔음두?"

야야: "이보오 정거장이 어디 있소?"

"애기 엄마가 거 인민공사 때 어디 있었소?"

응응: "피주[맥주] 있니?"

"너는 어디 갔다 오니?"

〈서술형〉

예예: "화룡에 와서는 예 여 우리 눈춘이란 데르 왔으꾸마."

"아이들 좋습꾸마. 대단히 좋스꾸마."

야야: "한어르 모르오."

"올해 세월(작황)이 좋을 것 같소."

응응: "이제 고만 시장으르 갔다."

"그래 일원짜리도 있다."

〈청유형〉

예예: "전화가 열 문[대] 나오는데 같이 놓깁소."

야야: "술 한 잔 붓기오."

응응: "오늘 룡정 가자."

이상의 예문들에서 나타나는 이곳 방언의 대표적인 종결어미를 말단계와 문형의 구분에 따라 정리하면, 다음 <표 3-4>와 같이 될 것이다.

표 3-4 말단계의 구분과 대표적 종결어미

	명령형	의문형	서술형	청유형
예예	-읍소	-음두/-슴두	-으(ㅂ)꾸마/ -스(ㅂ)꾸마	-깁소
야야	-오/-소	-오/-소	-오/-소	-기오
응응/야자	-어라	-니	-은다/-는다	-자

여기서 이곳 방언의 특징적인 종결어미의 형태들을 찾아보면, 명령형 '예예' 단계의 '-읍소', 의문형 '예예' 단계의 '-음두' 또는 '-슴두', 서술형 '예예' 단계의 '-으(ㅂ)꾸마' 또는 '-스(ㅂ)꾸마', 그리고 청유형 '예예' 단계의 '-깁소'와 '야야' 단계의 '-기오' 등이 그 예가 될 것이다.

그런데 서술형 '예예' 단계의 어미 '-으(ㅂ)꾸마' 또는 '-스(ㅂ)꾸마'가 항시 서술형으로만 쓰이는 것은 아니다. 이 어미가 문말에서 상승조로 발화되면, 그것은 의문을 표시하는 문형이 되기 때문이다. 즉, 동일한 문장이 억양의 차이에 따라 다음 예와 같이 서술형이 되기도 하고 의문형이 되기도 한다.

서술형: 여기 물맛이 좋스(ㅂ)꾸마.

의문형: 여기 물맛이 좋스(ㅂ)꾸마? (상승조)

서술형: 어제 2대서 돼지 잡았으(ㅂ)꾸마.

의문형: 어제 2대서 돼지 잡았으(ㅂ)꾸마? (상승조)

다음으로 조사지에서 쓰이는 개별 말단계에 대한 민간 명칭, '예예', '야야', '응응'은 어디에서 연원한 것일까? 물론 '응응'과 같은 등급의 명칭인 '야자'는 오늘날 서울 지역에서도 비교적 널리 쓰이는 표현이다. 그런데 이 '예예', '야야', '응응'은 각 말단계에 공기하여 쓰이는 형태소 '예', '야', '응'에서 온 것으로 보인다.

먼저 이 '예', '야', '응'은 상대방의 말에 일반적으로 반응 또는 대답하는 형식으로 사용된다. 가령 '장에 갔다 왔니?'라는 물음에 대한 반응의 형식으로 '예, 아이[아니] 갔다 왔으(ㅂ)꾸마.', '야, 아이 갔다 왔소.', '응, 아이 갔다 왔다.'와 같이 사용된다. 또 이 '예', '야', '응'은 상대방의 말에 긍정적으로 대답하는 형식으로도 사용된다. 가령 '밥을 먹었니?'라는 물음에 대한 긍정적 대답으로 '예, 먹었으(ㅂ)꾸마.', '야, 먹었소.', '응, 먹었다.'와 같이 사용된다.

뿐만 아니라 이 '예', '야', '응'은 문말이나 문 중간에 자유로이 첨가, 삽입되어 사용된다. 가령 이 절의 처음 부분에서 든 예문 중 명령형 문장을 예로 든다면, '갖춘 게 없어도 많이 잡숩소 예.', '갖춘 게 없어도 많이 잡소 야.', '갖춘 게 없어도 많이 먹어라 응.' 등과 같이 문말에 첨가되어 사용된다. 물론 이들 형태소의 문말 첨가는 명령형뿐만 아니라 의문형, 서술형, 청유형의 각 예문 모두에서 동일하게 가능하다.

실제 담화를 녹음하여 채록한 다음의 예는 이 '예', '야', '응'이 문말 또는 문 중간에 첨가, 삽입되어, 그것과 공기하는 말단계와 함께 사용되는 모습을 잘 보여 줄 것이다.

'예': "기래 우리 오래비라 지금 있는 게 그 때는 예 정말엔– 그 저

일본식이 되놓이까 예 세력 없지. 우리네 같은 게사 무슨 세력이 있음두?" (여, 71세)

"아매 머 함두 예? … 아 어저누[이제는] 오라잼 않아 개학도 다 되겠는데 예." (여, 18세)

'야': "엄마 내 시험 치른다 했잖아 야. 그런데 내 글쎄 며칠 전에 감기 걸려 가지고 골[머리]이 너무 아파 가지고 시험 잘 못 치렀소. … 다음에는 야 꼭 공부 잘해 가지고 꼭 1등 하겠소. 되지 야?" (여, 18세)

'응': "보온병 물으 가져오라. … 어따 니 이 물으 이 저게 무스게야 춘화 어머이 갖다 조라 응." (여, 34세)

2) 말단계의 변화

지금까지 기술한 세 등급의 말단계와 그것의 대표적인 어미 형태는 중년 이상 또는 노인 세대에서 주로 쓰는 말씨이다. 두 조사지 모두에서 젊은층을 중심으로 말단계의 구성에서 부분적인 변화가 일어나고 있었는데, 그것은 '예예' 단계에서의 새로운 종결어미의 사용으로 특징지어진다.

먼저 장재촌에서 발견되는 변화의 내용, 즉 새로이 사용되는 종결어미의 예를 앞서 제시한 예문과 동일 형태의 것으로 제시하면, 다음과 같다.

〈명령형〉

예예: 갖춘 게 없어도 많이 잡수시오.
　　　명동 갔다 오시오.

〈의문형〉

예예: 룡정이 여기서 몇 리 됨까?
　　　어제 날이 맑았음까?

〈서술형〉

예예: 여기 물맛이 참 좋습다.

어제 2대서 돼지 잡았습다.

〈청유형〉

예예: (빼스가 왔습다.) 빨리 가기시오.

오늘 옥시르 베기시오.

장재촌의 경우, 이 '예예' 단계의 새로운 어미 형태는 주로 40대 이하가 많이 사용하는데, 일반적으로 말하여, 남성보다는 여성 화자가 더 많이 사용한다. 다음 담화의 예는 '예예' 단계를 실제로 사용하는 예문을 만들어 달라는 연구자의 요청에 10대의 한 제보자가 응한 것으로, 여기서의 종결어미는 모두 새로운 형태의 것으로 이루어져 있다.

"아부지 예 8월 15일 날에 내가 기말 시험 치른다 그랬잠까? 그런데 예 생각 밖으로 1등 하자던 게 오— 기말 시험 치르기 전 며칠 전에 감기 걸려 가지고 고만 5등밖에 못 했는데 우쩌겠습까? 아부지 예 다음에는 예 꼭 1등 하겠습다." (여, 18세)

그러나 젊은 층의 화자들 특히 40대 이하의 여성 화자들이 항상 이 새로운 종결어미만을 사용하는 것은 아니다. 상대방에 따라서 이 새로운 형태를 사용하기도 하고, 또 전통적인 형태를 사용하기도 한다. 가령 위 담화를 만든 10대의 화자가 이웃에 사는 80대 노인에게 이야기할 때는, 전통적인 종결어미와 새로운 종결어미를 함께 섞어 쓰는 것을 직접 녹음할 수 있었다.

그리고 전통적인 서술형 어미 '-으(ㅂ)꾸마' 또는 '-스(ㅂ)꾸마'처럼, 새로운 서술형 어미 '-읍다' 또는 '-슴다'도, 그것이 문말에서 상승조로 발화될 때에는 의문의 문형으로 바뀌게 된다.

한편 해란촌에서는 좀 더 큰 폭의 변화가 '예예' 단계에서 일어나고 있었는데, 장재촌에서 사용되는 새로운 형태의 어미 외에 또 다른 형태의 종결 어미가 사용되고 있었다. 해란촌에서 사용되는 새로운 종결어미의 예를 앞 예문에 따라 정리하면, 다음과 같다.

〈명령형〉

예예: 차린 게 없어도 많이 잡수시오.
　　차린 게 없어도 많이 잡수십시오.

　　명동 갔다 오시오.
　　명동 갔다 오십시오.

〈의문형〉

예예: 룡정이 여기서 몇 리 됨까?
　　룡정이 여기서 몇 리 됩니까?

　　어제 날이 맑았음까?
　　어제 날이 맑았습니까?

〈서술형〉

예예: 여기 물맛이 참 좋슴다.
　　여기 물맛이 참 좋습니다.

　　어제 2대서 돼지 잡았음다.
　　어제 2대서 돼지 잡았습니다.

〈청유형〉

예예: (빠스가 왔음다.) 빨리 가기시오.

(빠스가 왔습니다.) 빨리 갑시다.

오늘 옥시르 베기시오.

오늘 옥시르 벱시다.

즉 해란촌에서는 장재촌에서 사용되는 새로운 종결어미의 형태들 외에, 거의 표준어 식의 종결어미 형태들이 또한 사용되고 있다.

이제 '예예' 단계를 구성하는 대표적인 종결어미의 전체 집합, 다시 말하여, 전통적인 종결어미 뿐 아니라 새로운 종결어미 모두를 그 유형에 따라 정리하면, 다음 <표 3-5>와 같이 될 것이다. (단, 아래 <표 3-5>의 의문형 어미 중 '-음까/-슴까'가 때로 '-음꺄/-슴꺄'로, 그리고 '-으(시)ㅂ니까/-습니까'가 때로 '-으(시)ㅂ니꺄/-습니꺄'로 실현되기도 한다.)

표 3-5 '예예' 단계의 구성과 대표적 종결 어미

	명령형	의문형	서술형	청유형
예예 I	-읍소	-음두/-슴두	-으(ㅂ)꾸마/-스(ㅂ)꾸마	-깁소
예예 II	-으시오	-음까/-슴까	-음다/-슴다	-기시오
예예 III	-으십시오	-으(시)ㅂ니까/-습니까	-읍니다/-습니다	-읍시다

앞서 기술한 대로, 장재촌에서는 이 '예예 III'의 형태들을 일상적인 대화에서는 거의 들을 수 없었다. 단 많은 사람들이 모인 상황에서 소개를 하거나 인사를 하는 경우, 이 '예예 III'의 종결어미 형태 또는 그것에 가까운 표현이 몇몇 남성 화자들에 의해 사용되었다.

그러나 해란촌의 경우에는, 연구자가 일시적으로 방문한 외부인이기는 하였지만, '예예 Ⅱ'의 어미들과 함께 '예예 Ⅲ'의 어미들도 비교적 빈번히 사용됨을 쉽게 관찰할 수 있었다. 이제 변화의 단계가 좀 더 앞서 있는 것으로 보이는 해란촌의 상황을 보다 구체적으로 기술하기로 하겠다.

해란촌에서 '예예 Ⅰ'의 형태는 50대 내지 60대 이상이 주로 사용한다. 그러나 젊은층의 화자들도 이 형태를 사용하는데, 가령 노년층과의 대화와 같은 상황에서는 이 형태를 자주 사용한다. 그런데 대체로 말해, 이 경우에도 여성보다는 남성 화자가 이 전통적인 어미 형태를 더 많이 사용하는 것으로 나타난다.

'예예 Ⅱ'와 '예예 Ⅲ'의 형태는 40대 이하가 주로 사용하는데, 일반적으로 여성 화자가 남성 화자보다 더 많이 사용하는 경향을 보인다. 그러나 40대 이하의 화자들도 마을 사람들과의 통상적인 상호작용에서는 주로 '예예 Ⅱ'의 형태를 사용한다. 대신에 소위 '사회 공작'을 하는 공식적 자리이거나 외부인과의 접촉 상황 또는 마을 밖의 도시 지역으로 나가서는, 주로 '예예 Ⅲ'을 사용한다. 또 똑같은 40대 이하의 세대일지라도 교육 수준에 따라 '예예 Ⅱ'와 '예예 Ⅲ'을 사용하는 경향이 서로 다른데, 말할 것도 없이, 교육 수준이 높을수록 '예예 Ⅲ'의 어미 형태를 더 많이 사용하는 것으로 나타난다.

결국 장재촌과 해란촌의 두 조사지 모두에서 말단계 특히 '예예' 단계에서 변화가 일어나고 있는데, 해란촌에서의 변화가 보다 앞선 것으로 또는 보다 많이 진행된 것으로 말할 수 있겠다. 아마도 추측컨대, 일정 시간이 지난 뒤면 장재촌에서도 '예예 Ⅲ'의 어미 형태들이 해란촌에서처럼 사용되기 시작할 것으로 믿어진다. 그런데 현재까지의 변화와 관련하여 두 조사지 모두에서 한 가지 공통점이 나타나는데, 그것은 진행 중인 언어 변화의 방향에 또는 사회적 위세형(prestige form)에 일반적으로 여성 화자가 남성 화자보다 더 민감하게 반응한다는 사회언어학의 가설이, 이곳에서도 거의 그대로 맞아 들어가고 있다는 점일 것이다.

이 진행 중인 언어 변화와 관련하여 조사지 특히 해란촌에서는 한 가지 흥미로운 사실이 발견되었는데, 그것은 적어도 젊은 연령층 화자들의 경우, 동일한 '예예' 단계에 속하는 이 세 가지 유형이 상대방에게 전달하는 '존대'의 정도 면에서 각기 서로 다른 것으로 지각하는 점이었다. 다시 말해서, 40대 이하의 화자들은 전통적인 어미 형태인 '예예 Ⅰ'이 가장 낮은 수준의 '존대'를 상대방에게 전달하고, '예예 Ⅱ'가 그 다음 수준의 '존대'를 전달하며, 표준어 형태인 '예예 Ⅲ'이 가장 높은 수준의 '존대'를 전달한다고 지각하였다. 젊은 화자들의 '예예' 단계의 각 유형에 대한 이와 같은 지각 방식은, 일면 현재 진행 중인 방향으로의 언어 변화를 정당화함과 동시에 앞으로 그 변화를 더욱 촉진시키는 역할을 할 것으로 생각된다.

마지막으로 유형 Ⅲ의 개별 어미 형태들에 대해 좀 더 살펴보기로 하겠다. 위의 <표 3-5>에서 네 가지 문형에 따라 정리된 어미 형태들이 현재 조사지에서 모두 균등하게 사용되고 있는 것은 아니다. 다시 말하면, 의문형 어미 '-읍니까/-습니까'와 서술형 어미 '-읍니다/-습니다'는 비교적 널리 사용되는 편이다. 그러나 명령형 어미 '-으십시오'와, 의문형 어미 '-으시ㅂ니까'(이 경우는 물론 주어와 청자가 동일 인물일 것임), 그리고 청유형 어미 '-읍시다'는 상대적으로 적게 쓰이는 편이다.

좀 더 구체적으로 말하면, '-으십시오'와 '-으시ㅂ니까'는 주로 교원과 같은 소위 '지식 분자'나 '령도'들이 많이 사용하는 어미이다. 물론 마을 내의 일반 화자들도 가끔씩 이 어미들을 쓰지만, 그것은 주로 지식 분자나 령도들에게 말할 때에 그리고 좀 더 존경을 표시해야 할 상대방과 말할 때인 것으로 보고된다. 또 어미 '-읍시다'도 일반 화자들보다는 지식 분자나 령도들이 주로 사용하는 표현인데, 흔히 다수의 집합적 청자들에게 어떤 행동의 개시를 요청할 때, 이 종결어미를 많이 쓴다. 뿐만 아니라 조사지에서는 청유형 어미 '-읍시다'가 중부 지역과는 달리 '예예' 단계로 인지되고 있고, 그리고 여기서는 아직 '-으십시다'의 형태가 사용되지 않음도 명기할 필요가 있을 것이다.

3) 존댓말의 전체 구조

조사지의 말단계의 체계를 이해하기 위해서는 몇 가지 관련되는 사항을 좀 더 논의할 필요가 있겠다.

먼저 여기서도 소위 '하게'체는 과거부터 쓰여 온 것으로 보인다. 제보자들은 '하게'의 말씨를 '야야'보다는 낮은 말이나 '응응'보다는 조금 높은 말로 그 위상을 명확히 인지한다. 그러나 이 말씨를 가리키는 민간 명칭은 별도로 가지고 있지 않다. 이 '하게'체를 주로 쓰는 사람들은 남성 노인들인데, 같은 노인층일지라도 여성 화자들은 거의 쓰지 않는 것으로 보고된다. 또 조사지에서 이 말씨는 '이상' 분이 '지하' 사람들에게 주로 쓰지, '동미지간'에 서로 호혜적으로 사용하는 경우는 거의 없는 것으로 보고된다.

이 '하게'의 말씨를 사용하는 가장 흔한 경우는, 가령 아버지가 장가간 아들에게라든지 또는 가까운 사이에서 노인이 젊은이에게 사용하는 경우 등인데, "자네 저것 좀 가져오게."와 같이 주로 상대방에게 일을 시키거나 부탁을 할 때, 2인칭 대명사 '자네'와 함께 많이 쓴다. 그러나 제보자들이 '하게'체의 청유형 어미인 '-으세'를 거의 인지하지 못하는 것으로 보아서, 불완전한 '하게'체만이 노인 세대 그것도 남성 화자들에 의해 일부분 사용되는 것으로 보인다.

따라서 조사지에서 이 '하게'체가 '응응'과 함께 낮춤말의 한 구성 부분을 이루는 것은 틀림없겠지만, 그렇다고 해서 그것이 낮춤말의 분명한 한 하위단계(sub-level)를 이루는 수준까지는 아닌 것으로 생각된다.

이에 비해 '반말'은 분명히 인지되는 말씨의 범주이고, 또 세대의 구분 없이 비교적 널리 사용되는 것으로 나타난다. 제보자들의 표현을 빌리면, 반말은 '예예하기도 바쁘고[어렵고] 야야하기도 바쁠 때' 그리고 '야야하기도 바쁘고 야자하기도 바쁠 때' 주로 쓰는 말씨인데, 다른 표현으로 하면, 이는 '뒷말이 없는 말', '뒷말을 흐리는 말', 또는 '버물버물 하는 말'이 된다.

이 반말을 사용하는 대표적인 상황은, 가령 상대방이 낯선 사람으로서 화자인 나와 지위 차이가 그리 커 보이지 않을 때이다. 예를 들어, 상점에서 만난 낯선 사람에게 "손님 이 피주 한 잔 들지 뭐.", "술 한 잔 마시지."와 같이 권한다든지(명령형), 길거리에서 만난 상대방에게 "룡정이 여서 몇 리나 될까아?"하고 묻는다든지(의문형), 또는 길을 묻는 데 대한 대답으로 "나 여기르 잘 모르겠는데."하고 답한다든지, 또는 추측 섞인 동의를 하면서 "기게 그럴께이."와 같이 말하는 것(서술형) 등이다. 그러나 조사지에서는 중부 지방의 대표적인 반말 어미인 '-어' 형태가 규칙적으로 사용되지는 않는 것 같다.

정리하면, 여기서의 반말은 명료히 인지되는 말씨(speech style)의 범주이고, 또 아직까지는 모든 세대의 화자들이 적절한 상황에서 이따금씩 사용하는 말씨이다. 그러나 그것은 특정 형태의 어미 다시 말하여 형태상의 규칙적인 변이형으로 이해되기보다는, 청자에게 주는 언표 내적 힘(illocutionary force)이 비교적 약한, 넓은 의미에서의 '간접적인 말씨'(indirect speech style)의 한 갈래로 이해되고 또 사용되는 것으로 추측된다.

다음으로 조사지에서의 인칭 대명사를 간략히 살펴보기로 하겠는데, 여기서의 인칭 대명사는 나름의 특이성을 보여주고 있다.

먼저 '응응' 단계와 호응하는 2인칭 대명사의 단수는 '니'이고 복수는 '너네'이다. 그리고 다른 지역과 마찬가지로, 여기서도 '예예' 단계에 호응하는 문법 범주로서의 2인칭 대명사는 나타나지 않는다. 대신 친척호칭과 같은 여러 호칭어가 그 기능을 대신한다. 그런데 '야야' 단계에 호응하는, 중부 지방에서는 사용되지 않는 2인칭 대명사가 새로이 발견되는데, 그것의 단수형은 '제'이고 복수형은 '저네'이다(아마도 재귀대명사의 확대 사용으로 보임). 바로 다음 예문과 같이 사용된다.

제 : "제 합작사(상점)에 가서 술 좀 사 오."
"제 어디 갔다 오오?"
저네: "저네 다 같이 가 노오."
"저네 어디 갔다 오오?"

또 '자네'가 부분적으로 사용됨은 이미 기술하였다. 여기서도 물론 2인칭 대명사 '당신'이 사용된다. 그러나 부부 사이를 제외하면, 남자들이 그것도 주로 '동미지간'에 "당신 오늘 바쁘오?", "당신 술 좀 많이 먹소."와 같이 제한적으로 사용한다. 다시 말하여, '당신'도 '야야' 단계에 호응하는 2인칭 대명사이지만, 그것이 사용되는 범위는 '제'보다 훨씬 제한적인 것으로 정리할 수 있겠다.

또 조사지에서는 특정의 상대방을 부르는 말이지만 해당 청자의 개별적인 정체성의 지시와는 무관한 '일반적' 호칭, 아마도 넓은 의미에서의 호출어(summons)로 규정할 수 있는 말들이 빈번히 사용된다. 대표적인 예가 '야'인데, 이는 물론 '야자'에서의 '야'이고 따라서 '야자' 단계와 호응한다. 또 다른 호출어는 '어이'인데, 이는 '야야' 단계와 호응하는 말이다. 가령 "어이 이 문제르 어떻게 하오?"와 같이 쓰이는데, 실제의 사용 범위는 '야야'가 쓰이는 범위보다 조금 좁아 보이지만 원칙적으로는 '야야'와 호응하는 것으로 분류된다.

조사지에서 1인칭 대명사의 분화는 제대로 발달한 것 같지 않다. 겸양의 단수형 '저'는 그리 널리 쓰이지는 않으나 많은 화자들이 인지하는 형태이다. 그러나 '저'의 복수형으로는 주로 '우리'가 쓰인다. 따라서 이로 미루어 보면, 적어도 학교 교육의 본격적인 보급 이전에는 1인칭 대명사의 겸양형이 이곳에서는 거의 사용되지 않았던 것으로 짐작할 수 있겠다.

이상에서 기술한, 인칭 대명사 중 그 중심이 되는 2인칭 대명사와 호출어 그리고 세 등급의 말단계 간의 이상적인 공기관계(co-occurrence relationships)를 정리하면, 다음 <표 3-6>과 같이 될 것이다.

표 3-6 2인칭 대명사 및 호출어와의 공기 규칙

말단계	2인칭 대명사		호출어
	단수	복수	
예예	('이상 분'에게 쓰는 여러 호칭어)		·
야야	제	저네	어이
응응/야자	니	너네	야

마지막으로 조사지에서는, 적어도 전통적인 존댓말의 사용 방식에서는, 주체 존대의 선어말어미 '-시-'가 거의 사용되지 않은 것으로 보인다. 이미 기술한 대로 '예예' 단계의 새로운 형태, 즉 '예예 II'의 명령형 및 청유형 어미에서 형태소 '-시-'가 처음으로 삽입되어 나타난다(앞의 <표 3-5> 참조). 그러나 의문형 어미의 경우에는, '예예 III'에서도 사실은 '-시-'의 사용이 그리 널리 분포되는 것은 아니다. 따라서 조사지의 경우 청자 존대법은 비교적 정교히 발달하였지만, 주체 존대법은 거의 발달하지 않은 것으로 일반화할 수 있겠다.

4) 존댓말의 사용 규칙

이제 세 등급의 말단계 즉 '예예', '야야', '응응'이 화자와 청자 간의 사회적 관계에 따라 사용되는 대체적인 규칙을 기술하기로 하겠다. 일반적으로 (1) 청자가 부모보다 '이상'이면, '예예'를 사용한다. (2) 청자가 화자인 나보다 '이상'이나 부모보다 '지하'이면, '야야'를 사용한다. 그리고 (3) 청자가 나와 같거나 나보다 '지하'이면, '응응'을 사용한다. (그러나 상대방이 성장하여 어른이 되면, 흔히 '야야'로 높여주기도 한다.)

위의 일반 규칙은 물론 이상적인 모형일 것이다. 따라서 실제의 구체적인 사회적 관계에 따라서 말단계의 사용 방식은 부분적으로 달라질 수도 있을 것이다. 먼저 조사지에서 가장 중요한 사회적 관계의 영역인 친척관계에서 구체적으로 사용하는 말단계의 등급들을 정리하기로 하겠다. 아래 목록은 앞의 제3절의 '친척용어의 목록'에서 정리한 친척형들 중에서, 일상적으로 빈번한 접촉이 이루어지는 중요 친척들에게 사용하는 말단계의 등급을 정리한 것이다(따라서 아래의 일련번호는 위의 친척용어 목록상의 일련번호와 동일함). 그리고 이 언어사용의 규범 면에서 장재촌과 해란촌의 두 마을 간에 특별한 변이상은 발견되지 않았다.

(1) 부계친(父系親)에 대한 사용 규칙

3. FF('아바이'): '예예'
4. FM('아매'): '예예'
7. F('아배'): '예예'
8. M('제에마'): '예예' (과거에는 어려서는 '야야'를 하고 성혼 후에는 '예예'를 주로 했으나, 근래에는 성혼 이후에도 '야야'를 하는 경향이 있다.)
9. FBe('맏아바이'): '예예'
10. FBeW('맏아매'): '예예'

11. FBy('아즈바이'): '야야' (나이 차이가 크면 물론 '예예'를 한다.)
12. FByW('아즈마이'): '야야'
13. FZe('맏아매'): '예예'
14. FZeH('맏아바이'): '예예'
15. FZy('아재'): '야야'
16. FZyH('아즈바이'): '야야'
17. W('안까이'): '야야'
18. ♂Be('헝님이'): '야야' (나이 차이가 크면 '예예'를 하기도 한다.)
19. ♂BeW('아즈마이'): '야야'
20. ♂By('동생'): '응응' (성인이 된 후 공식적 자리에서는 흔히 '야야'로 높여 대접하기도 한다.)
21. ♂ByW('제수'): '야야'
22. ♂Ze('누인님이'): '야야'
23. ♂ZeH('매부'): '야야' (소수는 '예예'를 하기도 한다.)
24. ♂Zy('동생'/'(지하)누이'): '응응'
25. ♂ZyH('매부'): '야야'
26. ♀Be('오르바이'): '야야' (나이 차이가 크면 '예예'를 하기도 한다.)
27. ♀BeW('헝님이'): '야야'
28. ♀By('오래비'): '응응' (공식적 자리에서는 흔히 '야야'로 높여 대접한다.)
29. ♀ByW('올찌세에미'): '야야'
30. ♀Ze('내이'): '야야'
31. ♀ZeH('아즈바이'): '예예' (소수는 '야야'를 하기도 한다.)
32. ♀Zy('동생'): '응응'
33. ♀ZyH('새워이'): '야야'

34. S('아들이'): '응응' (아버지는 그렇지 않으나, 어머니는 성혼한 '아들이'에게 '야야'를 하는 경향이 있다.)

35. SW('메누리'): '야야'

36. D('딸이'): '응응' (성혼 이후에도 계속 '응응'을 한다.)

37. DH('싸이'): '야야'

38. BS/HBS('(배깥)조캐'): '응응' (성혼한 HBS에게는 흔히 '야야'를 한다.)

39. BSW/HBSW('(조캐안까이)'): '야야'

40. BD/HBD('(안)조캐'): '응응' (성혼 후에는 '야야'를 하기도 한다.)

41. BDH/HBDH('(조캐나그네)'): '야야'

46. SS('손재'): '응응'

47. SSW('손비'): '야야'

48. SD('손녜'): '응응'

49. SDH('손세'): '야야'

(2) 모계친(母系親)에 대한 사용 규칙은 부계친(父系親)의 그것에 준한다.

(3) 부계친(夫系親)에 대한 사용 규칙

96. H('나그네'): '예예'

97. HBe('시헝이'): '예예'

98. HBeW('(맏)동세'): '예예'

99. HBy('시애끼'): '야야'

100. HByW('동세'): '야야'

101. HZe('(이상)시누비'): '예예'

102. HZeH('(이상)시누비남편'): '예예'

103. HZy('(지하)시누비'): '야야'

104. HZyH('(지하)시누비나그네'): '야야'

(4) 처계친(妻系親)에 대한 사용 규칙

107. WF('가새아부지'): '예예'

108. WM('가새어마이'): '예예'

117. WBe('(이상)처남'): '예예'

118. WBeW('처남댁이'): '예예'

119. WBy('(지하)처남'): '야야'

120. WByW('처남댁이'): '야야'

121. WZe('처형이'): '예예' (나이 차이가 적으면 '야야'를 하기도 한다.)

122. WZeH('처형이나그네'): '예예' (나이 차이가 적으면 '야야'를 하기도 한다.)

123. WZy('처제'): '야야'

124. WZyH('동세'): '야야'

(5) 사돈관계(査頓關係)에 대한 사용 규칙

125. 및 127. SWF/DHF('(큰)사둔이'): '예예'

126. 및 128. SWM/DHM('(안)사둔님'/'사둔댁이'): '예예'

131. SWB/DHB('(메누리의 오빠)' 등): '예예' (시간이 지나면 '야야'로 바뀐다.)

132. SWZ/DHZ('(메누리의 언니)' 등): '예예' (시간이 지나면 '야야'로 바뀐다.)

조사지에서 친척관계에서 채택하는 존댓말 사용의 규범은 몇 가지 점에서 특이한 것으로 생각된다. 먼저 앞의 일반 규칙 (2)에서 이미 기술하였지만, 동 항렬의 연령상 상위자(및 그 배우자) 뿐만 아니라 숙항이지만 부모보다 연령상 하위자인 친척에게도, 여기서는 '야야'를 사용한다. 그렇지만 실제로 11 FBy, 12 FByW, 15 FZy, 16 FZyH 등과 같은 숙항에게도

'야야'를 사용하는 것은, 한국 사회의 일반적인 언어사용의 규범으로 보면 다소간 특이할 것이다.

다음으로 '지하'인 친척 중에서 혼인으로 맺어진 인척(affine)에게는 일반적으로 '응응' 대신 '야야'를 사용한다. 그러나 그 중에서도 특히 35 SW, 47 SSW, 119 WBy 등에게 '야야'를 사용하는 것은, 아마도 조사지의 중요한 문화적 특성 중의 한 부분을 이룰 것으로 생각된다.

마지막으로 앞에서 든 일반 규칙 (1)의 '예예' 사용법이, 부계친(夫系親) 및 처계친(妻系親)이라는 혼인에 의해 맺어진 친척 범주의 영역에서는, 자신의 배우자보다 '이상'이면 '예예'를 사용하고 자신의 배우자보다 '지하'이면 '야야'를 사용하는 것으로, 부분적으로 바뀜을 또한 볼 수 있다.

이제 비친척 관계에서의 말단계의 일반적 사용 규범을 정리하면, 대체로 다음 <표 3-7>과 같다.

표 3-7 비친척 관계에서의 말단계의 사용 규칙

청자의 구분	사용 등급	비고
아바이뻘	예예	
삼춘이뻘	야야	10세 이상 연상이면 일반적으로 '예예'를 한다.
형님이뻘	야야	
동미지간	응응	공식적 자리에서는 일반적으로 '야야'를 한다.
동생이뻘	응응	상대방의 나이가 대체로 40세 이상이거나 또는 상대방과의 관계가 멀면 '야야'를 한다.
조캐뻘	응응	
손재뻘	응응	

위의 <표 3-7>로 정리한 존댓말의 사용 규범은 남성 화자가 남성 청자에게 말할 때를 기준으로 한 것인데, 앞서 기술한 세 가지 일반 규칙과 크게 다르지 않음을 본다. 그러나 화자와 청자의 성별이 다를 경우에는 말단계의 사용 규범도 부분적으로 바뀌게 된다. 즉 남성 화자가 여성 청자에게, 여성 화자가 남성 청자에게, 그리고 여성 화자가 여성 청자에게 말할 때에는, '삼춘이뻘'에게는 일반적으로 '예예'를, 그리고 '동생이뻘' 및 결혼한 '조캐뻘'에게는 일반적으로 '야야'를 사용한다. 또 화자와 청자가 모두 여성일 때에는, 남성들과는 달리, '동미지간'에서 서로 '응응'을 하기도 하고 '야야'를 하기도 하는 것으로 보고된다.

마지막으로 조사지에서 받은 전체적인 인상 한 가지는, 여기서는 말단계의 구분법이 정교히 발달해 있을 뿐만 아니라 그것의 사용 규범 또한 매우 체계적으로 발달해 있다는 사실이다. 다시 말하여, 말단계의 사용 규범은 매우 엄격하고 그리고 대부분의 화자들이 명료히 공유하는 사용 규칙인 것으로 보였는데, 심지어는 10대 초반의 화자들까지도 이 절에서 기술한 존댓말의 구조 및 사용 방식에 대해 명시적인 문화적 지식(cultural knowledge)을 가지고 있었다. 아마도 조사지에서 정교하게 그리고 특이하게 발달한 존댓말의 체계는, 여기서의 언어생활의 핵심적 특성을 이루는 것으로 생각된다.

이제 조사지에서 특이하게 나타나는 등급인 '야야'의 사용 예 중에서, 대화에 참여하는 두 사람이 모두 '야야'를 사용하는(여기서의 표현으로는 '어기 야야 하는') 말 사례(speech event) 한 가지를 소개하기로 하겠다. 여기서 화자 A는 18세의 여성(고등학생)이고 화자 B는 34세의 여성(A의 이웃집 아주머니)인데, 두 사람은 '어기 야야'를 하고 있다.

A: "<밭에서 담배를 엮고 있는 B에게 접근하여> 담배 어느 때 시작했소?"

B: "담배—, 8월 6일 날."

A: "그램 오늘 며칠이던가?"

B: "오늘 18."

A: "18이까 우— <마음속으로 날짜를 계산함>."

B: "열이틀."

A: "오래 되오 야. 이 담배 갈불이(담배 병 이름) 갈재?"

B: "같소."

A: "거 체[잎]는 긴데 야."

B: "야 [이후 발음 불명확]."

A: "글쎄 말이 … 담배 체는 길구 겐데[그런데] 글쎄 갈불이 가서[들어서] 이거 그느 누루까(근은 많이 날까)?"

B: "데지는[던지는] 게 많소. 오래[올해] 이래까나[이래서]."

A: "그램 몇 줄 아이 나겠소."

B: "야."

6. 말의 주요 범주

조사지에는 십 수 가지의 말의 장르(speech genre), 말 행위(speech act), 또는 말씨(speech style)에 관한 민간 명칭들이 일상적으로 사용되고 있었는데, 이들을 보다 일반적인 명칭인 '말의 범주'로 묶어 간략히 정리하기로 하겠다. 그러나 제한된 조사 기간 때문에 각 범주의 말하기가 실제로 이루어지는 구체적인 사례는 거의 관찰하지 못하였다. 대신 여기서 정리하는 말에 대한 민간 명칭 및 그 개념은 거개가 해란촌에서 면접에 의해 수집한 것들이다.

1) 말에 대한 민간 명칭

(1) 거짓부리: 거짓말

(2) 뜻개말: 제대로 배우지 못한 상태에서 어법에 맞지 않거나 분명하지 않게 하는 말. 흔히 한어를 제대로 배우지 못한 상태를 일컬어 "그 사람 한어는 뜻개말이나 좀 한다."라고 표현한다.

(3) 롱담: 농담. 흔히 (13) '우스개소리'와 같은 것으로 인지되기도 하나 엄격히는 서로 구분된다. 일반적으로 친한 사이에서 허물없이 하는 장난조의 말을 주로 가리키지만, '롱담'이란 그 전언(message)을 롱담으로 이해하지 않을 경우에는 상대방을 모욕하는 말이 된다. 롱담의 이러한 위험성을 가리키는 표현에, 조사지에는 "롱담이 진담 돼서 싸움 난다."라는 말이 있다.

제보자들이 제시한 간단한 사례에는 다음의 것들이 있다.

① 다른 마을로 담배 일을 하러 출타하였다 돌아온 친한 아주머니에게
"그래 나그네 생각이 나서 왔소?"
"지난밤에 그래 나그네 아주 못살게 굴었지."와 같은 표현.

② 친한 친구에게
"야 너네 안까이 며칠 좀 빌려다오. 내 좀 데리고 자게."와 같은 표현.

③ 통상 '로리'(老李)로 부르는 연장의 상대방에게 장난조로 '쇼리'(小李)로 부르는 것 등.

(4) 만담 또는 재담: 한 사람 또는 두 사람의 전문적인 이야기꾼이

재미있게 꾸려나가는 우스운 말

(5) 망탕말: 두서없이 예의에 어긋나게 함부로 해대는 말. 흔히 술 취한 사람이 함부로 말을 막 하는 것을, "술 먹고 망탕말 한다."라고 표현한다.

(6) 무르맞춤: '무릎맞춤'. 자신에 대한 잘못된 소문이 퍼졌을 때 그 소문의 진원지를 흔히 삼자대면(三者對面)을 함으로써 찾아나가는 말 행위를 가리킨다. 이러한 소문의 진원지를 찾아나가는 과정을 '무르맞춤 댕긴다'고 한다.

(7) 시설질하다: 마음속의 근심 같은 것을 혼자서 중얼거리는 행위

(8) 쌀개질하다: 일차적으로는 장난을 심하게 하고 까부는 행동을 가리키지만, 그러한 모습으로 말을 하는 것도 또한 가리킨다.

(9) 쌍땀: 성이나 생식기와 관련되는 상스런 이야기. 조사지에서는 '육담'이라는 명칭은 잘 쓰이지 않는다.

조사 과정에서 다음과 같은 간단한 사례를 접할 수 있었다.

① 시아버지와 며느리가 중국집에 만두를 먹으러 갔는데, 며느리가 "아반님이, 보즈(餑子 bo zi, 만두의 한 종류)를 자시겠음두 죠즈(餃子 jiao zi, 만두의 한 종류)를 자시겠음두?" 하고 묻자, 시아버지가 대답하기를 "나는 보지를 먹겠다."고 했다. ('보즈'와 '보지', '죠즈'와 '좆'의 음의 유사성 때문에 이 이야기는 매우 우스운 '쌍땀'이 된다.)

② 한족들더러 "전봇대 내보다 더 크다."를 따라하게 하면 "저 보대 내보다 더 크다."라고 하고, "검정소 앞박죽이"를 따라하게 하면 "거무지 아바지"라고 한다. ('보대'는 이곳 방언으로 '보지'를 가리키고, '거무지'는 '거웃'을 가리킨다.)

(10) 쌍소리: 상소리. 그러나 흔히 (9) '쌍땀'과 같은 의미로 쓰이기도 한다.

(11) 옛말: 옛날이야기

(12) 욕 또는 욕지거리: 욕, 욕지거리. '욕' 중에서도 상스런 욕은 '쌍욕'이라고 부른다.

(13) 우스개소리: 우스갯소리. 흔히 (3) '롱담'과 같은 것으로 인지되기도 하나 엄격히는 서로 구분된다. '롱담'과는 달리 상대방을 모욕할 위험성이 없이, 그냥 듣는 사람을 웃기는 말을 가리킨다.

(14) 입내내다: 다른 사람의 행동이나 말을 그대로 흉내 내는 것을 가리킨다.

(15) 잔소리: 잔소리

(16) 잡소리: 실현 가능성이 없는 엉뚱한 허튼 소리 하는 것을 가리키기도 하고, 또 자다가 일어나서 혼자서 중얼거리는 잠꼬대 소리를 가리키기도 한다. 이러한 '잡소리' 하는 행동을 여기서는 '잡소리 친다'라고 표현한다.

2) 타 민족에 대한 욕과 부정적 표현

위 목록상의 (12) '욕'과 관련하여, 조사지에서 발견되는 한 가지 흥미로운 현상은 타 민족과의 '심리적' 관계가 욕 또는 유사한 부정적 표현으로 나타나는 것이었다.

조사지에서도 통상적인 '욕'은 성이나 근친상간(incest taboo)과 관련지어 표현하거나(가령 '좆같은 새끼', '씹어랄 새끼', '제에미랄 놈' 등), 또는 개에 비유하거나 개와의 수간(獸姦) 관계를 상정하는 표현(가령 '개 같은 놈', '개 새끼', '개 씹으로 난 놈', '개 씹어랄 새끼', '개가 씹할 놈 새끼' 등)이 중심을 이룬다. 이 외에도 상대방의 모습이나 행위상의 특성을 들어 그것을 특정 짐승에 비유함으로써 욕이 이루어지는데, 가령 우둔한 것을 소에 비유한다든지, 뚱뚱한 것을 돼지에 비유한다든지, 조그만 것을 쥐에 비유한다든지, 그리고 지나치게 따라 다니며 얻어먹으려는 것을 '개승냥이'에 비유하는 것 등이 그 예이다.

그러나 이러한 일반적인 표현을 넘어서서, 빈번히 접촉하는 다른 민족 즉 한족을 향해 직접적으로 욕을 하거나, 또는 다른 민족에 대한 부정적인 태도가 욕이나 유사한 언어 표현 속에 반영되어 나타나는 사례들이 발견되었다. 가령 한족을 향해 직접적으로 욕을 할 때에 가장 많이 쓰는 표현은 '되놈' 또는 '산동놈 새끼'이다. 그러나 한족 외의 다른 민족에 대한 직접적인 욕은 그리 발달하지 않은 것으로 보이는데, 아마도 다른 민족과는 한족처럼 갈등이 생길 만큼 일상적으로 긴밀한 접촉을 해 오지 않았기 때문일 것이다.

한족에 대한 부정적인 태도가 담긴 또 다른 표현에는 다음과 같은 예들이 있다.

'되놈 대가리': 흔히 밭에 있는 큰 돌 덩어리 같은 것을 주워낼 때 "되놈 대가리 같이 굴러다닌다."라고 말하는데, 이 표현이 만들어진 정확한 배경은 알려져 있지 않다.

'되놈 도록 신짝이 같다': 못생긴 보기 싫은 사람을 가리키는 표현으로, 여기서의 '도록 신짝'은 쇠가죽으로 만든 한족의 옛 신발이다.

또 '마우재'(러시아 사람(또는 놈))에 대한 부정적인 태도를 나타내는 욕 및 관련 표현도 흔히 사용되는데, 다음과 같은 예들이다.

'마우재 같은 놈': '마우재'처럼 우둔하다는 욕 (어떤 제보자는 '마우재'의 어원을 마우자(馬牛子)로 임의 해석할 만큼 과거의 러시아 사람들에 대한 부정적인 태도를 보여주었다.)

'마우재 콧대': 코가 큰 사람을 나쁘게 표현하는 말

제 4 장

중국 요령성 조선족의 언어문화

연구의 과정

이 연구는 한국문화인류학회가 시행한 '재외동포 생활문화 조사연구'의 제 2차년도 사업인 '중국 요령성 지역의 조선족에 대한 연구'(1997년도)에 필자가 연구팀의 일원으로 참가함으로써 이루어진 것이다. 구체적인 연구 대상지는 요령성(遼寧省) 내의 두 조선족 마을(실제로는 마을 즉 촌(村) 내의 작은 구역인 조선족조(朝鮮族組)였음)이었다. 한 곳은 요령성 단동시 동항 의권진 우가촌(遼寧省 丹東市 東港 椅圈鎭 于家村) (당시 우가촌 내의 조선족 인구는 44호에 168명(그러나 실제로는 이보다 적었던 것으로 추산됨)) 이었고, 또 한 곳은 요령성 본계시 환인현 괴마자진 와니선사촌(遼寧省 本溪市 桓仁縣 拐磨子鎭 洼泥甸子村) (당시 와니전자촌의 총 인구는 2,378명이었는데, 이 중 조선족 인구는 102호에 486명)이었다.

연구팀의 전체적인 연구 과정 그리고 두 조사 대상 마을의 일반적인 정착 역사와 촌락 구조에 대해서는 김광억 교수의 '요녕성 한인 동포의 사회와 생활의 특징'(김광억 1997), 유철인 교수의 '이주 역사와 정착 배경'(유철인 1997), 그리고 박성용 교수의 '촌락 구조와 사회조직'(박성용 1997)이 있다. 물론 연구팀 전체의 조사 결과 보고인『중국 요녕성 한인 동포의 생활문화』(한국문화인류학회 1997)는 이 두 조사 대상 마을에 대한 보다 광범하고 자세한 배경 지식을 전달해 줄 것이다.

이 연구의 중심 목표는 조사 지역 내의 조선족 화자들이 일상적으로 수행하는 '언어생활'의 중요한 측면들을 사회문화적 맥락의 시각에서 발견・기술하려는 것이었다. 대체로 노인 세대들이 사용해 온 전통적인 언어생활의 여러 모습을 중심으로 하되, 현재의 변화하고 있는 언어 상황에 대한 개요도 아울러 파악하고자 하였다.

그러나 전체적으로 조사 기간이 짧은 데다 이동거리가 길어 연구의 계획 단계에서부터 만족스런 연구 결과를 기대하기는 어려웠다. 그런데다 두 마을 모두 타 지역에서 이주해 온 이주민들로 주로 구성되어 있었고, 또 한족(漢族)들 사이에 둘러싸여 한족과 함께 생활하는, 언어 및 문화의 면에서 '동화'(assimilation)의 환경 속에서 살고 있었다. 여기에다 우수한 언어적·문화적 지식을 갖춘 제보자들을 만나는 것이 쉽지 않아, 한정된 여건 속에서도 현지조사가 제대로 잘 진행되지 않았음을 밝혀둔다. 그러나 다행히도 두 현지조사지에서 관찰한 언어생활의 특징적인 모습은 거의 같거나 유사하였다.

본 연구를 위한 현지조사는 1997년 7월 4일부터 7월 18일 사이에 이루어졌는데, 긴 이동 시간을 빼면, 실제의 현지조사는 우가촌(于家村)에서는 7월 6일부터 7월 9일까지의 3박 4일 동안 그리고 와니전자촌(洼泥甸子村)에서는 7월 10일부터 7월 15일까지의 5박 6일 동안(그러나 실제로는 5박 5일 동안), 해당 마을에 각기 체재하면서 이루어졌다.

조사 기간 중 연구자의 연구 작업을 이해해 준 여러 제보자들로부터 크고 작은 가르침을 받았지만, 특히 우가촌(于家村)의 김성조(金成祚)(80) 님 일가족과 박영화(朴永華)(60) 님 일가족 그리고 최덕윤(崔德潤)(56) 님 일가족, 와니전자촌의 신성수(申成洙)(63) 님 일가족과 리경송(李京松)(62) 님 일가족 그리고 리봉두(李奉斗)(55) 님 일가족으로부터 그곳의 언어생활에 대한 많은 귀중한 민간 지식(folk knowledge)을 배울 수 있었음을 밝혀둔다.

1. 언어공동체의 일반적 특성

두 조사 대상 마을 즉 언어공동체(speech community)의 일반적인 언어 상황은 매우 유사하였는데, 그 개략적인 모습을 사용 방언의 어휘적 특성, 표준어의 사용과 표준어로의 부분적인 언어 변화, 그리고 조선어와 한어(漢語)의 일상적인 교체 사용 등으로 나누어 간략히 기술하기로 하겠다.

1) 방언적 특성과 표준어로의 변화

두 조사지 모두에서 일상적으로 사용하는 '조선어'의 방언은 평북 방언 특히 북부 평북 지역(주로 벽동(碧潼) 및 초산(楚山) 지역)의 방언인 것으로 믿어진다. 그러나 가령 연변(延邊) 지역의 말과 비교하였을 때, 물론 조사지의 주민들이 연구팀 일행에게 의식적으로 표준어를 쓰려고 노력하기도 하였지만, 중부 지역의 말과 이곳에서 사용하는 평북 방언간의 차이는 적어도 이해의 측면에서는 그리 크지 않은 것으로 느껴졌다.

다음의 어휘 목록은 조사 과정에서 비교적 자주 들은 이곳 방언의 표현 형태들인데, 조사지의 방언 특성에 대한 부분적인 자료가 될 수 있을 것이다.

> 가마[솥], 가이[개], 가이새끼[강아지], 거이[게], 게사니[거위], 과이[고양이], 구들빡[방바닥], 구막(장)[부뚜막],
> 나간이[손님], 눅다[(값이)싸다],
> 댕가지[고추], 드릉산이[큰 미꾸라지?], 뜰가이[질괭이],
> 망[멧돌], 멱장구[개구리], 모새[모래], 물달팡이[논고동], 미꾸락지[미꾸라지],

바당[바다], 바람뚝[벽], 밥죽[주걱], 벽[부엌], 벽앞재기[아궁이], 복아지[복어],

상새나다[죽다], 쉰사[인사], 시죽[이제], 싫다[잃다], 싸다[(값이)비싸다],

언나[아기], 욕보다[수고하다], 인차[이제], 인품[인심], 입성[옷],

조낙[저녁], 질게[반찬], 쯔다[베다],

채가다[훔쳐가다],

크다[(날짜가)빠르다],

턴반[천장],

해가우리[해바라기]

등

그러나 조사지에서는 이곳의 지역 방언 뿐 아니라 부분적이지만 넓은 의미의 '표준어'도 함께 사용되고 있었는데, 현재의 언어 상황은 (1) 지역 방언과 표준어의 두 방언 사용(bidialectalism), 그리고 (2) 표준어로의 부분적인 언어 변화로 기술될 수 있을 것이다.

대체로 말해 60대 이상의 화자들은 이곳 학교에서 가르치는 '표준어'에 그리 익숙하지 못한 편이나, 50대 이하 특히 40대 이하는 상당한 정도로 학교의 표준어에 익숙한 편이다.

조사지 내의 표준어에 익숙한 세대들은 현재의 학생들을 포함하여, 대체로 (1) 자신의 학교 선생님 및 예전의 학교 선생님과 접촉을 할 때, (2) 외부에서 온 손님과 상호작용을 할 때, 그리고 (3) 외지의 낯선 곳에 나갔을 때는 주로 표준어를 사용하는 경향을 보인다. 그러나 집안에서의 대화나 동네 내에서의 상호작용 그리고 손님일지라도 친숙한 사람과의 접촉에서는 이곳의 지역 방언을 주로 사용한다.

소학교 학생들의 경우 수업 시간 중에 그리고 자신들을 가르치는 선생님에게는 학교에서 배우는 표준어를 사용하지만, 학생들끼리 운동장에서 놀거나 집으로 돌아와서는 이곳의 지역 방언을 자연스럽게 사용하는 것을 여러 번에 걸쳐 목격할 수 있었다.

이와 같은 언어사용 규범이 잘 드러난 또 다른 예는 연구팀 일행과 마을 주민들 간의 상호작용인데, 노인 세대를 제외한 거의 모든 사람들이 조사자 일행에게 표준어를 쓰려고 매우 의식적인 노력을 하였다.

조사지에서 관찰되는 이러한 두 방언사용 현상은 물론 일차적으로는 학교 교육의 영향 때문일 것이다. 그러나 부차적으로는 최근 급격히 증대되어 온 한국과의 접촉도 나름대로 중요한 영향을 미친 것으로 짐작된다.

조사지에서는 이와 같은 사회적 맥락(social context)에 따른 표준어의 교체적 사용을 넘어서서, 근래에는 젊은 세대를 중심으로 학교에서 배우는 '표준어'가 아니라 '서울말' 또는 '한국말'을 사용하려는 경향도 또한 관찰된다. 이 새로운 말씨를 쓰거나 퍼뜨리는 사람들은 물론 한국에서 '로무'로 일했거나, 한국 배를 탔거나, 또는 한국 기업에서 통역으로 일한 경험을 가진 젊은 세대들이다.

이 세대들은, 일반적으로 말하여, 과거 한국과의 접촉이 본격화되기 이전에는 조선어보다는 한어(漢語)를 더 많이 쓰던 사람들이다. 그러나 한국이나 그와 유사한 환경에서 일한 경험이 자신의 조선족으로서의 민족 정체성을 보다 강화하고, 또 조선족 사회 내에서의 자신의 사회적 위치를 상대적으로 우월한 것으로 규정하게끔 만든 것으로 보인다.

젊은 세대들이 부분적으로 쓰는 '서울말' 또는 '한국말'에 대한 조사지 주민들의 태도(attitude)는 거의 무조건적인 긍정적 평가에 가깝다. 중년 이하의 사람들은 일반적으로 자신들의 평안도 말을 무뚝뚝하거나 투박하고, 정이 없으며, 에두르는 것이 없이 직설적이고, 그리고 '례모'(禮帽)

가 없는 말로 지각한다. 이에 비해 한국말은 부드럽고 점잖아 상대방에게 존중의 느낌을 주며, 다정스럽고, 그 표현이 고우며, 그리고 인사성뿐만 아니라 예절이 발달한 말로 지각한다.

한국말에 대한 이러한 긍정 일변도의 태도는 물론 한국에 대한 동경 그리고 한국에 '로무'로 갔다 온 사람들에 대한 긍정적인 평가를 그대로 반영하는 것으로 여겨진다.

어쨌든 조사지 내에서 젊은 세대를 중심으로 진행 중인, 학교에서 배우는 '표준어'를 넘어서는 '한국말'로의 언어 변화는, 앞으로 한국과의 접촉이 더욱 증대되고 한국과의 관계가 계속 발전한다면 더한층 빠른 속도로 진행될 것으로 믿어진다.

2) 조선어와 한어의 교체 사용

조사지에서 발견되는 언어생활상의 또 다른 특성 한 가지는 조선어와 한어의 교체 사용 즉 두 언어 사용(bilingualism) 현상이다. 절대 다수의 한족들 사이에 소수의 집단을 이루어 한족과 함께 섞여 사는 조사지 주민들이, 한어를 일상적으로 사용하는 것은 어쩌면 당연한 언어적 그리고 문화적 적응 과정의 결과일 것이다.

조사지 주민들의 구어적 표현으로는 독립된 언어로서의 '조선말'은 '한족말'과 대조되고, 민족으로서의 '조선사람'은 '한족사람'과 대조된다. 그런데 '한족사람'과의 상호작용에서만 '한족말'을 사용하는 것이 아니라, '조선사람'과의 상호작용에서도 '한족말'을 빈번히 사용하는 것이 두 조사지 모두에서 관찰되는 현재의 언어 상황(language situation)이다.

조사지 내 조선 사람들의 한어 사용 능력은 물론 균일하지 않다. 개인에 따라 즉 개인의 교육 수준이나 한족 학교에서의 수학 여부 등에 따라 한어 사용 능력은 각기 다르다. 그러나 대체로는 연령층의 구분에 따라 비슷한 한어 사용 능력을 가지고 있는 것으로 나타난다.

60대 이상은 일반적으로 한어를 거의 하지 못하는 편이고 여성의 경우에는 그 정도가 더욱 심하다. 50대의 경우에는 대체로 기초적인 학교 교육을 받은 세대이므로 한어를 어느 정도는 하는 편이다. 그러나 이 세대에서도 여성은 남성보다 일반적으로 그 사용 능력이 떨어진다. 40대의 경우에는 한어를 듣는 것은 잘 하지만 말하는 것은 듣는 것보다 떨어지고, 한어로 글을 쓰는 것은 대체로 잘 하지 못하는 편이다. 30대 및 20대의 경우에는 한어를 듣는 것, 말하는 것, 글로 쓰는 것 모두를 다 잘하는 편이고, 특히 외부의 직장에 다니는 사람들은 조선어보다 한어에 더 익숙한 편이다. 마지막으로 10대의 소학교 학생 및 그 이하는 아직 한어를 제대로 배우지 않아 한어를 잘 못하는 연령층이다.

조사지 내의 조선 사람들끼리 한어를 사용하는 정도도 대체로 연령층에 따른 화자 및 청자의 한어 사용 능력과 평행되게 나타난다.

우가촌(于家村)에서 60대 초반의 남성 화자, 50대 초반의 여성 화자, 30대 후반의 남성 화자, 30대 중반의 남성 화자, 그리고 20대 후반의 여성 화자를 대상으로 하여, 그들의 가족, 마을 내의 친척, 그리고 동네 주민들과의 언어사용 양상을 심층적으로 질문하였다. 뿐만 아니라 본인을 제외한 다른 가족 성원들 간의 언어사용 양상도 심층적으로 질문하였다. 그 결과 한어 사용 정도는 화자의 연령과 청자의 연령에 따라 대체로 일정하게 분포되는 것으로 나타났다.

간략히 정리하면, 50대 이상은 부부간의 대화에서는 조선어만 쓰든지 또는 조선어를 주로 사용한다. 이 50대 이상의 부모와 30대 및 20대의 자녀들 간의 대화도 주로 조선어로 이루어지는데, 자녀들이 부모에게 부분적으로 한어를 사용하는 편이다. 이 20대 및 30대의 자녀들 간의 대화는 조선어와 한어의 병용으로 이루어지나, 조선어를 보다 많이 쓴다. 그리고 50대 이상의 화자가 마을 사람들과 대화할 때는 기본적으로 조선어를 쓰지만, 30대 이하의 젊은 사람들에게는 한어도 부분적으로 사용한다. 그러나 10대 초반 이하의 어린아이들에게는 주로 조선어를 사용한다.

30대 화자들의 경우는 부부간의 대화에서는 조선어와 한어를 함께 쓰지만 조선어를 보다 많이 쓰는 편이고, 10대의 자녀들과는 조선어와 한어를 거의 반반씩 섞어 쓰거나 또는 조선어를 보다 많이 쓰는 편이다. 그러나 이 30대의 화자들이 자신들의 부모에게 말할 때는 거의 조선어만을 사용한다. 10대의 자녀들끼리의 대화는 조선어와 한어가 거의 반반씩 병용되거나 또는 조선어가 보다 많이 사용되는 편이다. 이 30대 화자들이 마을 주민들과 대화할 때는 대체로 50대 이상에게는 조선어를, 그리고 친구 세대 이하에게는 조선어와 한어를 병용하지만 조선어를 보다 많이 쓰는 편이고, 어린아이들에게는 주로 조선어를 사용한다.

20대 초반의 대학생 화자는 80대의 조부모에게는 조선어만을 사용하고, 50대의 부모 및 숙부모에게는 조선어와 한어를 병용하나 조선어를 보다 많이 사용하고, 그리고 30대, 20대, 10대의 형제 및 여러 사촌들과는 조선어와 한어를 거의 반반씩 섞어 쓴다. 그리고 동네 사람들과의 상호작용에서는 50대 이상의 어른들에게는 조선어를 쓰고, 40대 초반 이하에게는 조선어와 한어를 병용하지만 한어를 좀 더 많이 쓰는 편이며, 그리고 10대 초반 이하의 아이들에게는 주로 조선어를 쓴다.

실제의 관찰에서도 20대가 30대보다는 한어 사용의 빈도수가 좀 더 높은 듯 하였는데, 와니전자촌(洼泥甸子村)의 한 20대 제보자의 말로는, 30대는 통상 조선어와 한어를 거의 반반씩 섞어 쓰는 편이나, 20대에 오면 한어 사용의 빈도수가 훨씬 증가하여 집밖으로 나가면 거의 한어만을 쓴다고 하였다.

이상과 같은 조선어 및 한어 사용의 기본적인 분포상에서 드러나는 한 가지 특색은, 일반적으로 50대 이상의 어른들에게는 젊은 세대에서 한어를 잘 쓰지 않는다는 사실이다. 이는 물론 상대방이 한어에 그리 익숙하지 않은 세대이기도 하지만, 언어사용과 관련한 가치관 및 태도(speech value and attitude)의 측면과도 밀접히 연관되는 것으로 보인다.

즉 젊은 세대의 입장에서는 나이든 어른들에게 '례모' 있는 행동을 해야 하는데, 이 례모 있는 행동의 핵심은 바로 한어가 아닌 조선어로 말을 하는 것이기 때문이다. 조선어 사용이 곧 예절 있는 행동이 되는 이 언어 태도 및 가치관은 거꾸로 50대 이상의 사람들에게서도 동일하게 지각되는데, 그들의 표현을 빌리면, 자식이 부모에게나 또는 자식뻘의 젊은 사람이 부모뻘의 나이 든 사람에게 한어를 사용하는 것은 무언가 '건방진' 느낌을 주는 것이 된다고 한다.

이 예절과 관련한 조선어의 사용 관행이 시간이 지나서도 계속될 것인지의 여부는 물론 현재의 단계로서는 판단하기가 어렵다.

그런데 젊은 세대 특히 그 중에서도 20대로 내려오면, 조선어와 한어의 이중 언어 사용은 그 균형을 잃어 심하게는 언어 교체(language shift)의 전 단계에 도달하는 것 같은 느낌을 준다. 이 세대에 와서 한어를 보다 많이 사용하게 되는 것은 그들의 능숙한 한어 사용 능력 이외에도, 조선어와 한어 간의 구조적 차이와도 관련되는 것으로 보인다.

즉 대부분의 젊은 화자들은 '조선말'은 '존경말' 또는 언어상의 '례모' 때문에 그 사용이 까다롭고 어려운 반면에, '한족말'은 존경말이 없으므로 간편하다고 주장한다. 또 조선말은 말의 길이 즉 음절수에서 상대적으로 긴 데 비해, 한족말은 동일한 표현을 하는 데서 음절수가 짧으므로 간편하다고 주장한다. 이 두 주장의 객관적 근거는 비교적 분명한 것 같다.

나아가 이 젊은 세대의 화자들은 자신들에게는 한어가 조선어보다 더 익숙하고 그리고 한어를 사용하면 상대방이 더 가깝게 느껴지는 데 반해, 조선어를 사용하면 상대방이 더 멀게 느껴진다는 앞 세대와는 다른, 변화된 심리적 반응을 나타내었다.

이상을 요약하면, 조사지에서의 두 언어 사용은 적어도 안정적인 이중언어 사용(stable bilingualism)의 상황과는 거리가 먼 것으로 보인다. 다시 말하여, 젊은 세대에 와서 조선어의 지속적인 언어 유지(language maintenance)보다는 한어로의 언어 교체의 방향으로 언어생활의 큰 흐름이 바뀌고 있는 것으로 판단된다.

그러나 동시에 조사지에서는 조선어의 언어 유지를 지속시키는 여러 요인들도 관찰된다. 한 가지 가장 기본적이고 중요한 요인은, 말할 것도 없이, 조선족 학교에서의 조선어 교육과 조선어로의 수업 진행 방식일 것이다. 한 마디로 말하여, 조선족 학교 또는 학급이 조사지에서 유지되는 한은 조선어의 기본적인 언어 유지는 계속될 수 있을 것으로 보인다.

뿐만 아니라 조사지에서는 언어 유지를 유인하는 두 가지 부차적인 요인도 관찰되었는데, 한 가지는 작년에 결성된 '조선족 로년협회'의 조그만 노력이다. 즉 '로년협회'에서 결의하고 실천하려는 강령의 핵심은 '민족 단결'인데, 그것은 구체적으로 조선 사람의 풍속 습관과 말을 잊지 않고 계승해 나가자는 것이다. 로년협회에서는 이 운동의 구체적인 실천 지침으로 각자의 집에서 자녀 또는 손자녀들이 계속 조선말을 써 나가도록 가르치고 있다.

또 한 가지 아마도 앞으로 보다 중요할 것 같은 요인은, 한국과의 접촉 증대에서 파생되는 현실적 필요성이다. 즉 현지의 한국 기업이나 또는 한국에서 '로무'로 일하는 것은 경제적으로 높은 수익을 보장하는 중요한 취업의 행로인데, 이를 위한 필수 조건은 한어와 함께 조선어를 능통하게 구사하는 것이라는 인식이 조사지 주민들 사이에서 비교적 널리 퍼져 있는 것으로 보였다.

2. 환경의 어휘적 구분

조사지에서 어휘의 분화(lexical elaboration)가 발달한 의미 영역(semantic domain)은 상대적으로 그리 많지 않은 것으로 보이는데, 주로 생태적 환경의 영역에서 다소간의 어휘 분화가 발달한 것으로 보인다. 다음의 어휘 목록 및 민속구분법(folk classification)이 대표적인 예이다.

1) 눈과 땅의 구분법

조사지에서 방위에 따른 바람의 구분법은 비교적 단순하여, 1. '동풍', 2. '서풍', 3. '남풍', 4. '북풍'의 네 가지 기본적인 한자어 명칭만이 주로 사용된다. 또 비에 대한 구분법도 단순하여 '소낙비'와 '보슬비' 정도만이 인지되는 편이다.

눈에 대한 구분법은 타 지역에 비해 약간 특이한데, 대체로 다음의 5 종류로 나뉜다.

〈눈의 종류〉

1. 함박눈
2. 싸락눈: 모래 크기의 작은 눈
3. 보슬눈: 가루와 같은 가는 눈
4. 흘[흙]눈: 대기 속의 흙이 함께 섞여 내리는 시꺼먼 눈
5. 눈비: 비와 함께 내리는 눈 즉 진눈깨비

어휘의 발달 및 분화가 비교적 잘 이루어진 또 다른 의미 영역은 땅 또는 흙의 구분법이다. 땅은 기본적으로 5가지 종류로 구분되는데, 특이하게도 그것은 통상 '밭'으로 불린다.

〈땅의 종류〉

1. 검덩[검정]밭: 색깔이 검고 토질이 단단한 땅 (수전(水田) 및 한전(旱田)이 모두 가능하고 농토로서는 최상의 땅임.)

2. 모새[모래]밭: 모래가 많이 섞인 땅 (통상 한전을 일구지만 물이 있으면 수전도 가능하고, 한전일 경우에는 주로 따콩[땅콩]을 재배함.)

3. 자갈밭: 모래도 있고 작은 돌도 있는 땅 (주로 한전을 일구고 통상 콩이나 조를 심음.)

4. 진흘[진흙]밭: 진흙으로 이루어진 땅 (한전, 수전이 모두 가능하나 좋지 않은 땅으로, 한전일 경우에는 주로 고구마를 경작함.)

5. 부게밭: 색깔은 검으나 토질이 여물지 않아 '허불허불한' 땅 (한전, 수전이 모두 가능하나 한전일 경우 주로 콩을 심음.)

위 5가지 '밭' 외에 이따금씩 '노랑땅', '시커먼땅' 등과 같은 말도 쓰이나, 이는 한어의 '황토'(黃土), '흑토'(黑土)의 번역어인 것으로 알려져 있다.

땅의 구분과 관련하여, 조사지에서는 농토를 일반적인 수준에서는 1. '한전'(旱田)과 2. '수전'(水田)으로 대별하지만, 보다 구체적인 수준에서는 심은 작물에 따라 1. '콩밭', 2. '강낭[옥수수]밭', 3. '감자밭', 4. '조밭', 5. '쉬시[수수]밭' 등으로 부르는데, 특이하게도 그 중의 하나가 수전 즉 논을 가리키는 6. '논밭'이다. 그리고 드물게는 1. '밭'과 2. '논'의 이원적 구분법이 사용되기도 한다.

다시 말하여 조사지에서의 '밭'의 의미는 매우 포괄적이어서 최소한 세 가지 의미를 동시에 지시하는 것으로 보이는데, 한 가지는 흙 또는 땅이고, 또 한 가지는 농토 일반을 가리키는 것으로 보이며, 마지막 한 가지는 논과 대조되는 좁은 의미에서의 밭인 것으로 생각된다. '밭'에 대한 이러한 의미상의 특성이 한어의 부분적인 영향 때문인지 아니면 고유의 방언적 요소인지는 현재로서는 분명하지 않다.

2) 소의 구분법

조사지에서 가축에 대한 명칭 분화가 발달한 대표적인 예는 소에 관한 어휘이다. 소는 성별 및 성장 정도에 따라서도 구분되고 또 색깔 및 무늬에 따라서도 구분되는데, 그 구분법의 대강은 다음과 같다.

〈소이 종류〉

1. 암소
2. 항소[황소]: 수소
3. 쉐지: 송아지 ('쉐지'는 흔히 '암쉐지'와 '숫쉐지'로 세분되기도 함)

1. 검덩소: 털이 검은 소
2. 누렁소: 털이 누런 소
3. 벌겅소: 털이 붉은 소
4. 얼룩소: 얼룩소로 이 '얼록소'는 다시 검은 바탕에 흰 점이 박힌 것, 누런 바탕에 흰 점이 박힌 것, 그리고 붉은 바탕에 흰 점이 박힌 것으로 세분될 수 있다.
5. 측쩩이 또는 측쩍소: 검은 줄과 누런 줄이 섞인 소

또한 쇠뿔에 관한 어휘도 조사지에서는 제법 발달해 있는데, 쇠뿔은 그것이 뻗은 방향에 따라 대체로 다음의 네 가지로 구분된다.

〈쇠뿔의 종류〉

1. 횟대뿔: 뿔이 앞쪽으로 뻗은 것
2. 짝뿔: 뿔이 옆쪽으로 뻗은 것
3. 도돌뿔: 뿔이 위쪽으로 뻗은 것
4. 양뿔: 뿔이 뒤쪽으로 뻗은 것

그리고 타 지역에서 발견되는 소의 나이를 가리키는 특수 어휘는 이곳 조사지에서는 사용되지 않는다. 대신 소가 세 살이 되어 첫 밭갈이 소가 되었을 때 그것을 일러 '니마보 받았다'(또는 '니마보 맞았다', '니마보 됐다')라고 하고, 또 드물게는 세 살짜리 소를 '니마버디'라고도 부른다.

3. 친척용어체계

조사지에서도 친척용어(kinship terms)는 개인들 간의 사회적 관계를 지시하는 용어 또는 명칭체계(terminological system)의 중심 부분을 이루고 있는데, 그 이유는 말할 것도 없이, 친척호칭(kinship terms of address) 및 친척지칭(kinship terms of reference)이 친척관계에서 뿐만 아니라 비친척 간의 상호작용에서도 기본적인 호칭 및 지칭으로 사용되기 때문이다.

아래의 친척용어의 목록은 대체로 노인 세대의 화자들이 사용해 온 친척지칭 및 친척호칭에 관한 자료를 가능한 한 넓은 친척의 범위에 걸쳐 수집하려고 한 것인데, 부분적으로 근래에 일어난 용어 형태상의 변화도 파악하고자 하였다.

1) 친척용어의 목록

먼저 다음의 용어 목록에서 제시하는 개별 친척형(kin type)의 표시 약어는 다음과 같다.

F: father (아버지)
M: mother (어머니)
B: brother (남형제)
Z: sister (여형제)
S: son (아들)
D: daughter (딸)
H: husband (남편)
W: wife (아내)
Be: elder brother (손위 남형제)
By: younger brother (손아래 남형제)
Ze: elder sister (손위 여형제)
Zy: younger sister (손아래 여형제)
> A(e, H, or W etc.): elder than A(ego, ego's husband, or ego's wife etc.) (A(자신, 자신의 남편, 또는 자신의 아내 등)보다 연상)
< A(e, H, or W etc.): younger than A(ego, ego's husband, or ego's wife etc.) (A(자신, 자신의 남편, 또는 자신의 아내 등)보다 연하)
♂: male speaker (남성 화자)
♀: female speaker (여성 화자)

또 용어 목록에서 →는 과거에 사용되던 용어 형태에서 현재의 용어 형태로의 변화를 가리킨다.

(1) 부계친(父系親)

일련번호	친척형	친척지칭	친척호칭	비고
1	FFFF	고조클아바지	·	* 1, 2의 형태는 그리 널리 사용하지는 않는 것으로 보임
2	FFFM	고조클마니	·	
3	FFF	노클아바지	(노)클아바지	
4	FFM	노클마니	(노)클마니	
5	FFFBe	노맏클아바지	·	
6	FFFBeW	노맏클마니	·	
7	FFFBy	노작은클아바지	·	
8	FFFByW	노작은클마니	·	
9	FF	클아바지		* 9, 10을 '크바지', '큰마니' 라고도 부름
10	FM	클마니		
11	FFBe	맏클아바지		
12	FFBeW	맏클마니		
13	FFBy	작은클아바지		
14	FFByW	작은클마니		
15	FFZ	노고무		
16	FFZH	노고무작숙		
17	F	아바지		* 어려서는 '아빼' 라고 부름
18	M	오마니		* 과거에는 어려서는 '옴메' 라고 불렀으나 지금은 '엄마' 로 부름
19	FBe	맏아바지		
20	FBeW	맏오마니		
21	FBy	작은아바지		* 성혼 이전에는 주로 '삼춘' 으로 부름
22	FByW	작은오마니		
23	FZ	고무		
24	FZH	작숙(作叔)		

* FFBS〉F, FFBS(〉F)W, FFBS〈F, FFBS(〈F)W, FFBD, FFBDH에게는 19~24와 동일한 호칭이 사용되나, 지칭으로는 앞에 '오춘-' 이 붙는다.

25	W	색씨/로친(네)	여보	* '색씨'는 젊어서 주로 사용하는 형태이고, '로친(네)'는 나이 들어 사용하는 형태임
26	♂Be	형(님)		
27	♂BeW	아즈마니		
28	♂By	아이/동생	이름	
29	♂ByW	데수님		* 이 경우 거의 항상 '-님'을 붙임
30	♂Ze	뉘		
31	♂ZeH	매부		
32	♂Zy	뉘(동생)	이름	
33	♂ZyH	매부		
34	♀Be	오르바니 → 오빠		* 근래에는 '오빠'를 많이 씀
35	♀BeW	형님		
36	♀By	오래비	이름	
37	♀ByW	오래미		
38	♀Ze	형		
39	♀ZeH	아재비		* 최근에는 '아저씨'라는 용어도 부분적으로 사용함
40	♀Zy	아이	이름	
41	♀ZyH	아이상통	적은이	

* ♂FBS〉e, ♂FBS(〉e)W, ♂FBS〈e, ♂FBS(〈e)W,
♂FBD〉e, ♂FBD(〉e)H, ♂FBD〈e, ♂FBD(〈e)H,
♀FBS〉e, ♀FBS(〉e)W, ♀FBS〈e, ♀FBS(〈e)W,
♀FBD〉e, ♀FBD(〉e)H, ♀FBD〈e, ♀FBD(〈e)H에게는
26~41과 동일한 호칭이 사용되나, 지칭으로는 앞에 '사촌-'이 붙는다.

* ♂FFBSS〉e, ♂FFBSS(〉e)W, ♂FFBSS〈e, ♂FFBSS(〈e)W,
♂FFBSD〉e, ♂FFBSD(〉e)H, ♂FFBSD〈e, ♂FFBSD(〈e)H,
♀FFBSS〉e, ♀FFBSS(〉e)W, ♀FFBSS〈e, ♀FFBSS(〈e)W,
♀FFBSD〉e, ♀FFBSD(〉e)H, ♀FFBSD〈e, ♀FFBSD(〈e)H에게도
26~41과 동일한 호칭이 사용되나, 지칭으로는 앞에 '육춘-'이 붙는다.

* ♂FZS〉e, ♂FZS(〉e)W, ♂FZS〈e, ♂FZS(〈e)W,
♂FZD〉e, ♂FZD(〉e)H, ♂FZD〈e, ♂FZD(〈e)H,
♀FZS〉e, ♀FZS(〉e)W, ♀FZS〈e, ♀FZS(〈e)W,
♀FZD〉e, ♀FZD(〉e)H, ♀FZD〈e, ♀FZD(〈e)H에게도

26~41과 동일한 호칭이 사용되지만, 지칭으로는 앞에 (중부 지역의 말과는 달리) '외사춘-' 이 붙는다.

42	S	아들	이름	
43	SW	메니리	메니리/젊은이	
44	D	딸	이름	
45	DH	사우		
46	BS	조캐	·	
47	BSW	조캐메니리	·	
48	BD	조캐(딸)	·	
49	BDH	조캐사우	·	
50	ZS	(외)조캐	·	
51	ZSW	(외)조캐메니리	·	
52	ZD	(외)조캐(딸)	·	
53	ZDH	(외)조캐사우	·	

* 부계친(夫系親)의 HBS, HBSW, HBD, HBDH, HZS, HZSW, HZD, HZDH에게도 46~53과 동일한 지칭이 사용된다.

* (H)FBSS, (H)FBSSW, (H)FBSD, (H)FBSDH에게는
46~49의 지칭 형태 앞에 '오춘-' 이 붙고,
(H)FBDS, (H)FBDSW, (H)FBDD, (H)FBDDH에게는
50~53의 지칭 형태 중간(즉, '(외)' 와 '조캐' 의 사이)에 '오춘-' 이 삽입된다.

54	SS	손주	·	
55	SSW	손주메니리	·	
56	SD	손주(딸)	·	
57	SDH	손주사우	·	
58	DS	외손주	·	
59	DSW	외손주메니리	·	
60	DD	외손주(딸)	·	
61	DDH	외손주사우	·	

* (H)BSS, (H)BSSW, (H)BSD, (H)BSDH에게는
54~57의 지칭 형태 앞에 '(조캐)-' 가 일반적으로 붙는다.

62	SSS	증손주	·	
63	SSSW	증손주메니리	·	
64	SSD	증손주(딸)	·	
65	SSDH	증손주사우	·	
66	SSSS	고손주	·	* 66~69의 지칭 형태는 일반적으로 잘 알려져 있지 않음
67	SSSSW	고손주메니리	·	
68	SSSD	고손주(딸)	·	
69	SSSDH	고손주사우	·	

(2) 모계친(母系親)

70	MFF	노외클아바지	·	
71	MFM	노외클마니	·	
72	MF	외클아바지		* 72, 73을 '외크바지', '외큰마니'로 부르기도 함
73	MM	외클마니		
74	MFBe	맏외클아바지		
75	MFBeW	맏외클마니		
76	MFBy	작은외클아바지		
77	MFByW	작은외클마니		
78	MB	외삼춘		
79	MBW	외삼춘오마니		* 호칭으로는 '외삼춘 옴메'도 널리 사용함
80	MZ	이모		
81	MZH	이모작숙	작숙	
82	MFBS	외오춘삼춘	외삼춘	
83	MFBSW	외오춘삼춘오마니	외삼춘오마니	
84	MFBD	외오춘이모	이모	
85	MFBDH	외오춘이모작숙	작숙	
86	♂MBS〉e	외사춘형	형(님)	
87	♂MBS(〉e)W	외사춘아즈마니	아즈마니	
88	♂MBS〈e	외사춘아이	이름	
89	♂MBS(〈e)W	외사춘데수	데수님	

90	♂MBD〉e	외사춘뉘	뉘	
91	♂MBD(〉e)H	외사춘매부	매부	
92	♂MBD〈e	외사춘뉘(동생)	이름	
93	♂MBD(〈e)H	외사춘매부	매부	
94	♀MBS〉e	외사춘오르바니	오르바니→오빠	
95	♀MBS(〉e)W	외사춘헝님	헝님	
96	♀MBS〈e	외사춘오래비	이름	
97	♀MBS(〈e)W	외사춘오래미	오래미	
98	♀MBD〉e	외사춘헝	헝	
99	♀MBD(〉e)H	외사춘아재비	아재비	
100	♀MBD〈e	외사춘아이	이름	
101	♀MBD(〈e)H	외사춘아이상통	적은이	

* ♂MZS〉e, ♂MZS(〉e)W, ♂MZS〈e, ♂MZS(〈e)W,
♂MZD〉e, ♂MZD(〉e)H, ♂MZD〈e, ♂MZD(〈e)H,
♀MZS〉e, ♀MZS(〉e)W, ♀MZS〈e, ♀MZS(〈e)W,
♀MZD〉e, ♀MZD(〉e)H, ♀MZD〈e, ♀MZD(〈e)H에게도
86~101과 동일한 지칭 및 호칭이 사용된다.

102	MBSS	외(오춘)조캐	·	
103	MBSSW	외(오춘)조캐메니리	·	
104	MBSD	외(오춘)조캐(딸)	·	
105	MBSDH	외(오춘)조캐사우	·	

* MZSS, MZSSW, MZSD, MZSDH에게도
102~105와 동일한 지칭이 사용된다.

(3) 부계친(夫系親)

106	HFFF	시노클아바지	·	
107	HFFM	시노클마니	·	
108	HFF	시클아바지	클아바지	* 108, 109도 '크바지', '큰마니'로 부르기도 함
109	HFM	시클마니	클마니	

110	HF	시아바지	아부님	
111	HM	시오마니	오마니	
112	HFBe	맏시아바지	(맏)아부님	
113	HFBeW	맏시오마니	(맏)오마니	
114	HFBy	작은시아바지	(작은)아부님	
115	HFByW	작은시오마니	(작은)오마니	
116	HFZ	시고무	고무	
117	HFZH	시작숙	작숙	
118	H	신랑/남편/령감	당신/령감	* '신랑'은 젊어서 사용하는 말이나 최근에 널리 쓰이기 시작한 것이고, '령감'은 나이 들어 사용하는 형태임
119	HBe	시형	아즈바니	
120	HBeW	(맏)동세	형님	
121	HBy	시아이	적은이	* 성혼 여부에 따른 호칭상의 구분은 없음
122	HByW	(작은)동세	동세	
123	HZe	(큰)시누	형님	
124	HZeH	시누상통	아즈바니	
125	HZy	시누	시누	* 성혼 여부에 따른 호칭상의 구분은 없음
126	HZyH	시누상통	적은이	

* HFBS〉H, HFBS(〉H)W, HFBS〈H, HFBS(〈H)W,
HFBD〉H, HFBD(〉H)H, HFBD〈H, HFBD(〈H)H에게는
119~126과 동일한 호칭이 사용되나, 지칭으로는 앞에 '사춘-'이 붙는다.

* HFFBSS〉H, HFFBSS(〉H)W, HFFBSS〈H, HFFBSS(〈H)W,
HFFBSD〉H, HFFBSD(〉H)H, HFFBSD〈H, HFFBSD(〈H)H에게도
119~126과 동일한 호칭이 사용되나, 지칭으로는 앞에 '육춘-'이 붙는다.

* HFZS〉H, HFZS(〉H)W, HFZS〈H, HFZS(〈H)W,
HFZD〉H, HFZD(〉H)H, HFZD〈H, HFZD(〈H)H에게도
119~126과 동일한 호칭이 사용되나, 지칭으로는 앞에 '시외사춘-'이 붙는다(가령 '시외사춘시형', '시외사춘시아이' 등).

127	HMF	시외클아바지	클아바지	* 127, 128도 '크바지', '큰마니' 로 부르기도 함
128	HMM	시외클마니	클마니	
129	HMB	시외삼춘	외삼춘	
130	HMBW	시외삼춘오마니	외삼춘오마니	
131	HMZ	시이모	이모	
132	HMZH	시이모작숙	작숙	
133	HMBS〉H	시외사춘시형	아즈바니	
134	HMBS(〉H)W	시외사춘(맏)동세	헝님	
135	HMBS〈H	시외사춘시아이	적은이	
136	HMBS(〈H)W	시외사춘(작은)동세	동세	
137	HMBD〉H	시외사춘(큰)시누	헝님	
138	HMBD(〉H)H	시외사춘시누상통	아즈바니	
139	HMBD〈H	시외사춘시누	시누	
140	HMBD(〈H)H	시외사춘시누상통	적은이	

* HMZS〉H, HMZS(〉H)W, HMZS〈H, HMZS(〈H)W, HMZD〉H, HMZD(〉H)H, HMZD〈H, HMZD(〈H)H에게도 133~140과 동일한 지칭 및 호칭이 사용된다.

(4) 처계친(妻系親)

141	WFF	가시클아버지	클아바지	* 141, 142도 '크바지', '큰마니' 로 부르기도 함
142	WFM	가시클마니	클마니	
143	WF	가시아바지	아바지/아부님	* '아부님' 의 형태는 비교적 덜 쓰임
144	WM	가시오마니	오마니	
145	WFBe	가시맏아바지	맏아바지/맏아부님	
146	WFBeW	가시맏오마니	맏오마니	
147	WFBy	가시작은아바지	작은아바지/작은아부님	
148	WFByW	가시작은오마니	작은오마니	
149	WFZ	처고무	고무	
150	WFZH	처작숙	작숙	
151	WMB	처외삼춘	외삼춘	
152	WMBW	처외삼춘오마니	외삼춘오마니	

153	WMZ	처이모	이모	
154	WMZH	처이모작숙	작숙	
155	WBe	(맏)처남	형님	
156	WBeW	처남댁	아즈마니	
157	WBy	(작은)처남	이름/처남	
158	WByW	처남댁	데수님	
159	WZe	처형	아즈마니	
160	WZeH	(맏)동세	형님	
161	WZy	처데	이름/처데	
162	WZyH	(작은)동세	이름/동세	
163	WBS	처조캐	·	
164	WBSW	처조캐메니리	·	
165	WBD	처조캐(딸)	·	
166	WBDH	처조캐사우	·	

* WZS, WZSW, WZD, WZDH 에게도
163~166과 동일한 시칭이 사용된나.

(5) 사돈관계(査頓關係)

167	SWF/DHF	(배캣)사둔	사둔	
168	SWM/DHM	(안)사둔	사둔	
169	SWFF/DHFF	노사둔	사둔	
170	SWFM/DHFM	노사둔	사둔	
171	SWB/DHB	사둔사이상[사돈사하생]	사둔	* 어려서는 '사둔도령' 으로 부름
172	SWZ/DHZ	사둔사이상	사둔	* 어려서는 '사둔체네' 로 부름

2) 친척용어의 주요 특색

조사지는 소규모의 이주민 집단으로 구성되었으므로 상대적으로 친척관계가 저발달한 곳으로 볼 수 있을 것이다. 따라서 이곳의 친척용어체계는 전체적으로 비교적 단순한 형태를 취하고 있다. 그러나 위의 용어 목록은 조사지 나름의 특색을 보여주는데, 이를 간략히 정리하면 다음과 같을 것이다.

(1) 먼저 여기서도 부계친(父系親), 모계친, 부계친(夫系親), 처계친의 친척관계의 네 기본 범주는 용어상으로 구분되고 있다. 특히 지칭의 경우 부계친(父系親)에 대한 용어를 기본형으로 본다면, 모계친에 대한 용어는 접두사 '외-'로, 부계친(夫系親)에 대한 용어는 접두사 '시-'로, 그리고 처계친에 대한 용어는 접두사 '가시-' 또는 '처-'로 각기 구별되고 있음을 본다.

그러나 호칭의 경우에는 부계친(夫系親) 및 처계친에 대한 용어 형태가 상대적으로 저발달한 것으로 볼 수 있을 것이다. 가령 부계친(夫系親)에서 110 HF '아부님'(따라서 112 HFBe '(맏)아부님'과 114 HFBy '(작은)아부님'의 자연스런 확대의 사례 포함)을 제외하면 형태상으로 존칭 형태가 거의 발달하지 않았음을 본다.

(2) 조사지에서 용어상으로 나타나는 사촌의 구분법은 상대적으로 단순한 편이다. 일면 적어도 명칭상으로는 특이하다고 할 것이다. 즉 여기서 사촌은 '(친)사춘'과 '외사춘'으로 크게 구분되는데, 이 '외사춘'은 다른 지역에서의 고종사촌, 외사촌, 이종사촌의 세 범주를 모두 포괄하는 것이다. 그러나 여기서도 이 세 범주의 '외사춘'을 구분하여 가리키고자 할 때에는, '고무의 아들/딸'(FZS/FZD), '이모의 아들/딸'(MZS/MZD)과 같이 특정의 사촌 관계를 구체적으로 기술하는 표현을 쓴다.

(3) 조사지에서 사용하는 조부모(祖父母)와 백부모(伯父母)에 대한 용어 형태는 적어도 중부 지역어와는 다른, 특이한 조어법을 보여준다. 즉 9 FF '큰아바지', 10 FM '클마니', 19 FBe '맏아바지', 20 FBeW '맏오마니'의 예가 그것이다. 그런데 조부모에게 '큰-'을 붙이고, 백부모에게 '맏-'을

붙이는 것은 경북 영해 지역의 사례(가령 FF '큰아배', FM '큰어매', FBe '맏아배', FBeW '맏어매')와 동일한데(왕한석 1994), 앞으로의 추가적인 조사 및 비교가 폭넓게 필요한 부분일 것이다.

(4) 다음으로 일반적인 한국의 친척용어 목록에는 잘 나타나지 않는 이곳 특유의 용어 형태들도 다소간 발견되는데, 대체로 다음의 예들일 것이다.

28 ♂By 와 40 ♀Zy의 '아이'[아우?]

37 ♀ByW의 '오래미'

41 ♀ZyH의 '아이상통'과 124 HZeH 및 126 HZyH의 '시누상통'(여기서 '상통'의 의미는 명확하지 않으나 아마도 존칭 표현일 것임)

41 ♀ZyH, 121 HBy, 126 HZyH의 '적은이'(호칭)와 43 SW의 '젊은이'(호칭) (아마도 이 두 용어 형태는 수사적 또는 비유적 표현에서 발달하였을 것임)

또 아래의 예는 부분적으로 특이한 이곳의 용어 형태가 될 것이다.

36 ♀By의 '오래비'

39 ♀ZeH의 '아재비'

79 MBW의 '외삼춘오마니'(이는 18 M '오마니'의 확대 적용 사례일 것임)

(5) 또 다른 지역과 형태상으로는 같거나 유사하지만 그것이 지시하는 의미면에서 차이를 보이는 용어 형태는, 다음의 예일 것이다.

81 MZH의 '이모작숙'(지칭), '작숙'(호칭) (이는 24 FZH '작숙'의 확대 적용 사례로 보임)

119 HBe의 '시형'(지칭)

(6) 마지막으로 34 ♀Be의 '오르바니'와 36 ♀By의 '오래비', 119 HBe 및 124 HZeH의 '아즈바니'와 39 ♀ZeH의 '아재비'는 형태적으로 분화된

대조쌍일 것이다. 그러나 유사한 형태의 27 ♂BeW, 156 WBeW, 159 WZe 등의 '아즈마니'의 대조형과, 37 ♀ByW의 '오래미'에 대한 대조형은 위의 용어 목록에서 발견되지 않는다. 또 30 ♂Ze의 '뉘'와 32 ♂Zy의 '뉘(동생)'는 (위의 예와) 동일한 형태 분화에 의한 대조쌍의 발달이 이루어지지 않은 사례가 될 것이다.

3) 친척 관련 어휘 및 표현

조사지에서는 가까운 친척을 '바튼 친척'이라고 부르는데, 이 말은 '먼 친척'에 대조가 되는 표현이다. 이와 관련되는 말에 '바투 댕긴다'(친밀히 또는 가깝게 지낸다는 뜻)가 있다.

핵심적인 친척용어를 사용 맥락에 따라서 낮추어 부르는 표현에는 '어미'('오마니'의 낮춤말), '애비'('아바지'의 낮춤말), '핼미'('클마니'의 낮춤말), '할비'('클아바지'의 낮춤말) 등이 있다.

또 조사지에서는 '인간'이 식구의 뜻으로도 쓰인다(가령 "우리 집에는 인간이 모두 다섯이오."). 또 '체네'[처녀], '총각'의 의미도 특이한데, 이 말은 성별에 따라 어린아이를 구분하여 지칭하는 말로, 하나는 계집애 또는 딸의 뜻으로, 그리고 또 하나는 사내아이 또는 아들의 뜻으로 사용한다(가령 "우리 집에는 체네 둘 총각 하나 모두 셋이오.").

관련되는 두 친척간의 상호 관계를 구체적으로 가리키는 말에 '어이딸'이 있는데, 이는 모녀간(母女間)과 고부간(姑婦間) 둘 다를 모두 가리키는 말이다. 또 '부재끼리'는 아버지와 아들 사이를, 그리고 '모재끼리'는 어머니와 아들 사이를 가리키는 말이다.

자녀를 혼인시키는 것을 '살린다'라고 표현하는데, 가령 '아들을 살린다', '딸을 살린다'라고 말한다. 그러나 며느리, 사위의 경우에는 '메니리를 본다', '사우를 본다'라고 말한다.

이곳에서 '당개가다'는 장가가는 것이고, '둥매'는 중매인데 중매를 선 사람을 일러 '둥매비'라고 부른다.

또 데릴사위는 '들사우'이고, 민며느리는 '민메니리'로 부른다.

갓 결혼한 사람(남성)을 일러 '새시방'이라고 하는데, 가령 상대방 여성에게 그녀의 남편을 일러 '너래 새시방' 식으로 표현한다. 또 '남덩'은 남편을 가리키는 말인데, 통상 혼인 후 수년이 지난 뒤에 이 지칭어를 사용한다. 그리고 출가한 젊은 새댁을 일러 '집나니'라고 부르는데, 단 이 말은 손윗사람이 손아래 새댁을 가리켜 사용하는 표현이다.

'이붓오마니' 또는 '홋오마니'는 계모를 가리키는 말이고(그러니 일반적으로 '홋오마니'가 '이붓오마니'보다 좀 더 부드러운 표현인 것으로 지각함), '이붓아바지' 또는 '홋아바지'는 계부를 가리키는 말이다. 이와 관련하여 '홋아들', '홋딸' 등과 같은 표현도 사용한다.

남편이 죽고 혼자된 여자는 '과부'로 부르고, 이혼을 하고 혼자 된 여자는 '생이별자리'로 부른다. 그러나 혼자된 남자의 경우에는 사별과 이혼의 구분 없이 모두 '홀애비'로 범주화한다.

마지막으로 친척관계를 가족 단위로 가리키는 말인 '집 이름'에는 대체로 다음과 같은 명칭이 사용된다.

〈집 이름의 구분〉

1. 우리집: 친가(親家)
2. 외가집: 외가(外家)
3. 가시집 또는 처가집: 처가(妻家)
4. 시집 또는 시켠집: 시가(媤家)
5. 본가집: 친정(親庭)
6. 고무네집: 고모가(姑母家)

7. 이모네집: 이모가(姨母家)

8. 매부네집 또는 뉘네집: 매가(妹家)

9. 사둔집: 사가(査家) 즉 딸의 시가 및 며느리의 친정

10. 딸네집: 9의 '사둔집'에서 '세간나온' 딸의 집

4. 존댓말과 호칭체계

조사지에서도 사회적 관계가 언어적 표현 속에 명료히 반영되어 나타나는 대표적인 영역은 바로 호칭어와 존댓말이다. 여기서는 친척용어를 제외한 비친척 간에 사용되는 호칭체계(address system)와 존댓말 특히 청자 존대어의 기본 구조에 대해 그 개요를 간략히 기술하기로 하겠다.

1) 비친척 간의 호칭체계

조사지에서 상대방과의 사회적 관계를 규정짓는 기본 원칙은 두 사람 간의 연령을 기준으로 하여 상호간의 지위 관계를 규정하는 것이다. 즉 자신을 중심으로 하였을 때, 상대방은 '이상 사람'(또는 '손우 사람')이 되든지 아니면 '이하 사람'(또는 '손아래 사람')이 된다. 여기에 자신과 지위가 같은 '동무'의 범주를 포함시키면, 모든 상대방은 '이상 사람', '동무', '이하 사람'의 3범주 중 어느 하나에 속하게 된다.

'이상 사람'과 '이하 사람'의 일반적인 구분법은, 다시 친척 모형의 은유적 확대(metaphorical extension)에 따라 구체적인 7범주로 세분되는데, 개별 범주 및 그것의 개략적인 규정 조건을 정리하면, 아래의 <표 4-1>과 같다.

표 4-1 지위 구분의 민속 모형

지위 구분	규정 조건
클아바지뻘	대체로 20세 이상 연상자
삼춘뻘	대체로 10~20세 연상자
형님뻘	대체로 5~10세 연상자
동무지간	대체로 5세 연상자에서 5세 연하자까지, 친한 사이
동생뻘	대체로 5~10세 연하자
조캐뻘	대체로 10~20세 연하자
손주뻘	대체로 20세 이상 연하자

제보자 중 소수는 '삼춘뻘'을 다시 나누어 '맏아바지뻘'과 '삼춘뻘'로 세분하기도 하였지만, 대체로는 위 <표 4-1>의 모형을 따르는 것으로 보였다.

위 표의 지위 구분 명칭에서 이미 시사되듯이, 조사지에서 비친척 간에 사용하는 호칭어는 기본적으로 의사친척용어(fictive kinship terms)가 그 중심이 된다. 조사지에서 위의 지위 구분 모형에 따라 사용하는 의사친척 호칭어를 화자의 성별에 따라 정리하면, 다음의 <표 4-2> 및 <표 4-3>과 같이 된다. <표 4-2>는 남성 화자가 사용하는 호칭어의 모형이고, <표 4-3>은 여성 화자가 사용하는 호칭어의 모형이다.

표 4-2 호칭어의 사용 방식 I (남성 화자)

<table>
<tr><th rowspan="2">지위 구분</th><th colspan="2">청 자</th></tr>
<tr><th>남성</th><th>여성</th></tr>
<tr><td>클아바지뻘</td><td>클아바지</td><td>클마니</td></tr>
<tr><td>삼춘뻘</td><td>삼춘</td><td>삼춘오마니</td></tr>
<tr><td>형님뻘</td><td>형님</td><td>아즈마니</td></tr>
<tr><td>동무지간</td><td rowspan="4">이름</td><td>·</td></tr>
<tr><td>동생뻘</td><td>데수님</td></tr>
<tr><td>조캐뻘</td><td>(조캐메니리)</td></tr>
<tr><td>손주뻘</td><td>(손주메니리)</td></tr>
</table>

표 4-3 호칭어의 사용 방식 Ⅱ (여성 화자)

<table>
<tr><th rowspan="2">지위 구분</th><th colspan="2">청 자</th></tr>
<tr><th>남성</th><th>여성</th></tr>
<tr><td>클아바지뻘</td><td>클아바지</td><td>클마니</td></tr>
<tr><td>삼춘뻘</td><td>삼춘</td><td>삼춘오마니</td></tr>
<tr><td>형님뻘</td><td>아즈바니</td><td>형님</td></tr>
<tr><td>동무지간</td><td>·</td><td>이름</td></tr>
<tr><td>동생뻘</td><td>적은이</td><td>동세</td></tr>
<tr><td>조캐뻘</td><td rowspan="2">이름</td><td>(조캐메니리)</td></tr>
<tr><td>손주뻘</td><td>(손주메니리)</td></tr>
</table>

단, 위의 <표 4-2> 및 <표 4-3>에서 상대방의 지위를 '맏아바지뻘'과 '삼춘뻘'로 구분 짓는 경우에는, '삼춘뻘'에게는 '삼춘'과 '삼춘오마니'의 호칭어를 그대로 사용하지만, '맏아바지뻘'에게는 '맏아바지'와 '맏오마니'의 호칭어를 사용하게 된다. 그러나 위 표로 정리된 호칭어의 사용법이 두 조사지 모두에서 마을 주민들 간에 일반적으로 채택되는 호칭체계의 모형이다.

이상의 의사친척호칭 외에 조사지에서 사용하는 또 다른 중요한 호칭 형태에는 사회주의 체제와 직접적으로 연관되는 표현인 '(성) + 동무'가 있다. 이 호칭 형태는 대체로 약 10여년 전까지 상대방이 외지 사람이거나 초면인 경우에 널리 사용되었는데, 지금은 그 사용 횟수가 현저히 줄어든 것으로 말해진다. 대신 동일한 조건의 상대방에게 이제는 '(성) + 선생(님)'의 호칭 형태가 비교적 널리 사용되고 있다. 그러나 조사지 내의 소학교에서 수업 시간 중 교사가 학생을 부를 때에는 흥미롭게도 주로 '(성명) + 동무'로 호칭함을 관찰할 수 있었다.

2) 말단계의 구분과 명칭

조사지에서는 존댓말과 관련되는 전통적인 민간 명칭이 그리 발달하지 않은 것으로 보인다. '존경말'이라는 표현이 이따금씩 쓰이나, 이는 아마도 최근의 학교 교육의 보급 이후에 생긴 말처럼 생각된다. 대신 높임말을 여기서는 '요요 한다' 또는 '요 바친다'라고 부르는데, 이때의 '요'는 높임의 종결어미 '-요'보다는 높임의 대답하는 말인 '요'에서 연원한 것으로 보인다. 그러나 낮춤말을 가리키는 전통적인 민간 명칭은 아마도 없는 것으로 보이는데, 부분적으로 '야다[야자] 한다'가 쓰이는 것 같다.

최근에는 높임말을 또한 '예 바친다'라고도 하는데, 이는 '요 바친다'와 같이 높임말 일반을 가리키기도 하고, 또 좁게는 '요 바친다'에 대조되어 학교에서 배우는 '-으십시오', '-으(시)ㅂ니까', '-읍니다', '-으십시다' 등과 같은 표준어 식의 종결어미를 사용하는 높임말을 가리키기도 한다. 이때의 '예'도 짐작컨대 높임의 대답하는 말인 '예'에서 연원한 것 같다. 그 외에 존댓말의 특정한 등급이나 특정한 사용 등을 가리키는 민간 명칭은 거의 인지되지 않는다.

조사지에서의 말단계(speech levels) 즉 청자 존대어의 등급 구분은 매우 단순한 편이다. 두 등급의 말단계, 즉 높임과 낮춤의 구분만이 전통적으로 사용되어 온 것으로 나타난다. 아래의 예문은 조사지에서 사용하는 말단계의 기본 구조와 대표적인 종결어미를 보여주는 예인데, 그것을 명령, 의문, 서술, 청유의 문형 구분에 따라 제시하면 다음과 같다.

〈명령형〉

(높임): 여기 와서 이거 좀 허우.

(낮춤): 여기 와서 이거 좀 허라.

(높임): 단동 잘 갔다 오우.
(낮춤): 단동 잘 갔다 오라.

(높임): 좀 올라 앉으라요.
(낮춤): 좀 올라 앉으라.

(높임): 이러디 말라요.
(낮춤): 이러디 말라.

〈의문형〉

(높임): 심양이 여기서 얼마나 머우?
(낮춤): 심양이 여기서 얼마나 머니?

(높임): 낼[내일] 현에 가우?
(낮춤): 낼 현에 가니?

(높임): 데거[저것] 뭐이요?
(낮춤): 데거 뭐이가?

(높임): 더기[저기] 가는 거 소요 말이요?
(낮춤): 더기 가는 거 소가 말이가?

(높임): 덤심[점심] 잡샀소?
(낮춤): 너 덤심 먹언[먹었니]?

(높임): 그 말 안했소?
(낮춤): 너 그 말 안핸?

(높임): 어저께 여기 비래[가] 많이 왔시오?
(낮춤): 어저께 여기 비래 많이 왔니?

(높임): 오마니래 왔시오?

(낮춤): 오마니래 왔던?

〈서술형〉

(높임): 논 보래[보러] 가무다.

(낮춤): 논 보래 간다/가.

(높임): 학교 갔다 오무다.

(낮춤): 학교 갔다 온다.

(높임): 내래 지끔 조낙[저녁] 먹어요.

(낮춤): 내래 지끔 조낙 먹는다.

(높임): 이거 옛말[옛날이야기] 책이예요.

(낮춤): 이거 옛말 책이다.

(높임): 내래 아직 장백산 안 가봤시오.

(낮춤): 내래 아직 장백산 안 가봤다/안 가봤어.

(높임): 내래 갔다 오갔시오.

(낮춤): 내래 갔다 오갔다.

(높임): 이 소대 인품[인심]이 참 돟수다.

(낮춤): 이 소대 인품이 참 돟다/돟아.

(높임): 아들, 메니리 다 왔수다.

(낮춤): 아들, 메니리 다 왔다

〈청유형〉

(높임): 빨리 가서 차 탑수다.
(낮춤): 빨리 가서 차 타자.

(높임): 밭에 가서 강냉이 쯥수다[벱시다].
(낮춤): 밭에 가서 강냉이 쯔자

(높임): 잔체[잔치] 집에 가서 국시나 한 그릇 먹구 오자요.
(낮춤): 잔체 집에 가서 국시나 한 그릇 먹구 오자.

(높임): 빨리 밥 먹자요.
(낮춤): 빨리 밥 먹자.

조사지에서 사용되는 2인칭 대명사도 대체로 단순한 것으로 나타난다. '너' 외에 부분적으로 '당신'만이 사용될 뿐, '자네'는 거의 사용되지 않는다.

주체 존대의 형태소 '-시-'도 조사지에서는 거의 발달하지 않은 것으로 보인다. 어떤 제보자들은 "여기 와서 이거 좀 허시우.", "낼 현에 가시우?"와 같은 표현을 나이 많은 노인들에게 사용한다고 보고하지만, 실제로는 '-시-'가 들어간 표현이 주민들 사이의 자연스런 담화에서는 거의 사용되지 않는 것으로 관찰되었다. 오히려 형태소 '-시-'의 사용은 근래 학교 교육의 보급과 함께 부분적으로 퍼지기 시작한 것으로 짐작된다.

위와 같은 말단계의 등급 구분에 호응하여 높임과 낮춤의 사회적 의미(social meaning)를 전달하는 조사지 내에서의 또 다른 언어 표현 영역은, 아마도 상대방의 말에 일반적으로 그리고 긍정적으로 '대답하는 말'의 분화일 것이다. 즉 조사지 내에서 사용하는 높임의 대답은 '요'이고, 낮춤의 대답은 '오' 또는 '으'이다.

이상에서 기술한 이곳 방언의 대표적인 종결어미를 말단계와 문형의 구분에 따라 정리하면, 다음의 <표 4-4>와 같이 될 것이다.

표 4-4 말단계의 구분과 대표적 종결어미

	명령형	의문형	서술형	청유형
(높임)	-으우 -으라요	-으우 -요/-소 -시오	-무다 -요/-소 -시오 -수다	-읍수다 -자요
(낮춤)	-으라	-니	-은다/-는다 -어/-아	-자

5. 상황변이어와 말의 범주

조사지에서는 최소한 두 가지 종류의 상황변이어(register)와 십여 가지에 가까운 말의 장르(speech genre) 또는 말씨(speech style)에 관한 민간 명칭(folk terms)들을 확인할 수 있었다. 물론 매우 초보적인 단계의 기술이지만, 조사지에서의 전체적인 언어사용 유형에 관한 이해에 작은 출발점이 될 수 있을 것이다.

1) 아기말과 가축을 부르는 말

조사지에서 발견되는 비교적 체계적인 '상황변이어'는 특수한 상황에서 특정한 대상에게 사용하는 말, 다시 말하여, 통상적인 청자가 아니라 어린 유아와 가축에게 사용하는 특수한 어휘적 표현의 목록이다.

먼저 말을 본격적으로 배우기 이전 단계의 어린 유아들에게 사용하는 아기말(baby talk)의 목록을 정리하면 다음과 같다.

(1) 어비: 무서운 것
(2) 찌찌: 더러운 것(또는 똥을 가리켜 '띠 있다'라는 말을 쓰기도 함)
(3) 맘마먹자: 먹을 것을 먹자
(4) 자증자증: 자장자장
(5) 쉬허자: 오줌 누자
(6) 응응허라: 똥 누라(또는 '아아 허갔니?'와 같은 표현을 쓰기도 함)
(7) 흥허라: 코를 풀어라 또는 코를 풀도록 코에 힘을 주어라
(8) 아허라: 입을 크게 벌려라
(9) 꼬까(입성)입자: 새 '입성'[옷]을 입자
(10) 쏙쏙허라: (옷을 입힐 때) 팔을 끼울 수 있도록 내밀어라
(11) 뽀뽀허자: 입을 맞추자
(12) 어빠허자: 등에 업자
(13) 어야가자: 멀리 놀러가자
(14) 띠띠타자: 차 타자
(15) 도리도리: 고개를 좌우로 돌리는 동작
(16) 쥄쥄: 주먹을 쥐었다 폈다 하는 동작
(17) 도곤도곤: 둘째손가락으로 다른 쪽 손바닥을 치는 동작
(18) 모디모디: 두 팔을 감듯이 차례로 돌리는 동작
(19) 서마서마 또는 섬바섬바: 일어서라
(20) 멍멍: 개
(21) 꿀꿀(이): 돼지
(22) 꼬꼬댁: 닭
(23) 옴메: 엄마
(24) 아빼: 아빠

조사지에서도 아기말의 종류는 그리 많지 않은 것으로 보이는데, 여기서도 '젖 먹자'에 대한 특수한 표현은 발달해 있지 않은 것으로 나타난다.

다음으로 동물 특히 가축과의 의사소통에서 사용하는 특이한 표현들, 다시 말하여, 여러 가축들을 부르거나 또는 가축에게 특정한 행동을 지시할 때에 사용하는 언어적 표현들(소위 'animal calls')의 목록을 정리하면, 다음과 같다.

(1) 소

① 이라: (앞으로) 가라

② 이라낄낄: 빨리 가라

③ 와: 서라

④ 도라도라: 돌아라

⑤ 오디오디: 오른쪽으로 돌아라

⑥ 외디외디: 왼쪽으로 돌아라

⑦ 무라무라: 뒤로 물러서라

(2) 가이[개]

① 워리워리: 이리 오라

② 지가이 또는 지개: 저리 가라

(3) 가이새끼[강아지]

① (혀끝의 윗면과 아랫입술의 안쪽 면을 마찰시키는 소리): 이리 오라

(4) 과이[고양이]

① 오노오노: 이리 오라

(5) 돼지

① 까니까니: 이리 오라

(6) 달[닭]

① 주주주주: 이리 오라

② 쉬이쉬이: 저리 가라

물론 조사지에서도 가축을 부르는 말 중에서 소에 관한 지시어가 가장 발달해 있음을 본다. 그런데 조사지에서 기르는 가축 중 오리와 '게사니'[거위]의 경우에는 특이한 지시어 또는 '부르는 말'이 발달해 있지 않다.

2) 말에 대한 민간 명칭

조사지에서는 여러 다양한 종류의 말의 범주들을 가리키는 민간 명칭이 상대적으로 잘 발달해 있지 않은 것으로 보였다. 조사 기간 중 확인된 말의 장르 또는 말씨와 관련되는 민간 명칭들을 간략히 정리하면, 대체로 다음과 같다.

(1) 거줏부리: 거짓말

(2) 뒨말: 이는 상대방이 화자에게 하는 듣기 싫은 말을 화자가 재치있게 그리고 재미있게 맞받아침으로써 대꾸하는 말을 가리키는데, 아마도 전략적 상호작용(strategic interaction)과 넓은 의미에서의 예술적 기교(artistic technique)가 그 핵심을 이루는 말하기의 한 갈래인 것으로 이해된다.

(3) 롱담(말): 농담

(4) 쌍소리 또는 쌍말: 육담(肉談)

(5) 옛말: 옛날이야기

(6) 욕

(7) 우서운말: 우스갯소리

(8) 톡거리말: 특정의 화자가 말을 할 때마다 말끝에 습관적으로 잘 붙여 쓰는 표현(예를 들어, '이제', '좌우지간', '대관절', '말이야 바른대로' 등과 같은), 즉 반복적으로 사용하는 잉여적 표현을 가리킨다.

조사지에서는 위의 명칭들 외에도 말더듬이를 '더터아리'로, 어눌한 말씨의 사용을 흔히 '말이 굳다'로, 그리고 남의 말을 그대로 흉내 내어 하는 것을 '임내 낸다'라고 표현한다.

마지막으로 위 목록상의 (6) '욕'과 관련하여, 조사지에서 발견되는 흥미로운 사례는 타민족 즉 한족(漢族)에 대한 욕 또는 부정적인 표현일 것이다. 조사지에서는 한족을 제외한 다른 민족에 대한 부정적인 표현은 발견되지 않는다(가령 '마우재' 같은 말도 여기서는 전혀 알려져 있지 않음).

한족에 대한 부정적 태도 또는 한족과의 갈등 관계를 가장 잘 드러내는 표현은 아마도 "한족 사람 제일 돟은[좋은] 것도 조선 사람 제일 못된 사람보다 못하다."라는 말일 것이다. 이 말은 조사지의 조선족들 사이에서 일상적으로 사용되는 관용적 표현이다. 한족을 향해 직접적으로 욕을 하거나 또는 한족에 대한 부정적인 태도를 반영하는 언어적 표현에는 대체로 다음의 것들이 있었다.

(1) 뙤놈

(2) 뙤놈의 새끼

(3) 먹골[멧골] 뙤놈

(4) 검덩[검정] 놈들: 이는 한족이 '깨끗하지' 못함을 비하하여 표현

하는 말로 한족에게만 사용하는 욕이다.

(5) 똥가이[똥개] 같은 놈 새끼: 이 욕은 조선족에게도 사용하는 표현이다.

부 록

한국 친척용어 조사표

준비의 과정

필자가 한국의 친척용어에 대한 본격적인 현지조사를 시작한 시점은 1980년대 후반이었다. 당시의 시점에서 한국 친척용어에 대한 '조사표'는 물론 없었지만, '조사표'로 원용할 수 있는 한국 친척용어(kinship terms)의 중요한 자료 목록에는 두 가지가 있었다.

먼저 한 가지는 최재석 선생의 작업이었다. 최재석 선생의 『한국 가족 연구』(1966, 1982)의 제 7장 2절은 '친족의 범위'라는 논문인데, 여기서 최재석 선생은 중국학자 Feng Han-yi의 구분법을 따라 한국의 친척도 크게 네 범주, 즉 (1)부계친(父系親) (아버지를 통해서 맺어진 친척), (2)모계친(母系親) (어머니를 통해서 맺어진 친척), (3)부계친(夫系親) (남편을 통해서 맺어진 친척), 그리고 (4)처계친(妻系親) (아내를 통해서 맺어진 친척)으로 나눌 수 있음을 제안하였다(p.586).

또 같은 절에서 최재석 선생은 "농촌 사람이 근친자라고 인정하고 있는 일정 범위"(p. 589) 즉 '근친'(近親)의 범위를 구체적으로 제시하였다. 이 근친의 범위에는 부계친(父系親)의 102개 친척형(kin type), 모계친의 29개 친척형, 부계친(夫系親)의 102개 친척형, 그리고 처계친의 19개 친척형이 각기 속하는 것으로 정리되었다(pp. 589-598).

뿐만 아니라 같은 책의 '<부록1> 친족호칭 일람표'에서는 이 근친의 범위에 속하는 252개 친척형들(그러나 실제로는 숫자가 조금 줄어든 247개의 친척형들임)을 가리키고 부르는 친척지칭(kinship terms of reference)과 친척호칭(kinship terms of address)에 대한 경험적 자료가 정리·제시되었다(pp.667-691). (이후 이 자료는 보다 확대되어 『한국의 친족용어』(1988)라는 단행본으로 출판되었음.)

다음으로 당시에 참고할 수 있었던 또 다른 한국 친척용어의 자료 목록에는 이광규 선생의 작업이 있었다. 즉 이광규 선생의 *Kinship System in Korea* (Lee 1975)에는 58개의 가까운 친척형들을 부르는 친척호칭의 자료(pp.162-164)와, 부계친(父系親)의 144개 친척형, 모계친의 56개 친척형, 그리고 처계친의 40개 친척형들을 각기 가리키는, 모두 240개의 친척형에 대한 친척지칭의 자료가 정리·제시되었다(pp. 175-181, 199-201, 205-206).

위의 두 자료 목록을 정리하면, 가까운 친척의 범주 즉 근친에 대한 친척용어의 조사표는 쉽게 만들 수가 있었다. 그러나 한국의 친척용어에 대한 본격적인 조사를 위해서는, 보다 넓은 범위의 친척형들을 포함하는 보다 확대된 조사표가 필요하였다. 그러나 확대된, 새로운 조사표를 만드는 작업이 그리 간단하지는 않았는데, 필자는 이 과정에서 친구의 가친(家親)이신 김동한(金東漢) 어른의 뛰어난 문화적 지식에 많은 배움을 얻었음을 밝혀둔다.

1987년 가을에 필자 나름의 확대된 '한국 친척용어 조사표'를 일단 만들었고, 이를 바탕으로 필자의 주 조사지인 경남 함양군 지곡면 개평리(慶南 咸陽郡 池谷面 介坪里)에서 1987년 12월에 수 일 동안 그 곳의 친척지칭 및 친척호칭에 대한 현지조사를 하였다. 그리고 이 시기를 전후하여 경남 거창군 남상면 한산리(慶南 居昌郡 南上面 寒山里)와 경북 성주군 월항면 대포리 (慶北 星州郡 月恒面 大浦里)에서의 친척지칭을 부분적으로 조사하였다. (한산리의 조사는 1987년 가을에 서울에서 김동한 어른 가족을 대상으로 이루어졌으며, 대포리에서의 조사는 1988년 1월에 현지에서 이루어졌다.)

물론 위 세 지역에서의 조사 후에 처음 만들었던 '친척용어 조사표'는 부분적으로 확대·수정되었다. 그리고 개평리에서의 보완 조사는 이후 여러 번에 걸쳐 계속되었다.

아래에 제시하는 '친척용어 조사표'를 최종적으로 완성한 시점은 1990년 1월 초순이다. 그리고 이 새로운 조사표를 가지고 1990년 1월 및 2월에 경북 영덕군 영해면(慶北 盈德郡 寧海面) 일원에서 친척용어에 대한 보다 깊이 있는 현지조사를 행하였다. 그리고 이후의 다른 지역에서의 조사는 물론 이 조사표를 바탕으로 하여 이루어졌다.

아래의 조사표는 친척의 범주를 크게 다섯 범주로 나누고, 그 중 한 범주는 다시 두 하위 범주로 세분한 것이다. 즉, 다음의 구분법이다.

1. 부계친(父系親)
2. 모계친(母系親)
3. 부계친(夫系親)
   3.1. 부(夫)의 부계친(父系親)
   3.2. 부(夫)의 모계친(母系親)
4. 처계친(妻系親)
5. 사돈관계(查頓關係)

그리고 가장 세밀한 친척형 구분을 한 부계친(父系親)의 경우, 수직적으로는 상위 4세대에서 하위 4세대까지를 그리고 수평적으로는 대체로 당내(堂內)의 범위까지를 포괄하는 모형이다. 물론 이 범위를 벗어난 친척형에 대한 친척지칭도 부분적으로 발달해 있는데, 이에 대해서는 필자의 관련 연구(왕한석 1991)가 있다.

그리고 아래의 조사표는 각 친척 범주별로 다음과 같은 숫자의 개별 친척형에 대한 지칭 형태 및 호칭 형태에 대한 질문표가 될 것이다.

1. 부계친(父系親): 171개 친척형(일련번호는 167개임)
2. 모계친: 66개 친척형

3. 부계친(夫系親)

3.1. 부(夫)의 부계친(父系親): 165개 친척형(일련번호는 161개임)

3.2. 부(夫)의 모계친: 66개 친척형

4. 처계친: 78개 친척형

5. 사돈관계: 28개 친척형(일련번호는 14개임)

즉, 이는 모두 합하여 574개 친척형에 대한 친척용어의 조사표가 된다.

아래에서 자료의 예로 제시하는 지칭 형태 및 호칭 형태는 모두 개평리(介坪里)에서 수집한 자료이다. 물론 영해 지역의 조사에서 보다 세분된 친척용어의 형태들을 발견하였지만, 여기서는 필자의 오랜 조사지인 개평리의 자료를 예시하기로 하겠다.

그리고 아래에서 제시하는 개평리의 자료는 대체로 상황에 따른 여러 변이형들(variants)을 무시한 '대표형'들이고, 또 혼인 여부에 따른 용어 형태의 '발달적 변화'(developmental change) 등은 생략한 것이다. (개평리에서의 혼인 여부에 따른 용어 형태의 변화와 적서(嫡庶) 구분에 따른 용어 형태의 변이(variation)에 대해서는 왕한석 1992 및 2001을 참조할 것. 그리고 '통상적인' 친척지칭 및 친척호칭 외의 (개평리에서의) 친척용어의 다른 하위 체계들에 대해서는 왕한석 2000을 참조할 것.)

또 아래의 목록에서는 부분적으로만 사용되는 지칭 형태 및 호칭 형태도 모두 포함하여 제시하였다(가령 '정형화'되지 않은 지칭 형태나, 여성들이 동일 항렬 내에서 일종의 회피 관계(avoidance relationship) 때문에 실제로는 잘 쓰지 않는 지칭 및 호칭 형태 등임). 그러나 지칭 형태나 호칭 형태가 발달하지 않은 경우는 해당 난에 ·로써 표시하였다. 그리고 호칭 형태 중 이름이나 종자명호칭(teknonym), '성 + 서방' 등과 같이 엄밀한 의미에서의 친척호칭이 아닌 것도 다수 있으나, 이 형태들도 특별한 표시 없이 그대로 정리·제시하였다.

그리고 아래의 목록에서는 화자의 성별에 따른 용어 형태의 분화가 있을 경우, 인쇄상의 편의를 위해 친척형을 둘로 나누었음을 밝혀둔다. 이 경우 남성 화자는 친척형의 일련번호 뒤에 -1을 붙이고, 여성 화자는 -2를 붙여 양자를 편의상으로 구분하였다.

마지막으로 여기서의 친척형 표시 약어는 다음과 같다.

F: father (아버지)

M: mother (어머니)

B: brother (남형제)

Z: sister (여형제)

S: son (아들)

D: daughter (딸)

H: husband (남편)

W: wife (아내)

Be : elder brother (손위 남형제)

By : younger brother (손아래 남형제)

Ze : elder sister (손위 여형제)

Zy : younger sister (손아래 여형제)

> A(e, H, or W) : elder than A(ego, ego's husband, or ego's wife) (A(자신, 자신의 남편, 또는 자신의 아내)보다 연상)

< A(e, H, or W) : younger than A(ego, ego's husband, or ego's wife) (A(자신, 자신의 남편, 또는 자신의 아내)보다 연하)

♂ : male speaker (남성 화자)

♀ : female speaker (여성 화자)

1. 부계친(父系親)

일련번호	친척형	친척지칭	친척호칭	비고
1	FFFF	고조부(高祖父)	·	
2	FFFM	고조모(高祖母)	·	
3	FFFFB	종고조부(從高祖父)	·	
4	FFFFBW	종고조모(從高祖母)	·	
5	FFFFZ	고대고모(高大姑母)	·	
6	FFFFZH	고대고모부(高大姑母夫)	·	
7	FFF	증조부(曾祖父)	할아버지	
8	FFM	증조모(曾祖母)	할머니	
9	FFFB	종증조부(從曾祖父)	할아버지	
10	FFFBW	종증조모(從曾祖母)	할머니	
11	FFFZ	증대고모(曾大姑母)	할머니	
12	FFFZH	증대고모부(曾大姑母夫)	할아버지	
13	FF	조부(祖父)	할아버지	
14	FM	조모(祖母)	할머니	
15	FFB	종조부(從祖父)	할아버지	
16	FFBW	종조모(從祖母)	할머니	
17	FFZ	대고모(大姑母)	할머니	
18	FFZH	대고모부(大姑母夫)	할아버지	
19	FFFBS	재종조부(再從祖父)	할아버지	
20	FFFBSW	재종조모(再從祖母)	할머니	
21	FFFBD	재종대고모(再從大姑母)	할머니	
22	FFFBDH	재종대고모부(再從大姑母夫)	할아버지	
23	FMB	진외종조부(陳外從祖父)	할아버지	
24	FMBW	진외종조모(陳外從祖母)	할머니	
25	원촌조항(遠寸祖行) 이상	족조(族祖)	대부(大父)	
26	F	가친(家親)/엄친(嚴親)	아버지	
27	M	자친(慈親)/모친(母親)	어머니	
28	FBe	백부(伯父)	큰아버지	
29	FBeW	백모(伯母)	큰어머니	

30	FBy	숙부(叔父)	작은아버지	
31	FByW	숙모(叔母)	작은어머니	
32	FZ	고모(姑母)	아주머니	
33	FZH	고모부(姑母夫)	아저씨	
34	FFBS	당숙(堂叔)	아저씨	
35	FFBSW	당숙모(堂叔母)	아주머니	
36	FFBD	당고모(堂姑母)	아주머니	
37	FFBDH	당고모부(堂姑母夫)	아저씨	
38	FFFBSS	재당숙(再堂叔)	아저씨	
39	FFFBSSW	재당숙모(再堂叔母)	아주머니	
40	FFFBSD	재당고모(再堂姑母)	아주머니	
41	FFFBSDH	재당고모부(再堂姑母夫)	아저씨	
42	FMBS	진외당숙(陳外堂叔)	아저씨	
43	FMBSW	진외당숙모(陳外堂叔母)	아주머니	
44	FMBD	진외당고모(陳外堂姑母)	아주머니	
45	FMBDH	진외당고모부(陳外堂姑母夫)	아저씨	
46	FFZS	대고모(大姑母)의 아드님	아저씨	
47	FFZSW	대고모(大姑母)의 며느님	아주머니	
48	FFZD	대고모(大姑母)의 따님	아주머니	
49	FFZDH	대고모(大姑母)의 사위	아저씨	
50	원촌숙항(遠寸叔行)	족숙(族叔)	아저씨	
51	W	내자(內子)/내실(內室)		
52-1	♂Be	형(兄)님/백씨(伯氏)	형님	
53-1	♂BeW	형수(兄嫂)	아주머니	
54-1	♂By	아우	이름	
55-1	♂ByW	제수(弟嫂)	제수씨	
56-1	♂Ze	자씨(姊氏)/매씨(妹氏)	누님	
57-1	♂ZeH	자형(姊兄)/매형(妹兄)	형님	
58-1	♂Zy	여동생(女同生)/누이동생	남편 성+집	
59-1	♂ZyH	매부(妹夫)	성+서방	
52-2	♀Be	백남(伯男)	오빠	
53-2	♀BeW	오라버니댁	형님	

54-2	♀By	(남)동생	이름	
55-2	♀ByW	동생의 댁	새댁	
56-2	♀Ze	백씨(伯氏)/형(兄)님	형님	
57-2	♀ZeH	형부(兄夫)	형부	
58-2	♀Zy	(여)동생/아우	남편 성+집	
59-2	♀ZyH	제부(弟夫)	성+서방	
60-1	♂FBS〉e	종형(從兄)	형님	
61-1	♂FBS(〉e)W	종수(從嫂)	아주머니/종수씨	
62-1	♂FBS〈e	종제(從弟)	이름	
63-1	♂FBS(〈e)W	종수(從嫂)	종수씨	
64-1	♂FBD〉e	종매(從妹)	누님	
65-1	♂FBD(〉e)H	종매부(從妹夫)	형님	
66-1	♂FBD〈e	종매(從妹)	남편 성+집	
67-1	♂FBD(〈e)H	종매부(從妹夫)	성+서방	
60-2	♀FBS〉e	종남(從男)	오빠	
61-2	♀FBS(〉e)W	종남(從男)의 댁	형님	
62-2	♀FBS〈e	종남(從男)	이름	
63-2	♀FBS(〈e)W	종남(從男)의 댁	새댁	
64-2	♀FBD〉e	종형(從兄)	형님	
65-2	♀FBD(〉e)H	사촌형부(四寸兄夫)	형부	
66-2	♀FBD〈e	종제(從弟)	남편 성+집	
67-2	♀FBD(〈e)H	사촌(四寸)의 남편	성+서방	
68-1	♂FFBSS〉e	재종형(再從兄)	형님	
69-1	♂FFBSS(〉e)W	재종수(再從嫂)	아주머니/종수씨	
70-1	♂FFBSS〈e	재종제(再從弟)	이름	
71-1	♂FFBSS(〈e)W	재종수(再從嫂)	종수씨	
72-1	♂FFBSD〉e	재종매(再從妹)	누님	
73-1	♂FFBSD(〉e)H	재종매부(再從妹夫)	형님	
74-1	♂FFBSD〈e	재종매(再從妹)	남편 성+집	
75-1	♂FFBSD(〈e)H	재종매부(再從妹夫)	성+서방	
68-2	♀FFBSS〉e	재종남(再從男)	오빠	
69-2	♀FFBSS(〉e)W	재종남(再從男)의 댁	형님	

70-2	♀FFBSS〈e	재종남(再從男)	이름	
71-2	♀FFBSS(〈e)W	재종남(再從男)의 댁	새댁	
72-2	♀FFBSD〉e	재종형(再從兄)	형님	
73-2	♀FFBSD(〉e)H	재종형(再從兄)의 남편	형부	
74-2	♀FFBSD〈e	재종제(再從弟)	남편 성+집	
75-2	♀FFBSD(〈e)H	재종(再從)의 남편	성+서방	
76-1	♂FFFBSSS〉e	삼종형(三從兄)	형님	
77-1	♂FFFBSSS(〉e)W	삼종수(三從嫂)	아주머니/종수씨	
78-1	♂FFFBSSS〈e	삼종제(三從弟)	이름	
79-1	♂FFFBSSS(〈e)W	삼종수(三從嫂)	종수씨	
80-1	♂FFFBSSD〉e	삼종매(三從妹)	누님	
81-1	♂FFFBSSD(〉e)H	삼종매부(三從妹夫)	형님	
82-1	♂FFFBSSD〈e	삼종매(三從妹)	남편 성+집	
83-1	♂FFFBSSD(〈e)H	삼종매부(三從妹夫)	성+서방	
76-2	♀FFFBSSS〉e	삼종남(三從男)	오빠	
77-2	♀FFFBSSS(〉e)W	삼종남(三從男)의 댁	형님	
78-2	♀FFFBSSS〈e	삼종남(三從男)	이름	
79-2	♀FFFBSSS(〈e)W	삼종남(三從男)의 댁	새댁	
80-2	♀FFFBSSD〉e	삼종형(三從兄)	형님	
81-2	♀FFFBSSD(〉e)H	삼종형(三從兄)의 남편	형부	
82-2	♀FFFBSSD〈e	삼종제(三從弟)	남편 성+집	
83-2	♀FFFBSSD(〈e)H	삼종(三從)의 남편	성+서방	
84-1	♂FZS〉e	고종형(姑從兄)	형님	
85-1	♂FZS(〉e)W	고종수(姑從嫂)	아주머니/종수씨	
86-1	♂FZS〈e	고종제(姑從弟)	이름	
87-1	♂FZS(〈e)W	고종수(姑從嫂)	종수씨	
88-1	♂FZD〉e	고종매(姑從妹)	누님	
89-1	♂FZD(〉e)H	고종매부(姑從妹夫)	형님	
90-1	♂FZD〈e	고종매(姑從妹)	남편 성+집	
91-1	♂FZD(〈e)H	고종매부(姑從妹夫)	성+서방	
84-2	♀FZS〉e	고종남(姑從男)	오빠	
85-2	♀FZS(〉e)W	고종(姑從)의 댁	형님	

86-2	♀FZS〈e	고종남(姑從男)	이름	
87-2	♀FZS(〈e)W	고종(姑從)의 댁	새댁	
88-2	♀FZD〉e	고종형(姑從兄)	형님	
89-2	♀FZD(〉e)H	고종형(姑從兄)의 남편	형부	
90-2	♀FZD〈e	고종제(姑從弟)	남편 성+집	
91-2	♀FZD(〈e)H	고종(姑從)의 남편	성+서방	
92-1	♂FFBDS〉e	당고모(堂姑母)의 아들	형님	
93-1	♂FFBDS(〉e)W	·	아주머니/종수씨	
94-1	♂FFBDS〈e	당고모(堂姑母)의 아들	이름	
95-1	♂FFBDS(〈e)W	·	종수씨	
96-1	♂FFBDD〉e	당고모(堂姑母)의 딸	누님	
97-1	♂FFBDD(〉e)H	·	형님	
98-1	♂FFBDD〈e	당고모(堂姑母)의 딸	남편 성+집	
99-1	♂FFBDD(〈e)H	·	성+서방	
92-2	♀FFBDS〉e	당고모(堂姑母)의 아들	오빠	
93-2	♀FFBDS(〉e)W	·	형님	
94-2	♀FFBDS〈e	당고모(堂姑母)의 아들	이름	
95-2	♀FFBDS(〈e)W	·	새댁	
96-2	♀FFBDD〉e	당고모(堂姑母)의 딸	형님	
97-2	♀FFBDD(〉e)H	·	형부	
98-2	♀FFBDD〈e	당고모(堂姑母)의 딸	남편 성+집	
99-2	♀FFBDD(〈e)H	·	성+서방	
100-1	♂원촌동항렬(遠寸同行列)〉e	족형(族兄)	형님	
101-1	♂원촌동항렬(遠寸同行列)〈e	족제(族弟)	이름	

100-2	♀원촌동항렬(遠寸同行列)〉e	·	·	
101-2	♀원촌동항렬(遠寸同行列)〈e	·	·	
102	♂S	자식(子息)	이름	
103	♂SW	며느리	(아이이름+)에미	
104	♂D	여식(女息)	남편 성+집	
105	♂DH	사위	성+서방	
106-1	♂BS	조카	이름	
107-1	♂BSW	질부(姪婦)	(아이이름+)에미/질부	
108-1	♂BD	질녀(姪女)	남편 성+집	
109-1	♂BDH	질서(姪婿)	성+서방	
106-2	♀BS	(친정)조카	이름	
107-2	♀BSW	(친정)질부(姪婦)	질부	
108-2	♀BD	(친정)질녀(姪女)	남편 성+집	
109-2	♀BDH	(친정)질서(姪婿)	성+서방	
110-1	♂ZS	생질(甥姪)	이름	
111-1	♂ZSW	생질부(甥姪婦)	질부	
112-1	♂ZD	생질녀(甥姪女)	남편 성+집	
113-1	♂ZDH	생질서(甥姪婿)	성+서방	
110-2	♀ZS	이질(姨姪)	이름	
111-2	♀ZSW	이질부(姨姪婦)	질부	
112-2	♀ZD	이질녀(姨姪女)	남편 성+집	
113-2	♀ZDH	이질서(姨姪婿)	성+서방	
114-1	♂FBSS	당질(堂姪)	이름	
115-1	♂FBSSW	당질부(堂姪婦)	질부	
116-1	♂FBSD	당질녀(堂姪女)	남편 성+집	
117-1	♂FBSDH	당질서(堂姪婿)	성+서방	
114-2	♀FBSS	(친정)당질(堂姪)	이름	
115-2	♀FBSSW	(친정)당질부(堂姪婦)	질부	
116-2	♀FBSD	(친정)당질녀(堂姪女)	남편 성+집	
117-2	♀FBSDH	(친정)당질서(堂姪婿)	성+서방	
118-1	♂FBDS	종생질(從甥姪)	이름	
119-1	♂FBDSW	종생질부(從甥姪婦)	질부	

120-1	♂FBDD	종생질녀(從甥姪女)	남편 성+집	
121-1	♂FBDDH	종생질서(從甥姪婿)	성+서방	
118-2	♀FBDS	종이질(從姨姪)	이름	
119-2	♀FBDSW	종이질부(從姨姪婦)	질부	
120-2	♀FBDD	종이질녀(從姨姪女)	남편 성+집	
121-2	♀FBDDH	종이질서(從姨姪婿)	성+서방	
122-1	♂FZSS	고종질(姑從姪)	이름	
123-1	♂FZSSW	고종질부(姑從姪婦)	질부	
124-1	♂FZSD	고종질녀(姑從姪女)	남편 성+집	
125-1	♂FZSDH	고종질서(姑從姪婿)	성+서방	
122-2	♀FZSS	(친정)고종질(姑從姪)	이름	
123-2	♀FZSSW	(친정)고종질부(姑從姪婦)	질부	
124-2	♀FZSD	(친정)고종질녀(姑從姪女)	남편 성+집	
125-2	♀FZSDH	(친정)고종질서(姑從姪婿)	성+서방	
126-1	♂FFBSSS	재당질(再堂姪)	이름	
127-1	♂FFBSSSW	재당질부(再堂姪婦)	질부	
128-1	♂FFBSSD	재당질녀(再堂姪女)	남편 성+집	
129-1	♂FFBSSDH	재당질서(再堂姪婿)	성+서방	
126-2	♀FFBSSS	(친정)재당질(再堂姪)	이름	
127-2	♀FFBSSSW	(친정)재당질부(再堂姪婦)	질부	
128-2	♀FFBSSD	(친정)재당질녀(再堂姪女)	남편 성+집	
129-2	♀FFBSSDH	(친정)재당질서(再堂姪婿)	성+서방	
130	♂원촌질항(遠寸姪行)	족질(族姪)	이름	
131	♂SS	손자(孫子)	이름	
132	♂SSW	손부(孫婦)	손부/아이이름+에미	
133	♂SD	손녀(孫女)	남편 성+집	
134	♂SDH	손서(孫婿)	성+서방	
135	♂DS	외손자(外孫子)	이름	
136	♂DSW	외손부(外孫婦)	손부	
137	♂DD	외손녀(外孫女)	남편 성+집	
138	♂DDH	외손서(外孫婿)	성+서방	
139-1	♂BSS	종손(從孫)	이름	

140-1	♂BSSW	종손부(從孫婦)	손부	
141-1	♂BSD	종손녀(從孫女)	남편 성+집	
142-1	♂BSDH	종손서(從孫壻)	성+서방	
139-2	♀BSS	(친정)종손(從孫)	이름	
140-2	♀BSSW	(친정)종손부(從孫婦)	손부	
141-2	♀BSD	(친정)종손녀(從孫女)	남편 성+집	
142-2	♀BSDH	(친정)종손서(從孫壻)	성+서방	
143-1	♂ZSS	생질(甥姪)의 아들	이름	
144-1	♂ZSSW	생질(甥姪)의 며느리	손부	
145-1	♂ZSD	생질(甥姪)의 딸	남편 성+집	
146-1	♂ZSDH	생질(甥姪)의 사위	성+서방	
143-2	♀ZSS	이질(姨姪)의 아들	이름	
144-2	♀ZSSW	이질(姨姪)의 며느리	손부	
145-2	♀ZSD	이질(姨姪)의 딸	남편 성+집	
146-2	♀ZSDH	이질(姨姪)의 사위	성+서방	
147-1	♂FBSSS	재종손(再從孫)	이름	
148-1	♂FBSSSW	재종손부(再從孫婦)	손부	
149-1	♂FBSSD	재종손녀(再從孫女)	남편 성+집	
150-1	♂FBSSDH	재종손서(再從孫壻)	성+서방	
147-2	♀FBSSS	(친정)재종손(再從孫)	이름	
148-2	♀FBSSSW	(친정)재종손부(再從孫婦)	손부	
149-2	♀FBSSD	(친정)재종손녀(再從孫女)	남편 성+집	
150-2	♀FBSSDH	(친정)재종손서(再從孫壻)	성+서방	
151	♂원촌손항(遠寸孫行) 이하	족손(族孫)	이름	
152	♂SSS	증손(曾孫)	·	
153	♂SSSW	증손부(曾孫婦)	·	
154	♂SSD	증손녀(曾孫女)	·	
155	♂SSDH	증손서(曾孫壻)	·	
156	♂DSS/♂SDS	외증손(外曾孫)	·	
157	♂DSSW/♂SDSW	외증손부(外曾孫婦)	·	
158	♂DSD/♂SDD	외증손녀(外曾孫女)	·	
159	♂DSDH/♂SDDH	외증손서(外曾孫壻)	·	

160-1	♂BSSS	종증손(從曾孫)	·	
161-1	♂BSSSW	종증손부(從曾孫婦)	·	
162-1	♂BSSD	종증손녀(從曾孫女)	·	
163-1	♂BSSDH	종증손서(從曾孫婿)	·	
160-2	♀BSSS	(친정)종증손(從曾孫)	·	
161-2	♀BSSSW	(친정)종증손부(從曾孫婦)	·	
162-2	♀BSSD	(친정)종증손녀(從曾孫女)	·	
163-2	♀BSSDH	(친정)종증손서(從曾孫婿)	·	
164	♂SSSS	현손(玄孫)	·	
165	♂SSSSW	현손부(玄孫婦)	·	
166	♂SSSD	현손녀(玄孫女)	·	
167	♂SSSDH	현손서(玄孫婿)	·	

* 28 FBe의 지칭 '백부'(伯父)와 호칭 '큰아버지'는 엄격히는 26 F의 맏형에게만 적용하는 용어 형태이다. FBe가 여럿일 경우 지칭으로는 순서에 따라 '백부'(伯父), '중부'(仲父), '계부'(季父)의 형태로 구분 짓는다. 따라서 29 FBeW에 대한 용어 형태도, 특히 지칭의 경우는, 위의 용례를 좇아 '백모'(伯母), '중모'(仲母), '계모'(季母)의 형태로 구분 짓는다.

* 52-2 ♀Be의 지칭 '백남'(伯男)도 엄격히는 화자의 맏오빠에게만 적용하는 용어 형태이다. ♀Be가 여럿일 경우 흔히 순서에 따라 '백남'(伯男), '차남'(次男), '삼남'(三男) 등으로 구분지어 가리킨다.

2. 모계친(母系親)

일련번호	친척형	친척지칭	친척호칭	비고
1	MFF	외증조부(外曾祖父)	외할아버지	
2	MFM	외증조모(外曾祖母)	외할머니	
3	MF	외조부(外祖父)	외할아버지	
4	MM	외조모(外祖母)	외할머니	
5	MFB	외종조부(外從祖父)	외할아버지	
6	MFBW	외종조모(外從祖母)	외할머니	
7	MFZ	외대고모(外大姑母)	할머니	

8	MFZH	외대고모부(外大姑母夫)	할아버지	
9	MMB	외외종조부(外外從祖夫)	할아버지	
10	MMBW	외외종조모(外外從祖母)	할머니	
11	MB	외숙(外叔)	외아저씨	
12	MBW	외숙모(外叔母)	외아주머니	
13	MZ	이모(姨母)	아주머니	
14	MZH	이모부(姨母夫)	아저씨	
15	MFBS	외당숙(外堂叔)	외아저씨	
16	MFBSW	외당숙모(外堂叔母)	외아주머니	
17	MFBD	종이모(從姨母)	아주머니	
18	MFBDH	종이모부(從姨母夫)	아저씨	
19-1	♂MBS〉e	외종형(外從兄)	형님	
20-1	♂MBS(〉e)W	외종수(外從嫂)	아주머니/종수씨	
21-1	♂MBS〈e	외종제(外從弟)	이름	
22-1	♂MBS(〈e)W	외종수(外從嫂)	종수씨	
23-1	♂MBD〉e	외종매(外從妹)	누님	
24-1	♂MBD(〉e)H	외종매부(外從妹夫)	형님	
25-1	♂MBD〈e	외종매(外從妹)	남편 성+집	
26-1	♂MBD(〈e)H	외종매부(外從妹夫)	성+서방	
19-2	♀MBS〉e	외종남(外從男)	오빠	
20-2	♀MBS(〉e)W	외종남(外從男)의 댁	형님	
21-2	♀MBS〈e	외종남(外從男)	이름	
22-2	♀MBS(〈e)W	외종남(外從男)의 댁	새댁	
23-2	♀MBD〉e	외종형(外從兄)	형님	
24-2	♀MBD(〉e)H	외종형(外從兄)의 남편	형부	
25-2	♀MBD〈e	외종제(外從弟)	남편 성+집	
26-2	♀MBD(〈e)H	외종(外從)의 남편	성+서방	
27-1	♂MZS〉e	이종형(姨從兄)	형님	
28-1	♂MZS(〉e)W	이종수(姨從嫂)	아주머니/종수씨	
29-1	♂MZS〈e	이종제(姨從弟)	이름	
30-1	♂MZS(〈e)W	이종수(姨從嫂)	종수씨	
31-1	♂MZD〉e	이종매(姨從妹)	누님	

32-1	♂MZD(〉e)H	이종매부(姨從妹夫)	형님	
33-1	♂MZD〈e	이종매(姨從妹)	남편 성+집	
34-1	♂MZD(〈e)H	이종매부(姨從妹夫)	성+서방	
27-2	♀MZS〉e	이종남(姨從男)	오빠	
28-2	♀MZS(〉e)W	이종남(姨從男)의 댁	형님	
29-2	♀MZS〈e	이종남(姨從男)	이름	
30-2	♀MZS(〈e)W	이종남(姨從男)의 댁	새댁	
31-2	♀MZD〉e	이종형(姨從兄)	형님	
32-2	♀MZD(〉e)H	이종형(姨從兄)의 남편	형부	
33-2	♀MZD〈e	이종제(姨從弟)	남편 성+집	
34-2	♀MZD(〈e)H	이종(姨從)의 남편	성+서방	
35-1	♂MFBSS〉e	외재종형(外再從兄)	형님	
36-1	♂MFBSS(〉e)W	외재종수(外再從嫂)	아주머니/종수씨	
37-1	♂MFBSS〈e	외재종제(外再從弟)	이름	
38-1	♂MFBSS(〈e)W	외재종수(外再從嫂)	종수씨	
39-1	♂MFBSD〉e	외재종매(外再從妹)	누님	
40-1	♂MFBSD(〉e)H	외재종매부(外再從妹夫)	형님	
41-1	♂MFBSD〈e	외재종매(外再從妹)	남편 성+집	
42-1	♂MFBSD(〈e)H	외재종매부(外再從妹夫)	성+서방	
35-2	♀MFBSS〉e	외재종남(外再從男)	오빠	
36-2	♀MFBSS(〉e)W	외재종남(外再從男)의 댁	형님	
37-2	♀MFBSS〈e	외재종남(外再從男)	이름	
38-2	♀MFBSS(〈e)W	외재종남(外再從男)의 댁	새댁	
39-2	♀MFBSD〉e	외재종형(外再從兄)	형님	
40-2	♀MFBSD(〉e)H	외재종형(外再從兄)의 남편	형부	
41-2	♀MFBSD〈e	외재종제(外再從弟)	남편 성+집	
42-2	♀MFBSD(〈e)H	외재종제(外再從弟)의 남편	성+서방	
43-1	♂MFBDS〉e	종이종형(從姨從兄)	형님	
44-1	♂MFBDS(〉e)W	종이종수(從姨從嫂)	아주머니/종수씨	
45-1	♂MFBDS〈e	종이종제(從姨從弟)	이름	
46-1	♂MFBDS(〈e)W	종이종수(從姨從嫂)	종수씨	
47-1	♂MFBDD〉e	종이종매(從姨從妹)	누님	

48-1	♂MFBDD(〉e)H	종이종매부(從姨從妹夫)	형님	
49-1	♂MFBDD〈e	종이종매(從姨從妹)	남편 성+집	
50-1	♂MFBDD(〈e)H	종이종매부(從姨從妹夫)	성+서방	
43-2	♀MFBDS〉e	종이종남(從姨從男)	오빠	
44-2	♀MFBDS(〉e)W	종이종남(從姨從男)의 댁	형님	
45-2	♀MFBDS〈e	종이종남(從姨從男)	이름	
46-2	♀MFBDS(〈e)W	종이종남(從姨從男)의 댁	새댁	
47-2	♀MFBDD〉e	종이종형(從姨從兄)	형님	
48-2	♀MFBDD(〉e)H	종이종형(從姨從兄)의 남편	형부	
49-2	♀MFBDD〈e	종이종제(從姨從弟)	남편 성+집	
50-2	♀MFBDD(〈e)H	종이종(從姨從)의 남편	성+서방	
51	MBSS	외당질(外堂姪)	이름	
52	MBSSW	외당질부(外堂姪婦)	질부	
53	MBSD	외당질녀(外堂姪女)	남편 성+집	
54	MBSDH	외당질서(外堂姪婿)	성+서방	
55	MZSS	이당질(姨堂姪)	이름	
56	MZSSW	이당질부(姨堂姪婦)	질부	
57	MZSD	이당질녀(姨堂姪女)	남편 성+집	
58	MZSDH	이당질서(姨堂姪婿)	성+서방	
59	MFBSSS	외재당질(外再堂姪)	이름	
60	MFBSSSW	외재당질부(外再堂姪婦)	질부	
61	MFBSSD	외재당질녀(外再堂姪女)	남편 성+집	
62	MFBSSDH	외재당질서(外再堂姪婿)	성+서방	
63	MBSSS	외종손(外從孫)	이름	
64	MBSSSW	외종손부(外從孫婦)	손부	
65	MBSSD	외종손녀(外從孫女)	남편 성+집	
66	MBSSDH	외종손서(外從孫婿)	성+서방	

3. 부계친(夫系親)

3.1 부(夫)의 부계친(父系親)

일련 번호	친척형	친척지칭	친척호칭	비고
1	HFFFF	시고조부(媤高祖父)	·	
2	HFFFM	시고조모(媤高祖母)	·	
3	HFFFFB	시종고조부(媤從高祖父)	·	
4	HFFFFBW	시종고조모(媤從高祖母)	·	
5	HFFFFZ	시고대고모(媤高大姑母)	·	
6	HFFFFZH	시고대고모부(媤高大姑母夫)	·	
7	HFFF	시증조부(媤曾祖父)	할아버님	
8	HFFM	시증조모(媤曾祖母)	할머님	
9	HFFFB	시종증조부(媤從曾祖父)	할아버님	
10	HFFFBW	시종증조모(媤從曾祖母)	할머님	
11	HFFFZ	시증대고모(媤曾大姑母)	할머님	
12	HFFFZH	시증대고모부(媤曾大姑母夫)	할아버님	
13	HFF	시조부(媤祖父)	할아버님	
14	HFM	시조모(媤祖母)	할머님	
15	HFFB	시종조부(媤從祖父)	할아버님	
16	HFFBW	시종조모(媤從祖母)	할머님	
17	HFFZ	시대고모(媤大姑母)	할머님	
18	HFFZH	시대고모부(媤大姑母夫)	할아버님	
19	HFFFBS	시재종조부(媤再從祖父)	할아버님	
20	HFFFBSW	시재종조모(媤再從祖母)	할머님	
21	HFFFBD	시재종대고모(媤再從大姑母)	할머님	
22	HFFFBDH	시재종대고모부(媤再從大姑母夫)	할아버님	
23	HFMB	시진외종조부(媤陳外從祖父)	할아버님	
24	HFMBW	시진외종조모(媤陳外從祖母)	할머님	
25	HF	시(媤)어른	아버님	
26	HM	시(媤)어머니	어머님	
27	HFBe	시백부(媤伯父)	큰아버님	
28	HFBeW	시백모(媤伯母)	큰어머님	

29	HFBy	시삼촌(媤三寸)	작은아버님	
30	HFByW	시숙모(媤叔母)	작은어머님	
31	HFZ	시고모(媤姑母)	아주머님	
32	HFZH	시고모부(媤姑母夫)	아저씨	
33	HFFBS	시당숙(媤堂叔)	아저씨	
34	HFFBSW	시당숙모(媤堂叔母)	아주머님	
35	HFFBD	시당고모(媤堂姑母)	아주머님	
36	HFFBDH	시당고모부(媤堂姑母夫)	아저씨	
37	HFFFBSS	시재당숙(媤再堂叔)	아저씨	
38	HFFFBSSW	시재당숙모(媤再堂叔母)	아주머님	
39	HFFFBSD	시재당고모(媤再堂姑母)	아주머님	
40	HFFFBSDH	시재당고모부(媤再堂姑母夫)	아저씨	
41	HFMBS	시진외당숙(媤陳外堂叔)	아저씨	
42	HFMBSW	시진외당숙모(媤陳外堂叔母)	아주머님	
43	HFMBD	시진외당고모(媤陳外堂姑母)	아주머님	
44	HFMBDH	시진외당고모부(媤陳外堂姑母夫)	아저씨	
45	HFFZS	시대고모(媤大姑母)의 아드님	아저씨	
46	HFFZSW	시대고모(媤大姑母)의 며느님	아주머님	
47	HFFZD	시대고모(媤大姑母)의 따님	아주머님	
48	HFFZDH	시대고모(媤大姑母)의 사위	아저씨	
49	H	사랑(舍廊)		
50	HB〉H	시숙(媤叔)	아주버님	
51	HB(〉H)W	동서	형님	
52	HB〈H	시동생(媤同生)	서방님	
53	HB(〈H)W	동서	새댁	
54	HZ〉H	(큰)시(媤)누우/시매(媤妹)	형님	
55	HZ(〉H)H	시(媤)누우 남편	서방님	
56	HZ〈H	(작은)시(媤)누우	남편 성+서방 댁	
57	HZ(〈H)H	시(媤)누우 남편	성+서방(님)	
58	HFBS〉H	종시숙(從媤叔)	아주버님	
59	HFBS(〉H)W	종(從)동서	형님	
60	HFBS〈H	종시동생(從媤同生)	서방님	

61	HFBS(〈H)W	종(從)동서	새댁	
62	HFBD〉H	종시매(從媤妹)	형님	
63	HFBD(〉H)H	종시매(從媤妹)의 남편	서방님	
64	HFBD〈H	종시매(從媤妹)	남편 성+서방 댁	
65	HFBD(〈H)H	종시매(從媤妹)의 남편	성+서방(님)	
66	HFFBSS〉H	재종시숙(再從媤叔)	아주버님	
67	HFFBSS(〉H)W	재종(再從)동서	형님	
68	HFFBSS〈H	재종시동생(再從媤同生)	서방님	
69	HFFBSS(〈H)W	재종(再從)동서	새댁	
70	HFFBSD〉H	재종시매(再從媤妹)	형님	
71	HFFBSD(〉H)H	재종시매(再從媤妹)의 남편	서방님	
72	HFFBSD〈H	재종시매(再從媤妹)	남편 성+서방 댁	
73	HFFBSD(〈H)H	재종시매(再從媤妹)의 남편	성+서방(님)	
74	HFFFBSSS〉H	삼종시숙(三從媤叔)	아주버님	
75	HFFFBSSS(〉H)W	삼종(三從)동서	형님	
76	HFFFBSSS〈H	삼종시동생(三從媤同生)	서방님	
77	HFFFBSSS(〈H)W	삼종(三從)동서	새댁	
78	HFFFBSSD〉H	삼종시매(三從媤妹)	형님	
79	HFFFBSSD(〉H)H	삼종시매(三從媤妹)의 남편	서방님	
80	HFFFBSSD〈H	삼종시매(三從媤妹)	남편 성+서방 댁	
81	HFFFBSSD(〈H)H	삼종시매(三從媤妹)의 남편	성+서방(님)	
82	HFZS〉H	(시(媤))고종시숙(姑從媤叔)	서방님	
83	HFZS(〉H)W	(시(媤))고종(姑從)동서	형님	
84	HFZS〈H	(시(媤))고종시동생(姑從媤同生)	서방님	
85	HFZS(〈H)W	(시(媤))고종(姑從)동서	새댁	
86	HFZD〉H	(시(媤))고종시매(姑從媤妹)	형님	
87	HFZD(〉H)H	(시(媤))고종시매(姑從媤妹)의 남편	서방님	
88	HFZD〈H	(시(媤))고종시매(姑從媤妹)	남편 성+서방 댁	
89	HFZD(〈H)H	(시(媤))고종시매(姑從媤妹)의 남편	성+서방(님)	
90	HFFBDS〉H	시당고모(媤堂姑母)의 아드님	서방님	
91	HFFBDS(〉H)W		형님	
92	HFFBDS〈H	시당고모(媤堂姑母)의 아드님	서방님	

93	HFFBDS(〈H)W	·	새댁	
94	HFFBDD〉H	시당고모(媤堂姑母)의 따님	형님	
95	HFFBDD(〉H)H	·	서방님	
96	HFFBDD〈H	시당고모(媤堂姑母)의 따님	남편 성+서방 댁	
97	HFFBDD(〈H)H	·	성+서방(님)	
98	♀S	자식(子息)/아들	이름	
99	♀SW	며느리	에미	
100	♀D	여식(女息)/딸	남편 성+집	
101	♀DH	사위	성+서방	
102	HBS	조카	이름	
103	HBSW	질부(姪婦)	질부	
104	HBD	질녀(姪女)	남편 성+집	
105	HBDH	질서(姪壻)	성+서방	
106	HZS	생질(甥姪)	이름	
107	HZSW	생질부(甥姪婦)	질부	
108	HZD	생질녀(甥姪女)	남편 성+집	
109	HZDH	생질서(甥姪壻)	성+서방	
110	HFBSS	당질(堂姪)	이름	
111	HFBSSW	당질부(堂姪婦)	질부	
112	HFBSD	당질녀(堂姪女)	남편 성 +집	
113	HFBSDH	당질서(堂姪壻)	성+서방	
114	HFBDS	종생질(從甥姪)	이름	
115	HFBDSW	종생질부(從甥姪婦)	질부	
116	HFBDD	종생질녀(從甥姪女)	남편 성+집	

117	HFBDDH	종생질서(從甥姪婿)	성+서방	
118	HFZSS	고종질(姑從姪)	이름	
119	HFZSSW	고종질부(姑從姪婦)	질부	
120	HFZSD	고종질녀(姑從姪女)	남편 성+집	
121	HFZSDH	고종질서(姑從姪婿)	성+서방	
122	HFFBSSS	재당질(再堂姪)	이름	
123	HFFBSSSW	재당질부(再堂姪婦)	질부	
124	HFFBSSD	재당질녀(再堂姪女)	남편 성+집	
125	HFFBSSDH	재당질서(再堂姪婿)	성+서방	
126	♀SS	손자(孫子)	이름	
127	♀SSW	손부(孫婦)	손부	
128	♀SD	손녀(孫女)	남편 성+집	
129	♀SDH	손서(孫婿)	성+서방	
130	♀DS	외손자(外孫子)	이름	
131	♀DSW	외손부(外孫婦)	손부	
132	♀DD	외손녀(外孫女)	남편 성+집	
133	♀DDH	외손서(外孫婿)	성+서방	
134	HBSS	종손(從孫)	이름	
135	HBSSW	종손부(從孫婦)	손부	
136	HBSD	종손녀(從孫女)	남편 성+집	
137	HBSDH	종손서(從孫婿)	성+서방	
138	HZSS	생질(甥姪)의 아들	이름	
139	HZSSW	생질(甥姪)의 며느리	손부	
140	HZSD	생질(甥姪)의 딸	남편 성+집	
141	HZSDH	생질(甥姪)의 사위	성+서방	
142	HFBSSS	재종손(再從孫)	이름	
143	HFBSSSW	재종손부(再從孫婦)	손부	
144	HFBSSD	재종손녀(再從孫女)	남편 성+집	
145	HFBSSDH	재종손서(再從孫婿)	성+서방	
146	♀SSS	증손(曾孫)		
147	♀SSSW	증손부(曾孫婦)		
148	♀SSD	증손녀(曾孫女)		

149	♀SSDH	증손서(曾孫婿)	·	
150	♀DSS/♀SDS	외증손(外曾孫)	·	
151	♀DSSW/♀SDSW	외증손부(外曾孫婦)	·	
152	♀DSD/♀SDD	외증손녀(外曾孫女)	·	
153	♀DSDH/♀SDDH	외증손서(外曾孫婿)	·	
154	HBSSS	종증손(從曾孫)	·	
155	HBSSSW	종증손부(從曾孫婦)	·	
156	HBSSD	종증손녀(從曾孫女)	·	
157	HBSSDH	종증손서(從曾孫婿)	·	
158	♀SSSS	현손(玄孫)	·	
159	♀SSSSW	현손부(玄孫婦)	·	
160	♀SSSD	현손녀(玄孫女)	·	
161	♀SSSDH	현손서(玄孫婿)	·	

3.2 부(夫)의 모계친(母系親)

일련번호	친척형	친척지칭	친척호칭	비고
1	HMFF	시외증조부(媤外曾祖父)	외할아버님	
2	HMFM	시외증조모(媤外曾祖母)	외할머님	
3	HMF	시외조부(媤外祖父)	외할아버님	
4	HMM	시외조모(媤外祖母)	외할머님	
5	HMFB	시외종조부(媤外從祖父)	외할아버님	
6	HMFBW	시외종조모(媤外從祖母)	외할머님	
7	HMFZ	시외대고모(媤外大姑母)	할머님	
8	HMFZH	시외대고모부(媤外大姑母夫)	할아버님	
9	HMMB	시외외종조부(媤外外從祖父)	할아버님	
10	HMMBW	시외외종조모(媤外外從祖母)	할머님	
11	HMB	시외숙(媤外叔)	외아저씨	
12	HMBW	시외숙모(媤外叔母)	외아주머님	
13	HMZ	시이모(媤姨母)	아주머님	
14	HMZH	시이모부(媤姨母夫)	아저씨	

15	HMFBS	시외당숙(媤外堂叔)	외아저씨	
16	HMFBSW	시외당숙모(媤外堂叔母)	외아주머님	
17	HMFBD	시종이모(媤從姨母)	아주머님	
18	HMFBDH	시종이모부(媤從姨母夫)	아저씨	
19	HMBS〉H	(시(媤))외사촌시숙(外四寸媤叔)	서방님	
20	HMBS(〉H)W	(시(媤))외사촌(外四寸)동서	형님	
21	HMBS〈H	(시(媤))외사촌시동생(外四寸媤同生)	서방님	
22	HMBS(〈H)W	(시(媤))외사촌(外四寸)동서	새댁	
23	HMBD〉H	(시(媤))외사촌(外四寸)시(媤)누우	형님	
24	HMBD(〉H)H	(시(媤))외사촌(外四寸)시(媤)누우 남편	서방님	
25	HMBD〈H	(시(媤))외사촌(外四寸)시(媤)누우	남편 성+서방 댁	
26	HMBD(〈H)H	(시(媤))외사촌(外四寸)시(媤)누우 남편	성+서방(님)	
27	HMZS〉H	(시(媤))이종시숙(姨從媤叔)	서방님	
28	HMZS(〉H)W	(시(媤))이종(姨從)동서	형님	
29	HMZS〈H	(시(媤))이종시동생(姨從媤同生)	서방님	
30	HMZS(〈H)W	(시(媤))이종(姨從)동서	새댁	
31	HMZD〉H	(시(媤))이종(姨從)시(媤)누우	형님	
32	HMZD(〉H)H	(시(媤))이종(姨從)시(媤)누우 남편	서방님	
33	HMZD〈H	(시(媤))이종(姨從)시(媤)누우	남편 성+서방 댁	
34	HMZD(〈H)H	(시(媤))이종(姨從)시(媤)누우 남편	성+서방(님)	
35	HMFBSS〉H	(시(媤))외재종시숙(外再從媤叔)	서방님	
36	HMFBSS(〉H)W	(시(媤))외재종(外再從)동서	형님	
37	HMFBSS〈H	(시(媤))외재종시동생(外再從媤同生)	서방님	
38	HMFBSS(〈H)W	(시(媤))외재종(外再從)동서	새댁	
39	HMFBSD〉H	(시(媤))외재종(外再從)시(媤)누우	형님	
40	HMFBSD(〉H)H	(시(媤))외재종(外再從)시(媤)누우 남편	서방님	
41	HMFBSD〈H	(시(媤))외재종(外再從)시(媤)누우	남편 성+서방 댁	
42	HMFBSD(〈H)H	(시(媤))외재종(外再從)시(媤)누우 남편	성+서방(님)	
43	HMFBDS〉H	(시(媤))종이종시숙(從姨從媤叔)	서방님	
44	HMFBDS(〉H)W	(시(媤))종이종(從姨從)동서	형님	
45	HMFBDS〈H	(시(媤))종이종시동생(從姨從媤同生)	서방님	
46	HMFBDS(〈H)W	(시(媤))종이종(從姨從)동서	새댁	

47	HMFBDD〉H	(시(媤))종이종(從姨從)시(媤)누우	형님	
48	HMFBDD(〉H)H	(시(媤))종이종(從姨從)시(媤)누우 남편	서방님	
49	HMFBDD〈H	(시(媤))종이종(從姨從)시(媤)누우	남편 성+서방 댁	
50	HMFBDD(〈H)H	(시(媤))종이종(從姨從)시(媤)누우 남편	성+서방(님)	
51	HMBSS	시외당질(媤外堂姪)	이름	
52	HMBSSW	시외당질부(媤外堂姪婦)	질부	
53	HMBSD	시외당질녀(媤外堂姪女)	남편 성+집	
54	HMBSDH	시외당질서(媤外堂姪婿)	성+서방	
55	HMZSS	시이당질(媤姨堂姪)	이름	
56	HMZSSW	시이당질부(媤姨堂姪婦)	질부	
57	HMZSD	시이당질녀(媤姨堂姪女)	남편 성+집	
58	HMZSDH	시이당질서(媤姨堂姪婿)	성+서방	
59	HMFBSSS	시외재당질(媤外再堂姪)	이름	
60	HMFBSSSW	시외재당질부(媤外再堂姪婦)	질부	
61	HMFBSSD	시외재당질녀(媤外再堂姪女)	남편 성+집	
62	HMFBSSDH	시외재당질서(媤外再堂姪婿)	성+서방	
63	HMBSSS	시외종손(媤外從孫)	이름	
64	HMBSSSW	시외종손부(媤外從孫婦)	손부	
65	HMBSSD	시외종손녀(媤外從孫女)	남편 성+집	
66	HMBSSDH	시외종손서(媤外從孫婿)	성+서방	

4. 처계친(妻系親)

일련번호	친척형	친척지칭	친척호칭	비고
1	WFFF	처증조(妻曾祖)	장증조(丈曾祖)	
2	WFFM	처증조모(妻曾祖母)	장증조모(丈曾祖母)	
3	WFF	처조부(妻祖父)	장조(丈祖)	
4	WFM	처조모(妻祖母)	장조모(丈祖母)	
5	WFFB	처종조(妻從祖)	처종조	
6	WFFBW	처종조모(妻從祖母)	처종조모	
7	WFFZ	처대고모(妻大姑母)	처대고모	

8	WFFZH	처대고모부(妻大姑母夫)	처대고모부	
9	WMF	처외조부(妻外祖父)	처외조부	
10	WMM	처외조모(妻外祖母)	처외조모	
11	WF	장인(丈人)	장인어른	
12	WM	장모(丈母)	장모님	
13	WFBe	처백부(妻伯父)	처백부	
14	WFBeW	처백모(妻伯母)	처백모	
15	WFBy	처삼촌(妻三寸)	처삼촌	
16	WFByW	처숙모(妻叔母)	처숙모	
17	WFZ	처고모(妻姑母)	처고모	
18	WFZH	처고모부(妻姑母夫)	처고모부	
19	WMB	처외삼촌(妻外三寸)	처외삼촌	
20	WMBW	처외숙모(妻外叔母)	처외숙모	
21	WMZ	처이모(妻姨母)	처이모	
22	WMZH	처이모부(妻姨母夫)	처이모부	
23	WBe	(손위)처남(妻男)	처남	
24	WBeW	처남댁(妻男宅)	처남댁	
25	WBy	(손아래)처남(妻男)	처남/이름	
26	WByW	처남댁(妻男宅)	처남댁	
27	WZe	처형(妻兄)	처형	
28	WZeH	(손위)동서(同婿)	성+서방/동서	
29	WZy	처제(妻弟)	처제	
30	WZyH	(손아래)동서(同婿)	성+서방/동서	
31	WFBS〉W	사촌처남(四寸妻男)	처남	
32	WFBS(〉W)W	사촌처남댁(四寸妻男宅)	처남댁	
33	WFBS〈W	사촌처남(四寸妻男)	처남/이름	
34	WFBS(〈W)W	사촌처남댁(四寸妻男宅)	처남댁	
35	WFBD〉W	사촌처형(四寸妻兄)	처형	
36	WFBD(〉W)H	종동서(從同婿)	성+서방/동서	
37	WFBD〈W	사촌처제(四寸妻弟)	처제	
38	WFBD(〈W)H	종동서(從同婿)	성+서방/동서	
39	WFZS〉W	처고종(妻姑從)		

40	WFZS(〉W)W	처고종수(妻姑從嫂)	·	
41	WFZS〈W	처고종(妻姑從)	·	
42	WFZS(〈W)W	처고종수(妻姑從嫂)	·	
43	WFZD〉W	처고종(妻姑從)	·	
44	WFZD(〉W)H	·	·	
45	WFZD〈W	처고종(妻姑從)	·	
46	WFZD(〈W)H	·	·	
47	WMBS〉W	처외사촌(妻外四寸)	·	
48	WMBS(〉W)W	처외사촌댁(妻外四寸宅)	·	
49	WMBS〈W	처외사촌(妻外四寸)	·	
50	WMBS(〈W)W	처외사촌댁(妻外四寸宅)	·	
51	WMBD〉W	처외사촌(妻外四寸)	·	
52	WMBD(〉W)H	·	·	
53	WMBD〈W	처외사촌(妻外四寸)	·	
54	WMBD(〈W)H	·	·	
55	WMZS〉W	처이종(妻姨從)	·	
56	WMZS(〉W)W	처이종수(妻姨從嫂)	·	
57	WMZS〈W	처이종(妻姨從)	·	
58	WMZS(〈W)W	처이종수(妻姨從嫂)	·	
59	WMZD〉W	처이종(妻姨從)	·	
60	WMZD(〉W)H	·	·	
61	WMZD〈W	처이종(妻姨從)	·	
62	WMZD(〈W)H	·	·	
63	WBS	처질(妻姪)	이름	
64	WBSW	처질부(妻姪婦)	·	
65	WBD	처질녀(妻姪女)	·	
66	WBDH	처질서(妻姪婿)	성+서방	
67	WZS	처이질(妻姨姪)	이름	
68	WZSW	처이질부(妻姨姪婦)	·	
69	WZD	처이질녀(妻姨姪女)	·	
70	WZDH	처이질서(妻姨姪婿)	성+서방	
71	WBSS	처종손(妻從孫)	이름	

72	WBSSW	처종손부(妻從孫婦)	·	
73	WBSD	처종손녀(妻從孫女)	·	
74	WBSDH	처종손서(妻從孫婿)	성+서방	
75	WZSS	·	이름	
76	WZSSW	·	·	
77	WZSD	·	·	
78	WZSDH	·	성+서방	

5. 사돈관계(査頓關係)

일련번호	친척형	친척지칭	친척호칭	비고
1-1	♂SWF/♂DHF	사돈(査頓)	사돈	
2-1	♂SWM/♂DHM	(안)사돈(査頓)	·	
1-2	♀SWF/♀DHF	(밭)사돈(査頓)	·	
2-2	♀SWM/♀DHM	사돈(査頓)	사돈	
3-1	♂SWFF/♂DHFF	사장(査丈)	사장 어른	
4-1	♂BWF/♂ZHF	사장(査丈)	사장 어른	
5-1	♂SWFM/♂DHFM	(안)사장(査丈)	·	
6-1	♂BWM/♂ZHM	(안)사장(査丈)	·	
3-2	♀SWFF/♀DHFF	(밭)사장(査丈)	·	
4-2	♀HBWF/♀HZHF	(밭)사장(査丈)	·	
5-2	♀SWFM/♀DHFM	사장(査丈)	사장 어른	
6-2	♀HBWM/♀HZHM	사장(査丈)	사장 어른	
7-1	♂SWFB/♂DHFB	(곁)사돈(査頓)	(곁)사돈	
8-1	♂SWFFBS/♂DHFFBS	(곁)사돈(査頓)	(곁)사돈	
9-1	♂SWFBW/♂DHFBW	(곁)사돈(査頓)	·	
10-1	♂SWFFBSW/♂DHFFBSW	(곁)사돈(査頓)	·	
7-2	♀SWFB/♀DHFB	(곁)사돈(査頓)	·	
8-2	♀SWFFBS/♀DHFFBS	(곁)사돈(査頓)	·	
9-2	♀SWFBW/♀DHFBW	(곁)사돈(査頓)	(곁)사돈	
10-2	♀SWFFBSW/♀DHFFBSW	(곁)사돈(査頓)	(곁)사돈	

11-1	♂SWB/♂DHB	사하생(査下生)	사하생	
12-1	♂SSWF/♂SDHF	사하생(査下生)	사하생	
13-1	♂SWZ/♂DHZ	사하생(査下生)	·	
14-1	♂SSWM/♂SDHM	사하생(査下生)	·	
11-2	♀SWB/♀DHB	사하생(査下生)	·	
12-2	♀SSWF/♀SDHF	사하생(査下生)	·	
13-2	♀SWZ/♀DHZ	사하생(査下生)	사하생	
14-2	♀SSWM/♀SDHM	사하생(査下生)	사하생	

참고문헌

서 장

왕한석(2005) "한국 언어문화학의 학문적 정체성", 국제한국언어문화학회 제2차 국제학술대회 발표집, 『한국 언어문화학의 학문적 정체성』, pp. 1-19, 국제한국언어문화학회(2005. 5. 21, 한성대학교).

이광규(1971) "한국의 친척명칭", 『연구논총』 1: 221-256 (서울대학교 사범대학 교육회).

전경수(1990) "물상화된 문화와 문화 비평의 민속지론: 민속지의 실천을 위한 서곡", 『현상과 인식』 14(3): 136-179.

(1994) 『문화의 이해』, 서울: 일지사.

홍민표(2004) "일본 사회언어학의 개관", 국립국어원 편, 『주요 국가의 사회언어학 연구 동향』, 서울: 국립국어원, pp. 116-154.

Agar, Michael(1994) *Language Shock: Understanding the Culture of Conversation*. New York: William Morrow and Company.

Friedrich, Paul(1989) "Language, Ideology, and Political Economy", *American Anthropologist* 91(2): 295-312.

Shibamoto, Janet S. (1987) "Japanese Sociolinguistics", *Annual Review of Anthropology* 16 : 261-278.

1. 경기 강화도의 언어문화

강윤호(1963) "강화도 지역어의 pitch level에 관한 보고", 『논총』 3: 71-87 (이화여자대학교).

김계곤(1980) "경기도 방언 채집: 강화도 화도면 방언", 『기전문화연구』 11: 27-54.

김윤학(1980) "강화도 화도면의 땅 이름 연구", 『기전문화연구』 11: 157-240.

(1982) "경기도 평택군 현덕면 동남부 지역의 땅 이름 연구: 땅 이름의 짜임

새를 중심으로”, 『백석 조문제 교수 회갑 기념 논문집』, pp. 65-78.
(1983) “생성 과정에서 본 땅 이름 연구: 경기도 평택군 현덕면 기산리, 대안리, 덕목리, 신왕리”, 『문호』 8: 1-37 (건국대학교).
(1985) “경기도 평택군 현덕면 중북부 지역의 땅 이름 연구: 땅 이름 생성을 중심으로”, 『건국어문학』 9·10: 1065-1097 (건국대학교 국어국문학회).
김재학(1984) “경기도 시흥군 소래읍의 땅 이름 연구: 땅 이름의 유연성과 짜임새를 중심으로”, 연세대 교육대학원 석사학위 논문.
박갑수(1979a) “곁말의 재미”, 『월간 중앙』 3월호, 334-340.
(1979b) “곁말의 재미 ②”, 『월간 중앙』 4월호, 334-343.
(1979c) “곁말의 재미 ③”, 『월간 중앙』 5월호, 356-367.
(1979d) “곁말의 재미 ④”, 『월간 중앙』 6월호, 344-353.
(1979e) “곁말의 재미 ⑤”, 『월간 중앙』 7월호, 376-385.
(1979f) “곁말의 재미 ⑥”, 『월간 중앙』 8월호, 390-399.
(1979g) “곁말의 재미 ⑦”, 『월간 중앙』 9월호, 372-382.
(1979h) “곁말의 재미 ⑧”, 『월간 중앙』 10월호, 326-336.
(1979i) “곁말의 재미 ⑨”, 『월간 중앙』 11월호, 330-340.
(1979j) “곁말의 재미 ⑩”, 『월간 중앙』 12월호, 306-317.
(1980a) “곁말의 재미 ⑪”, 『월간 중앙』 1월호, 358-369.
(1980b) “곁말의 재미 ⑫”, 『월간 중앙』 2월호, 376-387.
(1980c) “곁말의 재미 ⑬”, 『월간 중앙』 3월호, 372-383.
(1980d) “곁말의 재미 ⑭”, 『월간 중앙』 4월호, 336-347.
(1980e) “곁말의 재미 ⑮”, 『월간 중앙』 5월호, 372-383.
방종현(1937) “방위의 이름”, 『일사 국어학 논집』, 1963, 서울: 민중서관, pp. 239-246.
서대석(2004) 『한국 구비문학에 수용된 재담 연구』, 서울: 서울대학교 출판부 (서울대학교 한국학 모노그래프 16).
성기열(1982) 『한국 구비문학 대계 1-7: 경기도 강화군 편』, 경기 성남: 한국정신문화연구원.
왕한석(1986) “국어 청자 존대어 체계의 기술을 위한 방법론적 검토”, 『어학연구』 22(3): 351-373.
(1988) “한국 친족용어의 내적 구조”, 『한국문화인류학』 20: 289-308.
(1989) “택호와 종자명호칭”, 『의민 이두현 교수 정년퇴임 기념 논문집』, 서울: 서울대 사범대 국어과, pp.24-47.
(1990) “북한의 친족용어”, 『국어학』 20: 168-202.

(1991) “한국 친족용어의 분포 범위”, 『한국의 사회와 역사: 최재석 교수 정년퇴임 기념 논총』, 서울: 일지사, pp.163-185.
(1994) “영해 지역의 언어 분화에 대한 일 보고”, 『국어학 연구: 남천 박갑수 선생 화갑 기념 논문집』, 서울: 태학사, pp. 587-615.
이강로(1973) “양평군 청운면의 땅 이름 조사 연구”, 『기전문화연구』 3: 61-85.
(1974a) “인천시 남동 출장소 관내 땅 이름 조사 연구”, 『기전문화연구』 4: 73-92.
(1974b) “인천시 남구 지역 땅 이름 조사 연구: 남촌 · 선학 · 연수 · 청학 · 동춘 · 문학 · 관교동”, 『기전문화연구』 5: 69-101.
(1975) “안성군 이죽면 당목리 · 두교리 · 칠장리의 땅 이름 조사 연구”, 『기전문화연구』 6: 95-117.
(1976) “용인군 모현면의 땅 이름 조사 연구”, 『기전문화연구』 7: 91-128.
(1977) “여주군 북내면 북부 지역의 땅 이름 조사 연구”, 『기전문화연구』 8: 41-74.
이동림(1977) “강화도의 지명”, 『강화도 학술 조사 보고서 제1책』, 동국대 강화도 학술 조사단, pp. 85-89.
이동일(1986) “경기도 옹진군 영종면의 땅 이름 연구”, 건국대 교육대학원 석사학위 논문.
이명규(1983) “경기도 방언의 일 고찰: 주로 언어외적 면에 입각하여”, 『한국학논집』 4: 227-251 (한양대 한국학연구소).
이숭녕(1967) “한국어 발달사 하: 어휘사”, 『한국 문화사 대계 5: 언어 문학사』, 서울: 고려대 민족문화연구소 출판부, pp. 263-321.
이숭녕 · 전광용 · 최학근(1957) “언어학반 조사 보고”, 『한국 서해 도서』, 서울: 을유문화사, pp. 137-246.
이홍구(1983) “강화도 양도면의 땅 이름 연구”, 『문리』 6: 56-66 (건국대 문리대 국어국문과).
장태진(1968) “방향에 관한 풍명 어휘의 연구”, 『국어국문학』 41: 1-46.
장훈덕(1986) “경기도 성남시 땅 이름 연구”, 건국대 교육대학원 석사학위 논문.
정구복(1996) “자연 환경과 역사”, 『한국의 향촌 민속지(Ⅲ): 인천광역시 강화군 편』, 경기 성남: 한국정신문화연구원, pp.3-63.
정미경(1983) “경기도 강화군 내가면의 땅 이름”, 『새보람』 13: 64-71 (인천교대 국어과).
조옥라(1996) “마을과 사회”, 『한국의 향촌 민속지(Ⅲ): 인천광역시 강화군 편』, 경기 성남: 한국정신문화연구원, pp. 65-102.

최명옥(1980)『경북 동해안 방언 연구: 영덕군 영해면을 중심으로』, 경북 경산: 영남대학교 민족문화연구소.
최세화(1977) "강화도의 언어: 방언을 중심으로", 『강화도 학술 조사 보고서 제1책』, 동국대 강화도 학술 조사단, pp. 90-94.
한국정신문화연구원 사회 · 민속실(1996)『한국의 향촌 민속지(Ⅲ): 인천광역시 강화군 편』, 경기 성남: 한국정신문화연구원(조사연구보고서 96-2).
홍순탁(1963) "전남 방언에 대하여", 『어문학』 9: 58-86.
홍재현(편)(1992)『강도지명고』, 경기 강화: 강화문화원.
Dredge, C. Paul(1977) "Speech Variation and Social Organization in a Korean Village", unpublished Ph.D. Dissertation, Harvard University.
Wang, Hahn-Sok(1984) "Honorific Speech Behavior in a Rural Korean Village: Structure and Use", unpublished Ph.D. Dissertation, U.C.L.A..

2. 부산 동래 지역의 언어문화

(1) 읍지 및 관련 문헌

1740(영조 16년)『동래부지』(東萊府誌), 박사창(朴師昌) 편.
1832(순조 32년)『동래부읍지』(東萊府邑誌).
1871(고종 3년)『영남읍지』(嶺南邑誌) 중『동래부』(東萊府) 편.
1895(고종 32년)『영남읍지』 중『동래부』 편.
1899(광무 3년)『동래부읍지』(東萊府邑誌).
1899(광무 3년)『동래부지』(東萊府誌).
1937『동래군지』(東萊郡誌), 문기용(文錡用) 등 편.
1872(고종 9년)『경상도지도』(慶尙道地圖) 중『동래부지도』(東萊府地圖).
1904(광무 8년)『경상남도 동래군 가호안』(慶尙南道 東萊郡 家戸案), 탁지부(度支部) 사세국(司稅局) 편.

(2) 일반 참고문헌

강용권(1964) "수영야류극", 『국어국문학』 27: 233-252.
김봉모(1991) "부산 동래 지역어의 특성", 『한국문화연구』 4: 167-190 (부산대학교 한국문화연구소).
(2006)『부산 인접 지역 지명과 방언 연구』, 부산: 세종출판사.

김봉모 · 김인택 · 최규수(1996) “기장 지역어 연구”, 『한국민족문화』 8: 187-231 (부산대학교 한국민족문화연구소).
김승찬(1999) 『부산 지방의 세시풍속』, 부산: 세종출판사.
문장원 구술/신경란 편집(1991) 『동래사람은 팔만 올리도 춤이 덴다 캤어』, 서울: 뿌리깊은나무 (뿌리깊은나무 민중 자서전 17: 동래 한량 문장원의 한 평생).
박지홍(1974) “부산 방언의 연구: 방언권의 설정과 어휘 · 말본에 대하여”, 『논문집』 10(1): 7-41 (부산교육대학).
(1977) “부산 방언”, 『한글』 159: 160-201.
부산발전연구원(편)(1997) 『부산 사회 문화의 이해』, 부산: 부산발전연구원.
부산 방언 연구회(1977) “부산 방언 어휘집(Ⅰ)”, 『한글』 159: 323-343.
송석하(1934) “동래야류 대사: 말뚝이 재담의 장”, 『조선민속』 2: 103-110.
왕한석(2000a) “언어생활의 특성과 변화: 신분지위호칭과 의사친척호칭의 사용을 중심으로”, 『사회언어학』 8(1): 59-86.
(2000b) “영남인의 친척용어: 친척용어의 주요 하위체계들에 대한 민족지적 기술”, 『민족문화논총』 22: 123-181 (영남대학교 민족문화연구소).
(2001) “적서 차별의 호칭어 사용과 그 변화”, 『사회언어학』 9(1): 109-142.
(2005) “한국의 아기말”, 『사회언어학』 13(1): 151-189.
이두현(1997) 『한국 가면극 선: 주석본』, 서울: 교문사.
최명옥(1986) “동남 방언의 연구와 특징에 대하여”, 『국어생활』 7: 103-115 (국립국어연구원).
(1991) “문장원 노인의 부산 동래말”, 문장원 구술/신경란 편집, 『동래사람은 팔만 올리도 춤이 덴다 캤어』, 서울: 뿌리깊은나무, pp.15-18.
(1994) “경상도의 방언 구획 시론”, 『우리말의 연구: 외골 권재선 박사 회갑 기념 논문집』, 대구: 우골탑, pp.861-892.
(1998) 『한국어 방언 연구의 실제』, 서울: 태학사.
황경숙(2003) 『부산의 민속 문화』, 부산: 세종출판사.
Nettle, Daniel and Suzanne Romaine(김정화 옮김)(2003) 『사라져가는 목소리들: 그 많던 언어들은 모두 어디로 갔을까?』(*Vanishing Voices: The Extinction of the World's Languages*), 서울: 이제이북스.

3. 중국 연변 조선족의 언어문화

강보유(1990) “조선어에 대한 한어의 의미적 침투에 대하여”, 『이중언어학회지』 7:

340-384.
곽충구(1992) “함경도 방언 연구의 전개 과정과 그 전망”, 김영배 편저, 『남북한의 방언 연구: 그 현황과 과제』, 서울: 경운출판사, pp. 365-404.
(1993) “함경도 방언의 친척명칭과 그 지리적 분화”, 『진단학보』 76: 209-239.
김광억(1996) “총론”, 『중국 길림성 한인 동포의 생활문화』, 서울: 국립민속박물관, pp. 39-51.
김광희(1995) “장골의 옛 이야기”, 길림성 및 연변 조선족 자치주 정협 문사 자료 위원회 편, 『길림 조선족』, 중국 연변: 연변 인민 출판사, pp. 129-151.
김덕모(1990) “조선말 사용에 나타나고 있는 한어의 영향에 대하여”, 『이중언어학회지』 7: 349-361.
김태균(1986) 『함북 방언 사전』, 서울: 경기대학교 출판국.
렴광호(1990) “연변의 이중 언어 사회에 대한 분석”, 『이중언어학회지』 7: 188-196.
박영순(1987) “재 중공 한인들의 한국어 이질성에 대하여”, 『한글』 197: 137-154.
(1990) “이중 언어 이론과 중국에서의 한국어 문제”, 『이중언어학회지』 6: 135-167.
배정호(1990) “조 · 한 두 언어에서 표현되는 언어 선택의 제약 요소”, 『이중언어학회지』 7: 362-369.
서영섭(1990) “중국에서의 조선어 사용 현황과 거기에서 제기되는 문제”, 『이중언어학회지』 7: 125-136.
성광수(1990) “단어 조성법과 어휘 규범화”, 『이중언어학회지』 7: 296-310.
왕한석(1995) “집의 이름과 친척관계에 대한 명칭”, 『한국문화인류학』 28: 223-244.
(1996) “언어문화”, 『한국의 향촌 민속지(Ⅲ): 인천광역시 강화군 편』, 경기 성남: 한국정신문화연구원, pp. 409-506.
여중철(1996) “촌락 구조”, 『중국 길림성 한인 동포의 생활문화』, 서울: 국립민속박물관, pp.39-51.
이기갑(2007) “한국어 친족어의 변천: 동기 관계어를 중심으로”, 『사회언어학』 15(1): 129-149.
이광규(1994) 『재중 한인: 인류학적 접근』, 서울: 일조각.
이익섭(1996) “중국 연변 조선족의 모국어 선택”, 심재기 외 편, 『이기문 교수 정년퇴임 기념 논총』, 서울: 신구문화사, pp. 599-621.
장의원(1990) “ 중국에서 조 · 한 이중 언어의 제약적 관계”, 『이중언어학회지』 7: 237-241.

전학석 · 김상원(1995) “제4편 중국 조선어 방언 개황”, 북경대학 조선문화연구소 편, 『언어사』(중국 조선 민족 문화사 대계 1), 중국 북경: 민족출판사, pp. 637-827.
정경언(1990) “건국 이래 중국의 조한 이중 언어 현상에 대한 개관”, 『이중언어학회지』 7: 167-179.
정용호(1988) 『함경도 방언 연구』, 평양: 교육도서출판사.
최건(1990) “조선어와 중국어 호칭의 사회언어학적 대비 고찰”, 『이중언어학회지』 7: 397-408.
최기호(1990) “중국에서의 국어 정책에 대한 연구”, 『이중언어학회지』 7: 30-49.
최용춘(1990) “연변 혼합어의 발전과 그 특점에 관하여”, 『이중언어학회지』 7: 409-417.
최윤갑(1990) “중국에서의 조선어의 변화”, 『이중언어학회지』 7: 1-9.
최희수(1990) “중국 조선 민족 이중 언어 력사 개황”, 『이중언어학회지』 7: 137-144.
한국문화인류학회 편(1996) 『중국 길림성 한인 동포의 생활문화』, 서울: 국립민속박물관(국립민속박물관 학술총서 19).
한상복 · 권태환(1993) 『중국 연변의 조선족: 사회의 구조와 변화』, 서울: 서울대학교 출판부.
허동진(1990) “언어의 접촉과 사유, 언어 례절”, 『이중언어학회지』 7: 386-396.
황대화(1986) 『동해안 방언 연구: 함북, 함남, 강원도의 일부 방언을 중심으로』, 평양: 김일성종합대학 출판사.

4. 중국 요령성 조선족의 언어문화

김광억(1997) “요녕성 한인 동포의 사회와 생활의 특징”, 『중국 요녕성 한인 동포의 생활문화』, 서울: 국립민속박물관, pp. 15-47.
김영배(1992) “평안 방언의 연구 현황과 과제”, 김영배 편저, 『남북한의 방언 연구: 그 현황과 과제』, 서울: 경운출판사, pp.329-363.
(1997a) 『증보 평안 방언 연구』, 서울: 태학사.
(1997b) 『평안 방언 연구: 자료 편』, 서울: 태학사.
김이협(1981) 『평북 방언 사전』, 경기 성남: 한국정신문화연구원.
박성용(1997) “촌락 구조와 사회조직”, 『중국 요녕성 한인 동포의 생활문화』, 서울: 국립민속박물관, pp.61-79.

왕한석(1994) “영해 지역의 언어 분화에 대한 일 보고”, 『국어학 연구: 남천 박갑수 선생 화갑 기념 논문집』, 서울: 태학사, pp.587-615.
(1996a) “언어문화”, 『한국의 향촌 민속지(Ⅲ): 인천광역시 강화군 편』, 경기 성남: 한국정신문화연구원, pp.409-506.
(1996b) “언어생활”, 『중국 길림성 한인 동포의 생활문화』, 서울: 국립민속박물관, pp. 149-189.
유철인(1997) “이주 역사와 정착 배경”, 『중국 요녕성 한인 동포의 생활문화』, 서울: 국립민속박물관, pp.49-60.
이광규(1994) 『재중 한인: 인류학적 접근』, 서울: 일조각.
전학석 · 김상원(1995) “제4편 중국 조선어 방언 개황”, 북경대학 조선문화연구소 편, 『언어사』 (중국 조선 민족 문화사 대계Ⅰ), 중국 북경: 민족출판사, pp.637-827.
최명옥(1985) “서북 방언의 문 서술어에 대한 형태론적 연구”, 『방언』 8: 57-97.
한국문화인류학회 편(1996) 『중국 길림성 한인 동포의 생활문화』, 서울: 국립민속박물관 (국립민속박물관 학술총서 19).
(1997) 『중국 요녕성 한인 동포의 생활문화』, 서울: 국립민속박물관 (국립민속박물관 학술총서 20).
한상복 · 권태환(1993) 『중국 연변의 조선족: 사회의 구조와 변화』, 서울: 서울대학교 출판부.

〈부록〉 한국 친척용어 조사표

왕한석(1991) “한국 친족용어의 분포 범위”, 『한국의 사회와 역사: 최재석 교수 정년퇴임 기념 논총』, 서울: 일지사, pp.163-185.
(1992) “한국 친족호칭체계의 의미 기술”, 『한국문화인류학』 24: 139-193.
(2000) “영남인의 친척용어: 친척용어의 주요 하위 체계들에 대한 민족지적 기술”, 『민족문화논총』 22: 123-181.
(2001) “적서 차별의 호칭어 사용과 그 변화”, 『사회언어학』 9(1): 109-142.
최재석(1966) 『한국 가족 연구』, 서울: 민중서관.
(1982) 『개정 한국 가족 연구』, 서울: 일지사.
(1988) 『한국의 친족용어』, 서울: 민음사.
Lee, Kwang-Kyu(1975) *Kinship System in Korea*, 2 vols., New Haven: Human Relations Area Files.

찾아보기

인명

지은이 왕한석(王翰碩)

1950년 부산 동래 출생
서울대학교 국어교육과 및 인류학과 졸업
미국 캘리포니아대학교(UCLA) 대학원 인류학과 졸업(인류학 석사 및 박사)
현재 서울대학교 사회과학대학 인류학과 교수
주전공 언어인류학, 사회언어학, 인지인류학

한국의 언어 민속지 1 - 서편

2009년 5월 6일 초판 인쇄
2009년 5월 12일 초판 발행

지은이 왕 한 석
펴낸이 류 제 동
펴낸곳 (주)교 문 사

책임편집 김선형
표지디자인 반미현
마케팅 김재광 · 정용섭 · 송기윤

우편번호 413-756
주소 경기도 파주시 교하읍 문발리 출판문화정보산업단지 536-2
전화 031-955-6111(代)
FAX 031-955-0955
등록 1960.10.28 제406-2006-000035호

홈페이지 www.kyomunsa.co.kr
E-mail webmaster@kyomunsa.co.kr
ISBN 978-89-363-0996-1 (93300)

값 15,000원